आधुनिक हिन्दी आलोचना के बीज शब्द

आधुनिक हिन्दी
आलोचना के बीज शब्द

बच्चन सिंह

वाणी प्रकाशन

प्रकाशन के उत्कृष्टतम 62 वर्ष

vaniprakashan.com

पेपरबैक पहला संस्करण : 2015
पेपरबैक दूसरा संस्करण : 2016
पेपरबैक तीसरा संस्करण : 2018
पेपरबैक चौथा संस्करण : 2021
पेपरबैक पाँचवाँ संस्करण : 2023
पेपरबैक छठा संस्करण : 2025

वाणी प्रकाशन

4695, 21-ए, दरियागंज, नयी दिल्ली-110 002
फ़ोन : + 91 11 23273167, 23275710

शाखाएँ

अशोक राजपथ, पटना-800 004, बिहार
कॉफ़ी हाउस कैम्पस, महात्मा गांधी मार्ग, प्रयागराज-211 001, उत्तर प्रदेश
महात्मा गांधी अन्तरराष्ट्रीय हिन्दी विश्वविद्यालय, वर्धा-442 001, महाराष्ट्र
sales@vaniprakashan.in
vaniprakashan@gmail.com

Aadhunik Hindi Aalochana Ke Beej Shabd
by Bachchan Singh

ISBN : 978-93-5072-823-9
Criticism

मूल्य : ₹ 295

जी.एस. ऑफ़सेट, दिल्ली-110 095 में मुद्रित

वाणी प्रकाशन का लोगो मक़बूल फ़िदा हुसैन की कूची से

दो शब्द

प्रकृति के परिवर्तन की पहचान सूर्योदय, सूर्यास्त, विभिन्न ऋतुओं के रूप, रंग, गंध से होती है तो साहित्यिक दुनिया के परिवर्तन की पहचान नित्य नूतन समीक्षात्मक शब्दावली के प्रयोग से। अब सभी वस्तुएँ एक-दूसरे के निकट आकर अन्तःक्रियात्मक सम्बन्धों में जुड़ती हुई प्रतीत हो रही हैं। ज्ञान-विज्ञान की विभिन्न शाखाएँ जो अलग-अलग कठघरों में बंद थीं एक-दूसरे में घुसकर विचार-प्रक्रिया को नये आयाम दे रही हैं। अन्तर-अनुशासनात्मक अध्ययन इसी की फलश्रुति है। एक का पहचानने का मतलब है दूसरे को पहचानना। इसके कारण समीक्षात्मक शब्दावली में भी प्रत्यग्रता आयी है, और यह अर्थशास्त्र, मनोविज्ञान, समाजशास्त्र, राजनीति-विज्ञान, नृतत्त्वशास्त्र, भाषिकी आदि से संदर्भित हो गयी है। इसकी सही पहचान परिवर्तन की प्रक्रिया को तेज करने में है। इससे अपनी दृष्टि अनाविल होती है और दूसरों की समझदारी बढ़ाने का पुराय भी मिलता है।

इस कोश का निर्माण स्वान्तः सुखाय या अपनी समझदारी को धारदार बनाने के लिए हुआ है। अपनी समझदारी दूसरों की समझदारी के साथ विकसित होती है। अतः इससे दूसरों की समझदारी भी विकसित होगी। हिन्दी आलोचना के क्षेत्र में इन शब्दों का प्रयोग जिस ढंग से हो रहा है वह प्रायः प्रयोक्ताओं के अधकचरे ज्ञान का सूचक है। अतः यह कोश उनके ज्ञान के सुचिंतित विकास में एक महत्त्वपूर्ण रोल अदा कर सकता है।

इस विषय पर मैं 6-7 वर्षों से काम करता रहा हूँ—अव्याहत गति से नहीं, अनेक व्यवधानों के बीच रुक-रुककर, ठहर-ठहरकर। यों यह कार्य कुछ पहले पूरा हो गया होता यदि कवि केदारनाथ सिंह ने बाधा न उपस्थित की होती। उन्होंने मेरा ध्यान रेमंड विलियम्स के 'की वर्ड्स' की ओर आकृष्ट किया और शब्दों के ऐतिहासिक क्रम विकास को शामिल करने की सलाह दी। पत्र-पत्रिकाओं की फाइलें उलटे बिना यह संभव नहीं था। सही कालांकन की समस्या और भी गंभीर थी। फिर भी यथाशक्ति इस दिशा में प्रयास किया गया है। पुस्तक का नामकरण भी केदारनाथ सिंह जी ने ही किया है। प्रोफेसर नामवर सिंह के सुझावों से भी मैं लाभान्वित हुआ हूँ। दोनों

ही व्यक्तियों का आभारी हूँ। प्रेस-कापी तैयार करने में श्री प्रमोदकुमार ने जो सहायता की है उसके लिए वे धन्यवाद के पात्र हैं।

निरालानिवेश, **—बच्चन सिंह**
रथयात्रा, वाराणसी
9-3-83

दूसरा संस्करण

इस पुस्तक का प्रथम संस्करण बहुत पहले समाप्त हो गया था। किन्तु किन्हीं कारणों से यह पुनः छप न सका। इस संस्करण में कई और नये शब्द ले लिए गये हैं जिससे यह पूर्णतः अद्यतन हो गया है। उत्तर-आधुनिकतावाद, उत्तर-संरचनाबाद, उत्तर-औद्योगिकी, आधार और अधिरचना, नवजागरण, निजंधरी कथा, परम्परा, सहृदय और स्त्रीवादी समीक्षा ऐसे ही शब्द हैं। आधुनिकतावाद को नये सिरे से लिखा गया है। अब पाठक फोटो स्टेट कापी कराने से बच जाएँगे।

निरालानिवेश, **—बच्चन सिंह**
रथयात्रा, वाराणसी
14-6-94

अन्तरपाठ (टेक्स्चुएलिटी)

पहले पहल इस शब्द को जुलिया क्रिस्तोवा ने गढ़ा। उसका कहना था कि कोई पाठ (टेक्स्ट) अपने आप में स्वायत्त नहीं होता। पाठ के निर्वचन (इण्टरप्रटेशन) के लिए अन्य पाठों के साथ उपलब्ध पाठ का सम्बन्ध भी स्थापित करना पड़ेगा। किसी राजनीतिज्ञ का फोटो यदि किसी समाचार पत्र में छपता है तो उसका व्यापक और गहरा अर्थ निकालने के लिए दूसरी स्थिति में खींचे गये फोटोग्राफ से सम्बद्ध करना पड़ेगा। यही बात उसके वक्तव्य पर भी लागू होती है।

क्रिस्तोवा का सिद्धान्त सभी किताबों पर चाहे लागू न हो किन्तु कुछ किताबों की सही जानकारी के लिए अन्तरपाठ की सहायता अपेक्षित होती है जैसे टी. एस. इलियट की 'वैस्टलैण्ड' को जानने और समझने के लिए कुछ बुद्धिस्ट और संस्कृत पाठों की जानकारी आवश्यक है। इसी प्रकार हजारी प्रसाद द्विवेदी की 'बाणभट्ट की आत्मकथा' और 'पुनर्नवा' के लिए संस्कृत के अन्य ग्रंथों के पाठों को भी जानना आवश्यक है। निर्मल वर्मा के उपन्यास विदेशी उपन्यासों और दर्शनों के पाठों से भरे पड़े हैं। इसके लिए वे दिन, एक चिथड़ा सुख, अंतिम अरण्य आदि द्रष्टव्य हैं।

संदर्भ

चारी, वी. के., संस्कृत क्रिटिसिज़्म।

एंड्रु एडगर एंड पीटर सेजविक (सं.) की कान्सेप्ट्स इन कल्चरल थ्योरी (2004)।

अग्रगामिता/पेशबंदी (फोरग्राउंडिंग)

यह मुख्यतः शैलीवैज्ञानिक शब्द है। इसका प्रयोग सबसे पहले युद्धपूर्व के प्राग-संस्थान के भाषाविदों ने रूसी रूपवाद के प्रभाव में किया। इसे भाषिक विचलन के समकक्ष

समझा जा सकता है। सामान्य भाषा की घिसी-पिटी अभिव्यक्तियों और संप्रेषणों के नियमों को तोड़ता हुआ कवि ऐसी भाषा का प्रयोग करता है जो पाठकों को नये प्ररिप्रेक्ष्य के प्रति सचेत करती है। काव्यात्मक रूपक अग्रगामिता का महत्त्वपूर्ण तत्त्व है। अन्वयपरक (पैराफ्रेजेबल) वस्तु के लिए इसमें अवकाश नहीं है। कथन की भंगिमा का महत्त्व ही इसके केन्द्र में है। इसके पैटर्न या संरचना में समानान्तरता सर्वाधिक उल्लेख्य है।

इसके आधार पर उन भाषिक तत्त्वों को ढूँढ़ा जा सकता है जो साहित्यिक प्रभाव की निर्मिति में अधिक प्रासंगिक होते हैं। अग्रगामिता (पेशबंदी) और पश्चगामिता में भेद करने का कोई नियम नहीं है। पाठक अपने काव्य-संस्कारों के आधार पर अग्रगामिता को चुन सकता है। किसी निश्चित नियम के अभाव में अग्रगामिता को वस्तुनिष्ठ कसौटी के रूप में नहीं माना जा सकता। कथा-साहित्य में अग्रगामिता और भी कम प्रभावशाली होती है। उसमें उसके स्थान पर कथानक, चरित्र, थीम अधिक महत्त्वपूर्ण हो उठते हैं।

संदर्भ

फाउलर, माडर्न क्रिटिकल टर्म्स (1973)।

रवीन्द्रनाथ श्रीवास्तव, संरचनात्मक शैलीविज्ञान (1979)।

सुरेश कुमार, शैलीविज्ञान (1977)।

नगेन्द्र, शैलीविज्ञान (1976)।

अजनबियत

अजनबियत अँग्रेजी शब्द 'एलिअनेशन' का अनुवाद है। इस अर्थ में किसी अन्य शब्द का प्रयोग भारतीय वाङ्मय में नहीं मिलता। वस्तुतः यह पश्चिमी मानसिकता की उपज है। पर आधुनिक काल में यह शब्द अचानक महत्त्वपूर्ण नहीं हो उठा है। समाजशास्त्र, मनोविज्ञान, राजनीतिविज्ञान, साहित्य आदि में इसका प्रयोग धड़ल्ले से किया जा रहा है। यह शब्द, घिसा-पिटा होने के बावजूद, विश्व की मानसिकता का सूचक बन गया है।

समय-समय पर 'एलिअनेशन' के लिए अलगाव, अकेलापन, स्वान्तरण आदि शब्दों का व्यवहार किया जाता रहा है। पर अज्ञेय के उपन्यास 'अपने-अपने अजनबी'

के प्रकाशन के बाद 'एलिअनेशन' के लिए हिन्दी में 'अजनबियत' शब्द ग्राह्य हो गया। 'एलिअनेशन' की सम्पूर्ण अर्थवत्ता का समावेश इसमें कर लिया गया है।

'एलिअनेशन' शब्द की निरुक्ति लातीनी शब्द 'एलिनिशियों' से की जाती है। इसका अर्थ है हटाना या स्थानान्तरित करना। फ्रांसीसी भाषा में इसे aliene और स्पेनी में alienado कहा जाता है। सभी शब्दों की अर्थच्छायाएँ तो अलग-अलग हैं पर अब वे लगभग एक ही अर्थ में प्रयुक्त होते हैं।

सामान्यतः इसका प्रयोग चार अर्थों में किया जाता रहा है—(1) सम्पत्ति के स्थानान्तरण के अर्थ में, (2) विक्षेप के अर्थ में, (3) अन्तरवैयक्तिक सम्बन्धों के दुराव के अर्थ में, और (4) ईश्वर और मनुष्य के अलगाव के अर्थ में। फिक्टे के मतानुसार, भौतिक जगत और आध्यात्मिक जगत के बीच की खाई ही अजनबियत है। आध्यात्मिकता के आधार पर इसे दूर किया जा सकता है। शिलर मनुष्य की कालिक स्थिति और प्रकृति के दुराव को एलिअनेशन (अजनबियत) कहता है। हेगेल ने पहली बार इस समस्या को द्वन्द्वात्मकता के आधार पर समझना चाहा। पर अन्त में वह भी आध्यात्मिक हो जाता है। अजनबियत पर मुख्यतः दो दृष्टियों से विचार किया गया है—मार्क्सवादी और अस्तित्ववादी।

मार्क्स ने 'आर्थिक एवं दार्शनिक पांडुलिपि' (1844) में अजनबियत की समस्या पर वैज्ञानिक ढंग से विचार किया है। हेगेल की तरह वह उत्पादन को व्यक्तित्व से सम्बद्ध करता है। व्यक्ति उत्पादन को रूप देता है, सँवारता है और अपनी छाप देकर अपने 'व्यक्तित्व' की अभिव्यक्ति करता है। उत्पादन वैयक्तिकता का संमूर्तन है। इसके माध्यम से व्यक्ति अपने को पुनरुत्पादित करता है और अपनी अस्मिता को पहचानता है।

पूँजीवादी व्यवस्था में उत्पादक का उत्पादन से लगाव नहीं रह जाता है। उत्पादन उसका चुनाव नहीं है। वह किसी अजनबी के लिए उत्पादन करता है और अपने श्रम को बेचने के लिए बाध्य होता है। श्रमिक का अपना व्यापार अपना न रहकर दूसरे का हो जाता है। अपने उत्पादन और श्रम से अलग होकर वह वस्तुतः अपने से ही अलग हो जाता है, क्योंकि वह अपने श्रम और उत्पादन को स्वतंत्र रूप से अंजाम नहीं देता।

अस्तित्ववादी दार्शनिकों में हाइडेगार और सार्त्र इस समस्या पर गहराई से विचार करते हैं। हाइडेगार के 'बीइंग एंड टाइम' में अजनबियत का प्रयोग आधे दर्जन बार किया गया है। उसमें उसने जीने के दो बुनियादी तरीकों—प्रामाणिक और अप्रामाणिक—का उल्लेख किया है। प्रामाणिक अस्तित्व अपने-आप द्वारा निर्णीत, चुना हुआ और रूपायित होता है। अप्रामाणिक अस्तित्व वह है जिसमें व्यक्ति निर्वैयक्तिक सामाजिक अपेक्षाओं और रूढ़ियों के अनुसार जीता है, उसका स्वयं का कोई निर्णय नहीं होता। अप्रामाणिक जिन्दगी में ही अजनबियत का प्रवेश होता है। सार्त्र अपनी दो पुस्तकों—'बीइंग एंड

नथिंगनेस' (1943) और 'क्रिटीक ऑफ डाइलेक्टिकल रीजन' (1960) में अजनबियत के सम्बन्ध में दो अलग-अलग धारणाएँ व्यक्त करता है। पहली पुस्तक में वह दूसरों की उपस्थिति को ही नरक कहता है—'द हेल इज अदर पीपुल'। दूसरों के लिए मैं और मेरे लिए दूसरे वस्तु बन जाते हैं। दूसरों की उपस्थिति मात्र से व्यक्ति अपने से अलग हो जाता है, क्योंकि उसकी चेतना दूसरों की ओर उन्मुख हो उठती है।

'क्रिटीक ऑफ डाइलेक्टिकल रीजन' के समय तक वह मार्क्सवादी हो जाता है। अतः वह अजनबियत को मार्क्सवादी संदर्भों में उठाता है। वह कहता है कि व्यक्ति अपनी परियोजना (प्रोजेक्ट) में अपने को परिभाषित करता है। व्यक्ति अपने उत्पादन का उत्पादन है। कर्म द्वारा अपने को निरन्तर उत्पादित करते रहना मनुष्य की संरचना का अनिवार्य अंग है। जब वह अपने कर्म द्वारा अपना वस्तुनिष्ठीकरण नहीं कर पाता तो अजनबियत से ग्रस्त होकर अपने से अलग हो जाता है। निश्चित ही यह मार्क्सवादी दृष्टिकोण है। मार्क्स अजनबियत को अनिवार्य नहीं मानता। यह सामाजिक-आर्थिक परिस्थितियों की देन है। इनके दूर होने पर अजनबियत भी दूर हो जाती है। किन्तु सार्त्र इस दुनिया में जहाँ दूसरे लोग भी रहते हैं इसे अनिवार्य मानता है।

मारकूजे, जो एक सशक्त नव-वामपन्थी माना जाता है, मार्क्स की विचारधारा से सहमत नहीं है। उसकी दृष्टि में अजनबियत एक मानसिक रोग है। इसे समाजशास्त्रीय नहीं कहा जा सकता। आँकड़ों द्वारा सिद्ध किया जा चुका है कि समृद्ध वर्ग के लोग भी अजनबियत से ग्रस्त होते हैं। पागलपन, आत्म-निर्वासन, आत्म-विकृति आदि उनमें अधिक होते हैं। धनी वर्ग, जिसके लिए रुपया सब कुछ हो गया है, जिन्दगी को पूरे तौर पर नहीं जी पाता। इस रोग से मुक्त होने के लिए भारतीय संस्कृति में अपरिग्रह पर ज्यादा जोर दिया गया है। मारकूजे अजनबियत को आधुनिक सभ्यता का अनिवार्य फल मानता है। इसे दूर करने का उपाय थिरैपी में है। केवल संस्थागत बदलाव से कुछ नहीं होगा। अजनबियत का प्रभाव दुनिया-भर के साहित्य पर पड़ा है। विशेष रूप से इसे दस्तोवस्की, काफ़्का, कामू, सार्त्र और सैमुअल बेकेट की कृतियों में देखा जा सकता है। काफ़्का इसका मसीहा है। जासेफ़ को अजनबी शक्ति-सम्पन्नों द्वारा बुलाया जाता है, उस पर मुकदमा चलाया जाता है और उसे मौत के घाट उतार दिया जाता है। 'कैसिल' के स्वामी तक पहुँचने में के. की सारी कोशिशें बेकार जाती हैं। आज की अजनबियत की बहुत कुछ जिम्मेदारी ब्यूरोक्रेसी पर है। 'ब्यूरोक्रेट' मानवीय सम्बन्धों से विरहित होता है। उसके सामने सिर्फ फाइल होती है। आदमी का नाम खुद फाइल हो जाता है। आदमी का नाम गुम हो गया है—वह अंकों से पहचाना जाता है। मुकदमे की सुनवाई होती है, लेकिन जिस पर मुकदमा चलाया जाता है उसे अपने अपराध का पता नहीं चलता। सब कुछ अँधेरे में होता है। मुक्तिबोध की कविता 'अँधेरे में' पर भी उसका गहरा प्रभाव है।

हिन्दी की नयी कहानी के दौर में अजनबियत का विशेष प्रभाव रहा है। 'एक-दूसरे को शंका और आशंका भरी निगाहों से देखती है और आरोप और अपराध को दूसरों पर डालकर आपस में निगाहें चुराती है; उस स्तर पर मिलने से डरती है और एक-दूसरे से दिन-ब-दिन अपरिचित और दूर होती जाती है—जो कुर्सी पर बैठा है और जो फुटपाथ पर खड़ा है, दोनों अपने को फालतू और अजनबी महसूस करते हैं। जहाँ वह है, वह उसका प्रतीक्षा-काल है, क्योंकि वह मनलायक नहीं है, उसे अपनी असली योग्यता का सही उपयोग वहाँ नहीं, कहीं और करना है, और साथ ही वह यह भी अच्छी तरह जानता है कि कभी कोई ट्रेन नहीं आएगी और जिन्दगी-भर यों ही प्लेटफार्म पर बैठा रहेगा...।'

संदर्भ

रेमंड विलियम्स, की वर्ड्स (1976)।
अन्स्र्ट फिशर, नेसेसिट्री ऑफ आर्ट्स।
कोलिन विल्सन, द आउटसाइडर (1967)।
इरविंग होव, लिटरेरी माडर्निज्म (1967)।
एरिक एंड जोसेफ्सन, मैन एलोन (1962)।
राजेन्द्र यादव, एक दुनिया : समानान्तर।

अतियथार्थवाद

दो महायुद्धों के मध्य की कालावधि में अतियथार्थवादी कला-आन्दोलन का विकास हुआ। 'अतियथार्थवाद' का अभिप्राय यह है कि सामान्य जीवन और जगत से अधिक यथार्थ की एक और दुनिया है—अचेतन मन (अनकांशस) की दुनिया। फ्रायड के मनोविश्लेषण शास्त्र ने मनोजगत की तह में घुसकर जो छानबीन की उसमें अचेतन मन की दुनिया और स्वप्न का विशेष महत्त्व है। अतियथार्थवाद ने इससे प्रेरणा ली। अतियथार्थवादी कला में केवल स्वप्न के टेढ़े-मेढ़े बिम्बों का ही प्रयोग नहीं किया गया बल्कि उन साधनों को भी अपनाया गया जो मन की दमित वासनाओं को उजागर करते हैं।

वस्तुतः अतियथार्थवाद 'दादावाद' की अराजकता, ऊलजलूलपन, शून्यवाद की प्रतिक्रिया में विकसित हुआ माना जा सकता है। इसके मुख्य प्रवक्ता आन्द्रे ब्रेताँ ने दादा-आन्दोलन में भी महत्त्वपूर्ण भूमिका अदा की थी। जहाँ दादावाद अर्थहीन अर्थव्यवस्था का पोषक था वहीं अतियथार्थवाद में एक प्रकार की व्यवस्था और संश्लेष

दिखायी पड़ा। इसने हेगेल, रोमांसवादियों और प्रतीकवादियों से भी बहुत कुछ ग्रहण किया। स्वप्न, पागलपन, सम्मोहन, निरावलम्ब प्रत्यक्ष (हेलुसिनेशन) आदि ने भी इसे नया रूप दिया। आध्यात्मिकता की दुनिया की अपेक्षा आश्चर्य की दुनिया में इसकी दिलचस्पी अधिक थी।

सचेत सृजन की जगह संयोग या चांस-सृजन का इसमें अधिक महत्त्व था। दो विरोधी वस्तुओं को आसपास रखना (जक्सटापोज़िशन) इसकी एक टेकनीक है। भाषा में नया अर्थ भरकर अन्तर्दृष्टि को मुक्त करना भी इसका कार्य था। पर मुक्ति की जो अवधारणा इस कला-आन्दोलन ने विकसित की उसमें मस्तिष्क की कोई भूमिका शेष नहीं रही। कालान्तर में इसके कुछ प्रबल समर्थक मार्क्सवादी हो गये। लुई आरागों ऐसा ही व्यक्ति था। उसके सामने यह समस्या थी कि इसे सर्वहारा वर्ग के साथ कैसे जोड़ा जाये?

ज्याँ पाल सार्त्र इस सम्पूर्ण कला-आन्दोलन को बुर्जुआ वर्ग का समर्थक और प्रतिक्रियावादी मानता है। इस आन्दोलन की अवधारणा—आटोमेटन, अन्तर्मन की विवृत्ति, सेक्स सम्बन्धी विकृति आदि प्रगतिवादी दृष्टिकोण के विरुद्ध है। आरागों ने बहिरन्तर की सम्पूर्णता में इस कला को स्वीकार करने की सिफारिश की है। पर टेकनीक सम्बन्धी अपनी उपलब्धियों के बावजूद इसे धनात्मक नहीं कहा जा सकता। लुई आरागों के कम्युनिस्ट हो जाने पर डाली ने इसे उन्माद-ग्रस्तता के साथ जोड़कर कुछ चित्रों की रचना की। किन्तु स्वस्थ वस्तु के अभाव में यह रुग्ण ही बना रहा।

संदर्भ

मारिस नादो, द हिस्ट्री ऑफ़ सुररियलिज़्म (1978)।

अनुभाव

भावों के पश्चात उत्पन्न होने के कारण इसे अनुभाव कहा जाता है। नाट्य में आंगिक-वाचिक-सात्विक अभिनय के द्वारा आश्रय के हृदयस्थ भावों को व्यक्त करने के लिए जो बाह्य चेष्टाएँ होती हैं उन्हें अनुभाव कहा गया है।

काव्य में आश्रय के भावों को व्यक्त करने के लिए जिन शरीरी विकारों का उल्लेख किया जाता है वे अनुभाव होते हैं। वस्तुतः ये भावों के 'कोड' हैं। अनुभावों के द्वारा भावों की पहचान होती है। आचार्यों ने वर्गीकरण की अपनी प्रवृत्ति के अनुसार अनुभावों का वर्गीकरण भी किया है।

भानुदत्त ने इसके चार भेद किए हैं—कायिक, वाचिक, आहार्य और मानसिक। शारदातनय के अनुसार इसके तीन भेद हैं—मनःआरम्भानुभाव, वागारम्भानुभाव और बुद्ध्यारम्भानुभाव। शिंगभूपाल मनः आरम्भानुभाव को चित्ररम्भानुभाव कहते हैं।

विश्वनाथ ने अनुभावों को यौवनावस्था के अलंकारों के अन्तर्गत मान लिया है। इनके तीन भेद हैं—अंगज, अयत्नज और स्वभावजा। साहित्यदर्पणकार के अनुसार ये संख्या में अट्ठाईस होते हैं। धनंजय ने स्त्रियों में बीस अलंकार माने हैं। आठ अलंकारों को नायकगत स्वीकार किया है। शरीर से सम्बन्ध रखने के कारण हाव-भाव, हेला, अंगज अलंकार कहे जाते हैं। शोभा, कांति, दीप्ति, माधुर्य, प्रगल्भता, औदार्य, धैर्य—ये सात अयत्नज हैं। शारदातनय इन्हें मानसानुभाव कहते हैं। लीला, विलास, विच्छिति, विव्वोक, किलकिंचित, विभ्रम, ललित, मद, वितृत, तपन, मौग्ध्य, विक्षेप, मोट्टाइत, कुट्टमिति, कुतूहल, हसित, चकित और केलि—ये अठारह अलंकार स्वभावज कहे जाते हैं। ये अर्जित विशेषताएँ (ऐक्वायर्ड ट्रेट्स) कालान्तर में स्वभाव बन जाती हैं। शारदातनय इन्हें गात्रारम्भानुभाव कहते हैं।

शुक्ल जी केवल कायिक और वाचिक अनुभावों पर ही विचार करते हैं। वे वाचिक अनुभावों को विशेष महत्त्व देते हैं, क्योंकि काव्य में आश्रय की उक्तियाँ ही अधिक महत्त्वपूर्ण होती हैं। पर भाव की संगूढ़ता वाणी से नहीं, वाणी के मौन से अभिव्यक्त होती है। यह मौन कायिक अनुभव द्वारा ही प्रकट होता है। एक उदाहरण देखिए—

खेलत चोर मिहीचनि आजु गयी हुती पाछिले दौस की नाई।
आली कहा कहौं एक भई 'मतिराम' नयी यह बात तहाई।।
एक हि भौन दुरे इक संग ही अंग सौ अंग छुआयो कन्हाई।
कंप छुट्यो, घनस्वेद बढ़्यो, तनु रोम उठ्यो, अँखियाँ भरि आई।।

स्पर्शजन्य अनुभावों—कंप, स्वेद, रोमांच आदि को इससे ज्यादा अच्छी तरह से और कैसे व्यक्त किया जा सकता है?

संदर्भ

शारदातनय, भावप्रकाशन।
विश्वनाथ, साहित्यदर्पण।
भानुदत्त, रसतरंगिणी।

अनुभूति

संस्कृत में अनुभूति अनुभव का समानार्थी है। इसका अभिप्राय है—साक्षात प्रत्यक्ष ज्ञान या निरीक्षण और प्रयोग से प्राप्त ज्ञान। हिन्दी में छायावाद-काल में यह शब्द नये अर्थ में प्रयुक्त होकर समीक्षात्मक प्रतिमान के रूप में स्थापित हुआ। इस शब्द को शास्त्रीय गरिमा से मंडित करने का श्रेय आचार्य रामचन्द्र शुक्ल को है। इस काल के पहले इस शब्द के प्रयोग का सवाल ही नहीं उठता। जिस वैयक्तिकता का प्रादुर्भाव छायावाद-काल में हुआ, अनुभूति का सीधा सम्बन्ध उसी से है। अनुभूति में जो सुख-दुखात्मक बोध होता है वह तीखा और बहुत कुछ निजी होता है। भाव से यह भिन्न है।

छायावाद-काल के आरम्भ में ही शुक्ल जी ने सन् 1915 में 'नागरी प्रचारिणी पत्रिका' में एक निबन्ध लिखा था 'भाव या मनोविकार'। इसमें इन्होंने अनुभूति को 'सहजात' कहा है। यह जन्मना होती है। नाना विषयों के बोध का विधान होने पर ही उनसे सम्बन्ध रखने वाली इच्छा की अनेकरूपता के अनुसार अनुभूति के भिन्न-भिन्न योग संघटित होते हैं जो भाव या मनोविकार कहलाते हैं। 'अनुभूति' मूलतः सुखात्मक या दुखात्मक होती है। इसके साथ किसी 'प्रत्यय' के संपृक्त होने पर जिस जटिल मानसिकता का गठन होता है वह भाव है। वे अनुभूति को वाक्य-ज्ञान (तर्क) से भिन्न मानते हैं। भक्ति-मार्ग को भी अनुभूति मार्ग कहते हैं।

वे काव्य के संदर्भ में 'काव्यानुभूति', 'रसानुभूति', 'भावानुभूति', 'सौन्दर्यानुभूति' का उल्लेख प्रायः समान अर्थ में करते हैं। सच्ची काव्यानुभूति भावानुभूति के रूप में होती है जो जीवनानुभूति से संपृक्त है। अतः उनकी भावानुभूति क्रोचे के अभिव्यंजनावाद से भिन्न हो जाती है। 'सौन्दर्यानुभूति' का अभिप्राय स्पष्ट करते हुए वे कहते हैं कि जब किसी वस्तु के रूप-रंग की भावना में डूबकर हम अपनी अंतःसत्ता को भूलकर तदाकार हो जाते हैं तो इसी को सौन्दर्यानुभूति कहते हैं। अंतःसत्ता की 'तदाकार परिणति' ही सौन्दर्यानुभूति है।

जयशंकर प्रसाद के लेख 'काव्यकला' (1935) में अनुभूति का अर्थ आत्मानुभूति माना गया है जो चिन्मयी धारा से जुड़कर किंचित रहस्यमयी हो जाती है। नन्ददुलारे वाजपेयी आत्मानुभूति को साहित्य का प्रयोजन मानते हैं (साहित्य का प्रयोजन, आत्मानुभूति)।

इधर 'अनुभूति' को प्रयोगवादियों ने वैयक्तिक कहकर अपनी वैयक्तिकता का ही परिचय दिया, क्योंकि वैयक्तिक विशेषण लगाने से अनुभूति का अर्थ विकृत होता है।

संदर्भ

रामचन्द्र शुक्ल, चिन्तामणि भाग 1-2, रसमीमांसा।
जयशंकर प्रसाद, काव्यकला तथा अन्य निबंध।

नन्ददुलारे वाजपेयी, आधुनिक साहित्य।
नामवर सिंह, इतिहास और आलोचना।

अनेकार्थता/अस्पष्टता (ऐम्बिग्युइटि)

इस शब्द को समीक्षात्मक शब्दावली बनाने का श्रेय विलियम एम्पसन को है। इसी को केन्द्र में रखकर उन्होंने सन् 1930 में 'सेविन टाइप्स ऑफ़ एम्बिग्युइटि' नामक पुस्तक लिखी। किन्तु यह शब्द अर्थ की दृष्टि से बहुत उपयुक्त नहीं है। अरस्तू ने इसे दोष माना है। इससे काव्यात्मक मूल्य कम हो जाता है। भारतीय काव्यशास्त्र की दृष्टि से भी यह दोष ही है। ह्वीलराइट ने इस शब्द को संदिग्ध मानते हुए एक दूसरा शब्द दिया—'प्लूरिसिमेशन'।

'एम्बिग्युइटि' को उसने नया अर्थ दिया है। काव्यभाषा गद्यभाषा की तरह सपाट नहीं होती, उसमें अपने आन्तरिक स्वभाव के कारण अर्थ की अनेकता और जटिलता आ जाती है। यह अलंकरण की विधि नहीं है और न आयास साध्य है। भाषा-वैज्ञानिकों के हिसाब से साहित्यिक भाषा के सामान्यतः दो स्तर होते हैं—उपरली संरचना (सरफेस स्ट्रक्चर) और आन्तरिक संरचना (डीप स्ट्रक्चर)। एम्बिग्युइटि का सम्बन्ध आन्तरिक संरचना के विभिन्न अर्थ-स्तरों से है। एम्पसन ने इसके सात प्रकार माने हैं, पर वे बहुत तर्क-संगत नहीं हैं।

भारतीय काव्यशास्त्र में काव्यभाषा को लेकर काफी विचार हुआ है। एम्बिग्युइटि अपने-आप में अस्पष्ट है। कुंतक ने 'वक्रोक्ति जीवित' में मुख्यतः एम्बिग्युइटि पर ही विचार किया है। भामह वक्रोक्ति-विहीन काव्य को काव्य न कहकर वार्ता कहता है। वक्रोक्ति-विचार अधिक साफ-सुथरा और वैज्ञानिक है।

एम्पसन कभी लेखक के मनोविज्ञान के संदर्भ में इसका विश्लेषण करता है और कभी पाठकों की योग्यता, ज्ञान, परिस्थितियों के संदर्भ में। इस तरह उसके विवेचन में कोई सिद्ध दृष्टिकोण नहीं दिखायी पड़ता। सम्भवतः टिलियार्ड का ओब्लीक भाषा-सिद्धान्त अधिक काम का है। इस संदर्भ में भारतीय काव्यशास्त्र की शब्द-शक्तियों—अभिधा, लक्षणा, व्यंजना—का अध्ययन भी उपयोगी है।

संदर्भ

एम्पसन, सेविन टाइप्स ऑफ़ एम्बिग्युइटि।
विंसाट बुक्स, लिटरेरी क्रिटिसिज्म : ए शार्ट हिस्ट्री (1957)।

अभिव्यंजना

अभिव्यंजना का अर्थ है प्रकट करना, रूप देना। प्रचलित अर्थ में अभिव्यक्ति और अभिव्यंजना का एक ही अर्थ होता है। शुक्ल जी सम्पूर्ण दृश्य जगत को ब्रह्म की अभिव्यक्ति मानते हैं। काव्य इसी अभिव्यक्ति की अभिव्यक्ति है। इस तरह वे काव्य को जीवन और जगत के यथार्थ से जोड़ देते हैं।

इधर हिन्दी में अभिव्यंजना को कभी क्रोचे के अर्थ में लिया जाता रहा है तो कभी संस्कृत काव्यशास्त्र की व्यंजना के अर्थ में। यह अभिनवगुप्त के अभिव्यक्तिवाद से भी सर्वथा भिन्न है। अभिनव का अभिव्यक्तिवाद ध्वनिमत ही है। इसलिए आचार्य शुक्ल ने इसे क्रोचे के अभिव्यंजनावाद के संदर्भ में ही विवेचित करना संगत समझा है।

क्रोचे अभिव्यंजना के दो रूप मानता है—भौतिक अभिव्यंजना और कलात्मक अभिव्यंजना। क्रोध से काँपना, करुणा से विगलित होना, लज्जारुण हो जाना भौतिक अभिव्यंजनाएँ हैं। वह कलात्मक अभिव्यंजना के लिए कल्पना का योग अनिवार्य मानता है। उसकी दृष्टि में कलात्मक अभिव्यंजना ही अभिव्यंजनावाद है।

अभिव्यंजना ही कला है। सहजानुभूति अभिव्यंजना रूप होती ही है। सहजानुभूति का अर्थ है अभिव्यक्ति, न कम न अधिक। अन्तर-जगत में जब संवेदना मूर्तित हो जाती है तो वह अभिव्यक्त हो उठती है। उसका शब्द, रंग-रेखा में रूपायित होना जरूरी नहीं है। इस तरह क्रोचे अभिव्यंजना को एक आध्यात्मिक क्रिया के रूप में देखता है।

आचार्य शुक्ल ने अभिव्यंजनावाद को कलावाद कहते हुए इसे 'वाग्वैचित्र्यवाद' और वक्रोक्तिवाद से जोड़ा है। पर न तो अभिव्यंजनावाद में उक्तिवैचित्र्य के लिए स्थान है और न वक्रोक्तिवाद में चौंकाने वाली उक्ति के लिए। वक्रोक्तिवाद काव्य की संघटनात्मक व्याख्या प्रस्तुत करता है, लेकिन अभिव्यंजनावाद में इसके लिए कोई अवकाश नहीं है।

योरप में यह शब्द जर्मन-भाषा-भाषियों की दुनिया में (1910-15) आवाँगार्द के लिए प्रयुक्त हुआ था। 1911 में जर्मन चित्रकला पर यह लेबुल लगाया गया। 1913 में यह एक समीक्षात्मक शब्द बन गया।

सामान्यतः यह उपयोगितावाद के विरोध में प्रयुक्त किया जाने लगा। इसके अनन्तर यह इतिवृत्तात्मकता के विरुद्ध सौन्दर्यात्मक प्रतिक्रिया के रूप में प्रयुक्त हुआ।

अभिव्यंजनावादियों की दुनिया में काल्पनिक विजन, अवचेतन मन के संसार और अबुद्धिवाद का महत्त्व बढ़ गया। फलस्वरूप संस्था का स्थान क्रिया को देकर नये वाक्य-शिल्प का चमत्कार खड़ा किया गया।

प्रथम महायुद्ध के दौरान अभिव्यंजनावादी साहित्य चमकीले बिम्बों की खोज

के साथ-साथ राजनीतिक प्रतिबद्धता की ओर भी उन्मुख हुआ। इसके बाद वह पुनः नैराश्य और आत्महत्या की ओर मुड़ा। अभिव्यंजनावाद का वास्तविक उत्तराधिकारी दादावाद है जिसमें चमकीले बिम्बों के साथ कला और राजनीति का समन्वयन भी किया गया है।

संदर्भ

रामचन्द्र शुक्ल, रसमीमांसा।
रोजर फ़ाउलर, ए डिक्शनरी ऑफ़ माडर्न क्रिटिकल टर्म्स।

अस्तित्ववाद

अस्तित्ववाद परम्परा-भुक्त दार्शनिक प्रणाली से भिन्न ऐसा दर्शन है जो जिया जाता है। परम्परित दार्शनिक पद्धति की तरह इसकी सुनिर्णीत पद्धति भी नहीं है। एक तरह से यह पद्धति-निर्माण के विरुद्ध है। विभिन्न अस्तित्ववादियों की अलग-अलग सरणियाँ हैं जो कभी एक-दूसरे को काटती तथा कभी एक-दूसरे के समानान्तर चलती हुई प्रतीत होती हैं। फिर भी उनकी अवधारणाओं में एक 'कौटुंबिक सादृश्य' दिखायी पड़ेगा।

अगर अस्तित्ववादियों की सूची तैयार की जाए तो वह भी सभी को मान्य नहीं होगी। कौन लोग अस्तित्ववादी हैं, इस पर भी लोगों में समझौता नहीं है। एक सूची में जो लोग हैं वे दूसरी सूची में गायब हैं। किन्तु जास्पर्स, हाइडेगार और सार्त्र प्रत्येक सूची में शामिल हैं। लेकिन तत्वान्वेषण के क्षेत्र में उनमें मतैक्य नहीं है। यदि एकता है तो एक-दूसरे का विरोध करने में। सोरेन कीर्केगार्द और पास्कल जिन्हें अस्तित्ववाद का प्रवर्तक कहा जाता है, धार्मिक आस्था के व्यक्ति हैं—पहला कैथोलिक और दूसरा प्रोटेस्टेण्ट। जास्पर्स, हाइडेगार और सार्त्र नास्तिक हैं। यदि इस सूची में नीत्शे, काफ्का और कामू को जोड़ लिया जाए तो मतभेद की खाई और चौड़ी हो जाएगी। लेकिन सभी लोगों को विकसित आत्मवाद एक सूत्र में जोड़ देता है।

'अस्तित्व' में 'अस्ति' होने का बोध कराता है। यों पेड़-पौधे, पशु-पक्षी आदि सभी का अस्तित्व होता है। किन्तु अस्तित्ववादी अर्थ में मनुष्य का अस्तित्व ही स्वीकार्य है। वह 'होने' की सतत प्रक्रिया से गुजरता रहता है। इस प्रक्रिया से पेड़-पौधे और पशु-पक्षी भी गुजरते हैं। पर उनका आत्मविस्तार प्राणिशास्त्रीय प्रक्रिया का अंग है। मनुष्य अपना विस्तार या होने को अपने खुद के निर्णय से करता है।

व्यक्ति की वैयक्तिकता या 'यूनीकनेस' अस्तित्ववाद का केन्द्रीय विवेच्य है। सार्त्र कहता है कि सत्व या गुण के पहले अस्तित्व होता है (एक्जिस्टेंस प्रिसीड्स एसेंस)। इसकी व्याख्या करता हुआ वह कहता है—'मनुष्य पहले अस्तित्व में आता है, आत्मसंघर्ष करता है, दुनिया से टकराता है और अपने को परिभाषित करता है। वही होगा जो अपने को बनाएगा।'

सारा जोर 'मैं' के मैंपन पर देने के कारण व्यक्ति एक जाति का प्रतिनिधि मात्र नहीं रह जाता। वह जीवन और जगत में 'यूनीक' होकर प्रामाणिक ढंग से जीना चाहता है। जास्पर्स का कहना है कि एक व्यक्ति के रिक्त स्थान की पूर्ति दूसरा व्यक्ति नहीं कर सकता। एक व्यक्ति का स्थान दूसरा व्यक्ति ले ही नहीं सकता। मतलब यह कि इस दर्शन की दिलचस्पी मनुष्य के व्यक्तिगत जीवन से है। इसमें 'मैं' वह है जो दूसरे नहीं हैं। दूसरे इसलिए हैं कि 'मैं' है। 'मैं' के न होने पर दूसरे की सत्ता अकल्पनीय हो जाती है।

आत्म-संबद्धता इसकी अन्य विशेषता है। यदि वह है तो इस अर्थ में कि वह 'यूनीक' है, अपना निर्णायक और निर्माता है। यदि उसका निर्माता परिवेश है, दूसरी पद्धतियाँ हैं तो वह वस्तु है। इसलिए अस्तित्ववान नहीं है। अस्तित्ववान होने का अर्थ है प्रामाणिक जिन्दगी जीना—यानी अपने चुनाव और निर्णय की जिन्दगी जीना। दूसरों द्वारा निर्धारित मार्ग का अनुसरण अप्रामाणिक है। तो क्या चम्बल के डाकू प्रामाणिक जिन्दगी जीते हैं? सार्त्र का कहना है कि हमारा चुनाव तब बेहतर होगा जब सबके लिए बेहतर हो। किन्तु क्या यह सम्भव है? नितान्त वैयक्तिक स्तर का चुनाव समाज के विरुद्ध जा सकता है। या इस चुनाव द्वारा समाज की उपेक्षा हो सकती है। यदि घर में माँ बीमार है और देश पर शत्रु ने आक्रमण कर दिया है तो सामान्य नागरिक क्या चुनेगा? माँ की तीमारदारी या सेना में भर्ती होकर शत्रु पर प्रत्याक्रमण? चुन वह कुछ भी सकता है, लेकिन चुनाव तब प्रामाणिक होगा जब वह उसकी आस्था और संवेदना से जुड़ा हो। केवल बुद्धि के आधार पर लिया गया निर्णय प्रामाणिक नहीं हो सकता।

अस्तित्ववादी दर्शन में अनेक विषयों का विवेचन किया गया है, जैसे—स्वतन्त्रता, चुनाव, संवेदना, त्रास, मृत्यु, अजनबियत, ऊब (बोरडम), उबकाई, भाषा, समाज, इतिहास आदि। पर इन सभी विषयों का केन्द्रवर्ती मुद्दा व्यक्ति ही है। इसके विवेचन की यह विशेषता है कि विषय के विवेचन में प्रकारान्तर से अन्य विषयों का समावेश भी हो जाता है। यों स्वतन्त्रता, अजनबियत और संवेदना को मुख्य विवेच्य माना जा सकता है।

सार्त्र कहता है कि मनुष्य स्वतन्त्र होने के लिए अभिशप्त है। स्वतन्त्रता 'होने' की बुनियादी शर्त है। किन्तु यह चुनाव, निर्णय, क्रिया और दायित्व से बँधा हुआ है। इसके माध्यम से ही मनुष्य अपनी सम्भावनाएँ अन्वेषित करता है जो उसकी

अपनी होती हैं, यूनीक होती हैं। स्वतन्त्र होकर ही वह प्रामाणिक जिन्दगी जी सकता है। कामू विद्रोह को स्वतन्त्रता का पर्याय कहता है–'मैं विद्रोह करता हूँ इसीलिए अस्तित्ववान हूँ।' वर्दिएव के मतानुसार, मनुष्य की मुक्ति कुछ वस्तुओं से ही मुक्त होने में नहीं बल्कि कुछ वस्तुओं के लिए मुक्त होने में है। जो जन-समूह स्वतन्त्रता को मूल्य नहीं देता उसे डिक्टेटरशिप सह्य होती है।

अजनबियत की चर्चा मृत्यु, काल और भीड़ के संदर्भ में की गयी है। मृत्यु-भीति मनुष्य को सभी वस्तुओं से काटकर उसे अकेलेपन की सम्पूर्ण अर्थवत्ता में जीने के लिए बाध्य करती है। नियमबद्ध होकर वह अपने से ही अजनबी हो जाता है–अपने तत्त्व से, आन्तरिकता से। उसका अपना निर्णय ही उसे अजनबियत से मुक्त करता है। दूसरे द्वारा जाना जाना वस्तु के रूप में जानना है। इससे अजनबियत की सृष्टि होती है। इसलिए सार्त्र कहता है–दूसरे नरक हैं (द हेल इज अदर पीपुल)। संवेदना का आधार मनुष्य की आदिम मनोवृत्तियाँ हैं जो कुंठित होकर त्रास, व्याकुलता को जन्म देती हैं।

संदर्भ

जान मकारे, इक्जिस्टेंशियलिज्म (1978)।
काफ़मन, इक्जिस्टेंशियलिज्म फ्राम दस्तोवस्की टु सार्त्र।
शिवप्रसाद सिंह, आधुनिक परिवेश और अस्तित्ववाद (1970)।
अजितकुमार सिन्हा, समकालीन दर्शन (1973)।

आधार और अधिरचना (बेस और सुपरस्ट्रक्चर)

इतिहास, दर्शन, धर्म, राजनीति, साहित्य आदि को मार्क्सवादी दृष्टि से समझने के लिए आधार और अधिरचना तथा उनके पारस्परिक सम्बन्धों को समझना अनिवार्य है। मार्क्स और ऐंगिल्स ने समाज की आर्थिक संरचना को आधार तथा उस पर आधृत राज्य तथा सामाजिक चेतना को अधिरचना कहा है। आधार का स्पष्टीकरण करते हुए मार्क्स ने 'प्रीफेस टू ए कांट्रीव्यूशन टू दी क्रिटीक आफ पोलिटिकल इकानामी' में लिखा है कि मनुष्यों का सामाजिक उत्पादन उनके पारस्परिक उत्पादन सम्बन्धों पर निर्भर है। ये सम्बन्ध उनकी अपनी इच्छाओं से स्वतन्त्र और अनिवार्य होते हैं। इन सम्बन्धों को उत्पादन शक्तियों के विकास की एक मंजिल पर ही घंटित होता हुआ देखा जा सकता है। उत्पादन-सम्बन्ध ही समग्रतः समाज की आर्थिक संरचना

करते हैं। इसी नींव पर कानूनी और राजनीतिक अधिरचना का भवन खड़ा होता है और उन्हीं के अनुरूप सामाजिक चेतना का प्रादुर्भाव होता है।

ऐतिहासिक विकास की विभिन्न मंजिलों पर उत्पादन प्रणाली (मोड ऑफ़ प्रोडक्शन) अलग-अलग होती है। उत्पादन प्रणाली या 'मोड ऑफ़ प्रोडक्शन' उत्पादन शक्तियों (औजार, श्रम, श्रमिक) और उत्पादन-सम्बन्धों के योग का नाम है। ऐतिहासिक विकास के साथ उत्पादन शक्तियाँ भी बदलती हैं और उत्पादन सम्बन्ध भी। हल का स्थान ट्रैक्टर ने ले लिया है। पूँजीवादी समाज में उत्पादन सम्बन्ध भी बदल गये हैं। एक समय किसान-किसान में पारस्परिक सम्बन्ध के साथ हल बनाने वाले लोहार से भी उसका सम्बन्ध होता था। उस समय औजारों पर लोहारों का एकाधिपत्य था। किन्तु वर्ग विभाजित पूँजीवादी समाज में औजारों पर पूँजीपतियों का एकाधिपत्य हो गया है। वास्तविक उत्पादक मजदूर बन गया है और पूँजीपति मालिक। यह है उत्पादन सम्बन्ध। इसके आधार पर आज सोच की एक पद्धति ही बन गयी है।

अधिरचना के अन्तर्गत राज्य, कानून, राजनीति, दर्शन, कला आदि सामाजिक चेतनाएँ आती हैं। अधिरचना को विचारधारा या विचार प्रणाली भी कहते हैं। आधार और अधिरचना के सम्बन्धों को लेकर विद्वानों में मतभेद है। सामान्यतः इसके सम्बन्ध में तीन प्रकार के मत प्रचलित हैं—1. अधिरचना आधार का प्रतिबिम्ब है, 2. आधार और अधिरचना के बीच कोई सम्बन्ध नहीं है, 3. आधार और अधिरचना का सम्बन्ध होते हुए भी अधिरचना सापेक्षिक रूप से स्वायत्त होती है। अब पहले दोनों मतों को अग्राह्य मान लिया गया है। लेकिन अंतिम मत के सम्बन्ध में अब भी बहस जारी है। साहित्य, संगीत आदि विचार प्रणाली के अन्तर्गत आते हैं।

'अठारहवें ब्रूमेयर' में मार्क्स अधिरचना का सम्बन्ध वर्ग से भी जोड़ते हैं। वह कहता है—'सम्पत्ति के विविध रूपों अस्तित्व की सामाज़िक स्थितियों के आधार पर समस्त अधिरचनाएँ निर्मित होती हैं जिनमें भाव, विचार अध्यास (इल्यूजन) वैश्विक दृष्टि का समावेश होता है। एक पूरा वर्ग भौतिक पदार्थों तथा तदनुकूल सामाज़िक सम्बन्धों के आधार पर उसे रूपायित करता है।' अभिप्राय यह है कि अधिरचना आधार द्वारा नियन्त्रित और निर्धारित होती है। वह स्वतन्त्र नहीं है। आधार के बदल जाने पर तदनुकूल अधिरचना का भी रूपान्तरण हो जाता है।

इसमें ऐसा प्रतीत होता है कि समाज की आर्थिक संरचना ही सब कुछ है, अधिरचना उसका उत्पादन मात्र है। इस अर्थ में अधिरचना को आधार में न्यूनीकृत (रिड्यूस) करने का खतरा बना रहता है। मार्क्स इससे अवगत था। इसलिए आधार और अधिरचना के सम्बन्ध को वह ऐतिहासिक सम्बन्ध कहता है। यह सम्बन्ध कुछ टेढ़ा-मेढ़ा, असमतल होता है। पर होता अवश्य है। आधुनिक पूँजीवाद के जमाने में आध्यात्मिक उत्पादन का एक रूप होगा और मध्यकाल में दूसरा रूप। यदि भौतिक

उत्पादन को ऐतिहासिक रूप में नहीं देखा जाता है तो आध्यात्मिक उत्पादन में इतिहास के अनुरूप उसकी विशिष्टता और भौतिक तथा ऐतिहासिक उत्पादनों के अन्तरद्वन्द्वात्मक सम्बन्धों का आकलन सम्भव नहीं है। (थ्योरी ऑफ सरप्लस वैल्यू, खंड-1/अध्याय-4)

मार्क्स के उपुर्यक्त कथन से सिद्ध है कि आधार और अधिरचना में बिम्ब-प्रतिबिम्ब सम्बन्ध नहीं है यानी वह अधिरचना की प्रतिबिंबित सत्ता को स्वीकार नहीं करता। ऐंगिल्स ने अपने दो पत्रों में (एक पत्र मेहरिंग के नाम लिखा गया था, दूसरा ब्लाख के नाम) स्पष्ट कर दिया है कि आधार और अधिरचना में कारण-कार्य का यंत्रगतिक सम्बन्ध नहीं होता, यद्यपि आखिर में अधिरचना का नियमन आधार ही करता है। फिर भी अधिरचना किसी हद तक आधार को भी प्रभावित करती है।

पर आधार और कला के सौन्दर्यबोध के सम्बन्धों की व्याख्या को लेकर मार्क्स का मन असमंजस में पड़ा था। यूनानी कला का सर्वोत्तम रूप उस समय दिखाई देता है जिस समय यूनानी समाज तथा तत्कालीन भौतिक उत्पादन काफी पिछड़ा हुआ था। दोनों के बीच कोई आनुपातिक सामंजस्य नहीं दिखाई देता। इसकी चर्चा वह ग्रंडिरिसे की भूमिका में करता है। इसके उत्तर में उसका कहना कि वह पूर्व ऐतिहासिक काल की सुखद स्मृतियाँ हैं। अतः वे आज भी आनन्दप्रद प्रतीत होती हैं। इस उत्तर को कोई भी सन्तोषप्रद नहीं कहता। इससे इतना तो स्पष्ट है कि साहित्य और कला को सापेक्षिक स्वायत्तता प्राप्त है।

बहस यहाँ खत्म नहीं होती। फ्रांसीसी मार्क्सवादी चिन्तक अलथ्यूसर हर समय आधार का प्रभुत्व नहीं स्वीकारता। उसके मतानुसार इतिहास में ऐसा भी समय होता है जब आधार की अपेक्षा अधिरचना प्रमुख हो उठती है। किन्तु इससे भी आधार और अधिरचना के सम्बन्धों पर प्रकाश नहीं पड़ता।

यह सही है कि चाहे भाव हो या सौन्दर्यबोध इतिहास के बदलाव के साथ उनमें भी बदलाव आता है। इसलिए आधार और अधिरचना के सम्बन्धों को चाहे वह कितना भी जटिल क्यों न हो, अस्वीकार नहीं किया जा सकता। साहित्य का अंकुर इतिहास की जमीन से फूटता है। जिस प्रकार अंकुर धरती को तोड़ता हुआ अपना नया रंगरूप ले लेता है उसी प्रकार साहित्य भी इतिहास की जमीन से उगता हुआ अपना विशिष्ट स्वायत्त रूप ग्रहण करता है। अतः वह ऐतिहासिक होने के साथ-साथ इतिहासेतर (ट्रांस हिस्टारिकल) भी होता है। किन्तु दूसरे ऐतिहासिक काल में उसका मूल्यांकन नये ऐतिहासिक परिप्रेक्ष्य में ही होगा यानी इतिहास के नये सन्दर्भ में।

संदर्भ

बाटमोर (सं.) मार्क्सिस्ट थाट (1983)।
रेमंड विलियम्स, मार्क्सिज्म एंड लिटरेचर।

टेरी एग्लिटन, आइडियोलाजी एंड लिटरेचर।
रामविलास शर्मा, भाषा और समाज।
मैनेजर पांडेय, साहित्य और इतिहास दृष्टि (1981)।
बच्चन सिंह, साहित्य का समाजशास्त्र और रूपवाद (1984)।

आधुनिकतावाद

यह एक जटिल पश्चिमी प्रत्यय है। इसकी अनेक व्याख्याएँ और अन्तर्विरोधी विवेचन होते रहे हैं और हो रहे हैं। फिर भी इसकी गड्डमड्डता, धुँधलापन और अस्पष्टता को साफ नहीं किया जा सका है। किन्तु आलोचना, साहित्यिक इतिहास और सिद्धान्तों के विवेचन के लिए यह अनिवार्य हो गया है। कुछ वर्षों पूर्व यह प्रत्यय आंग्ल-अमरीकी और स्कैंडेविया की सीमाओं में ही सिमटा रहा। आज भी जर्मन और फ्रांसीसी आलोचना में कम ही प्रयुक्त होता है। कुछ लोग उत्तर-आधुनिकतावाद को इसका अगला चरण मानते हैं तो कुछ लोग उससे एकदम भिन्न।

इसके समारम्भ के वर्ष के सम्बन्ध में मतभेद है। डी. एच. लारेंस की दृष्टि में इसकी शुरुआत 1915 में होती है और जान गॉस के मतानुसार 1920 में। इस वर्ष विगत से टूटता हुआ नाता देखा जा सकता है। दो महायुद्धों के बीच का समय इसके लिए बहुत उपजाऊ सिद्ध हुआ। इसमें अनेक साहसिक प्रयोग हुए और निषेध टूटे, नयी तकनीकें आयीं, नयी संवेदनाएँ उत्पन्न हुईं, नयी दिशाएँ खुलीं। यूलीसिस और वेस्टलैंड में इसी की अनुगूँज है।

यह परम्परा, इतिहास, देश-काल से मुक्ति का आन्दोलन कहा जाता है। किसी परम्परा से इसे जोड़ना भारी भ्रम है। यह अपने परिदृश्य से स्वयं संभूत है। लूकाच इसे अमूर्त, इतिहास-निरपेक्ष, तर्केतर और मिथकीय कहता है। टी. एस. इलियट अपने समय या युग को व्यर्थता और अराजकता का परिदृश्य कहता है। यह एक ऐसा तार था जो आधुनिकतावाद के अनेक सिद्धान्त स्वरों को झंकृत कर गया। आधुनिकतावाद सम्बन्धी अनेक आलोचनाएँ इसी सिद्धान्त पर आधारित हैं कि समाज, इतिहास और यथार्थ से उसका नाता नहीं रह गया है। नयी आलोचना और रूपवादी आलोचना का यही मत है। नयी आलोचना के सिद्धान्त आधुनिकवादी रचनाओं के आधार पर गढ़े गये। इतिहास-निरपेक्ष होने के कारण इसका सम्बन्ध गिरी हुई दुनिया से नहीं रहेगा और पाठक नयी स्वर्गतुल्य सृष्टि का आनन्द लेगा।

कुछ लोग आधुनिकतावाद को फासीवाद का समर्थक कहते हैं। जर्मनी के

सुप्रसिद्ध कवि गाडफ्रीडबेन को क्लाउमन फासीवादियों की श्रेणी में रखता है, क्योंकि वह रूपवाद पर खास जोर देता है। बाद में फासीवाद और रूपवाद में तालमेल बिठाकर उक्त मत को और भी विस्तार दिया गया। ऐसे लोगों में जेम्सोन, विंढमलेविस, फ्रैंक करमोड मुख्य हैं।

रूप को अवधारणा से जोड़ना अपने आप में विलक्षण है। रूप को फासीवादियों की व्यवस्था, अनुशासन से जोड़ना सिर्फ यादृच्छिक है। यदि ऐसा है तो 20वीं शती की पूँजीवादी बुर्जुआ संस्कृति से इसका क्या सम्बन्ध होगा? रूप विशिष्ट अवधारणाओं का वाहक कैसे है? क्या पाठक केवल रूपात्मक औदात्य का अनुभव करता है? लूकाच जैसे व्यक्ति भी रूपहीनता की निन्दा करते हैं। रूप कथ्य-विरहित कैसे होगा?

आधुनिकतावाद के प्रादुर्भाव के ऐतिहासिक कारणों पर एक सरसरी दृष्टि डालने से बहुत कुछ स्पष्ट हो जाता है। यदि यह एक ऐतिहासिक प्रक्रिया की देन है तो फिर इतिहास-निरपेक्ष कैसे होगा? मार्शल बर्मन की एक पुस्तक है—'आल दैट इज सालिड मेल्ट्स इनटू एअरस।' वह लिखता है कि आधुनिक जीवन की उथल-पुथल की जिम्मेदारियाँ अनेक स्थितियों पर निर्भर हैं—भौतिक विज्ञान के महान आविष्कार जिससे दुनिया और दुनिया में हमारी स्थिति का 'इमेज' बदल गया है, उत्पादन का उद्योगीकरण जो विज्ञान को टेक्नोलॉजी में बदलता है, शहरों की बढ़ोतरी, दूर-संचार माध्यम आदि। इसी का नाम है आधुनिकीकरण। इस प्रक्रिया में हमारी वैश्विक दृष्टि परिवर्तित हुई है और हम अन्य देशों के लोगों के विचारों के समीप आए हैं। आधुनिकीकरण की यांत्रिकता, भीड़-भाड़, शहरों की बाढ़ में हम पदार्थीकृत होते जा रहे हैं। यदि आधुनिकतावादी साहित्य इतिहास की इन सही विकृतियों को उजागर करता है तो उसे इतिहास-निरपेक्ष कैसे कहा जा सकता है। पर इसे ग्लोरीफाई नहीं करना चाहिए।

हिन्दी में आधुनिकतावादी गतिविधियों के आविर्भाव का वर्ष 1941 हो सकता है। इसी वर्ष अज्ञेय की 'शेखर : एक जीवनी' का प्रकाशन हुआ जो पारम्परिक रूप और नैतिक मान्यताओं को बुरी तरह ध्वस्त कर देता है। पर सही अर्थ में इसकी शुरुआत का सिलसिला सन् 60 से चलता है और वह एक आन्दोलन का रूप ले लेता है। कल्पना, ज्ञानोदय, नयी कविता में ढेरों लेख छपे। इसके मूल मन्त्र व्यक्ति-स्वातंत्र्य पर 1955 में आलोचना में अनेक सम्मतियाँ प्रकाशित हुईं। पर पश्चिम का आधुनिकतावाद एशिया का आधुनिकतावाद नहीं हो सकता। जापान और कोरिया को छोड़ दें तो एशिया के अन्य देश विकसनशील अवस्था में हैं। साहित्य अभी गाँव से संपृक्त है, अपनी संस्कृति के प्रति जागरूक है। पर आधुनिक के अभिशाप की छाया से यह अछूता नहीं है। यहाँ पर न पश्चिमी उद्योगीकरण था, न दो-दो महायुद्ध, न पूँजीवादी व्यवस्था की वैसी मंजिल। इस संदर्भ में अस्तित्ववादी दर्शन भी विकसित हुआ जिसमें व्यक्ति अपनी अस्मिता की तलाश करने लगा। इस परिस्थिति में जो

संकट-बोध हुआ उसकी अभिव्यक्ति पिकासो के चित्रों, लारेंस-ज्वायस, काफ्का, बेकेट के उपन्यासों, ऊलजलूल नाटकों, अपारदर्शी कविताओं, क्यूविस्ट और सुररियलिस्ट आन्दोलनों में हुआ। अपने देश में कुछ नयी पूँजीवादी व्यवस्था और 62 के चीन-भारत युद्ध के कारण तथा पश्चिमी प्रभाव के परिप्रेक्ष्य में आधुनिकतावादी साहित्य लिखा जाने लगा। इसकी अभिव्यक्ति मुख्यतः नयी कहानी और नयी कविता में हुई।

संक्षेप में इसकी मुख्य विशेषताएँ हैं—इतिहास और परम्परा से विच्छेद, गहन स्वात्मचेतना, तटस्थता और अप्रतिबद्धता, व्यक्ति स्वातन्त्र्य, रूप और प्रयोग, अपने आप में बन्द दुनिया, अपारदर्शी भाषा।

संदर्भ

मालकम ब्रैडबरी एवं जेम्स मकफारलेन, माडर्निज्म (1985)।

एस्ट्रादुर ईस्टीनस्सन, दी कान्सेप्ट आफ माडर्निज्म (1990)।

आलोचनात्मक यथार्थवाद

आलोचनात्मक यथार्थवाद दर्शन के क्षेत्र का अभिधान है, यह स्वनिष्ठतावाद (सब्जेक्टिविज्म) के विरुद्ध है। जो कुछ है वह चित्त मात्र की सत्ता है, इसे मान्य नहीं है और न यह स्व-निरपेक्ष सत्ता को ही स्वीकार करता है। ज्ञाता और ज्ञेय के बीच एक केन्द्रीय पुरस्करण या सम्बन्ध (सेंस डेटा) होता है। इसके द्वारा हम बाह्यार्थ का अनुमान करते हैं।

19वीं-बीसवीं शताब्दी में इस शब्द को मार्क्सवादी विचारकों ने कला-समीक्षा, मुख्यतः उपन्यास-समीक्षा के लिए परिगृहीत किया। आलोचनात्मक यथार्थवाद युगीन जीवन के अन्तर्विरोधों को आलोचनात्मक दृष्टि से विश्लेषित करता है—किन्तु उनमें निहित किसी रचनात्मक सम्भावना को संकेतित नहीं करता। मार्क्सवादी इसे 'बुर्जुआ यथार्थवाद' भी कहते हैं। सोवियत लेखकों की पहली कांग्रेस में गोर्की ने दो प्रकार के बुर्जुआ यथार्थवादी लेखकों का उल्लेख किया है—एक वे हैं जो अपने वर्ग चरित्र के अनुसार अपने ही वर्ग का गौरव-गान किया करते हैं, और दुहरे वे हैं जो अपने वर्ग की खरी आलोचना करते हैं। इसे वह 'क्रान्तिकारी स्वच्छन्दतावाद' भी कहता है। पर इनमें समाजवादी यथार्थवादियों की तरह विधेयात्मक दृष्टि नहीं है।

पूँजीवादी व्यवस्था के घिनौने परिवेश से कोई भी उल्लेख्य कलाकार समझौता

नहीं कर पाता। इस व्यवस्था के पहले जो सामन्तीय व्यवस्था रही है उसमें ऐसे अच्छे लेखकों की कमी नहीं है जो उसके समर्थक रहे हैं। इस व्यवस्था में तो आदमी वस्तु हो गया है जिसे मालिक की मर्जी से खरीदा-बेचा जा सकता है। बालजक के जमाने में पूँजीवादी चक्र उतना मजबूत नहीं हुआ था। सामन्तीय व्यवस्था ह्रासोन्मुखी थी और पूँजीवादी व्यवस्था प्रगतिशील। अतः उसमें आकर्षण था। फ्लावेयर के समय तक इसका कुत्सा-भरा रूप विकृत हो चुका था। फ्लावेयर इसके इस रूप से क्षुब्ध हो उठा था। पर यह क्षोभ-विद्रोह महज पीड़ित-अहं का विद्रोह होकर रह गया। यह प्रतिक्रिया रोमैंटिक थी। स्वच्छन्दतावाद को आलोचनात्मक यथार्थवाद का प्रारम्भिक छोर समझना चाहिए।

पर तोलस्तोय के 'युद्ध और शांति', 'अन्ना करेनिना', रोमाँरोलाँ के 'ज्याँ क्रिस्तोफ' और टामसमन के 'मैजिक माउण्टेन' को 'आलोचनात्मक यथार्थवाद' की ही श्रेणी में रखा जाता है। इन महान उपन्यासों की परम्परा में क्या किसी समाजवादी यथार्थवादी कृति को रखा जा सकता है? सम्भवतः इसीलिए लूकाच ने आलोचनात्मक यथार्थवाद का गहरा समर्थन किया है।

संदर्भ

शिवकुमार मिश्र, यथार्थवाद (1975)।

अन्र्स्ट फ़िशर, नेसेसिटी ऑफ़ आर्ट्स।

जयदेव सिंह, पाश्चात्य दर्शन की रूपरेखा (1963)।

ईमानदारी (सिन्सेरिटि)

इधर की हिन्दी आलोचना में ईमानदारी शब्द प्रयुक्त होने लगा है। 'कवि-कर्म की ईमानदारी', 'अभिव्यक्ति की ईमानदारी' आदि प्रयोग इसके प्रमाण हैं। ट्रिलिंग के मतानुसार 18वीं शती में योरोपीय नैतिकता में 'आत्म' (सेल्फ़) शब्द जुड़ गया जिसे हम ईमानदार कहते हैं। हिन्दी में 'आत्मानुभूति' शब्द का प्रयोग छायावादी कविता की अभिव्यक्ति के लिए किया गया। लेकिन 'निश्छल आत्मानुभूति' के प्रति आलोचक शंकाग्रस्त बने रहे। आचार्य शुक्ल ने 'कल्पित भावानुभूति' का विरोध किया है। 'भावानुभूति भी यदि ऐसी होगी जैसी नहीं हुआ करती तो सचाई (सिंसियरिटी) कहाँ रहेगी?'

रघुवीर सहाय ईमानदारी को 'मौलिक' और 'निरपेक्ष' गुण कहते हैं। पर 'मौलिक'

और 'निरपेक्ष' जैसे गोल शब्दों से ईमानदारी का अर्थ स्पष्ट नहीं होता। फिर इसे उन्होंने वस्तुओं की वास्तविकता का सही अनुभव कहा। लेकिन इस सही को सही कौन करेगा?

मुक्तिबोध ईमानदारी को व्यक्तिगत घेरे से निकाल कर वस्तुनिष्ठता से सम्बद्ध कर देते हैं। 'भावना का ज्ञानात्मक आधार जब तक वस्तुतः शुद्ध है तभी तक वह भावना 'फ्राड' नहीं है। इसलिए ज्ञान को अधिकाधिक मार्मिक यथार्थ-मूलक और विकसित करने का जो संघर्ष है वह वस्तुतः कलाकार का सच्चा धर्म है। यदि कवि या कलाकार वह संघर्ष त्याग देता है, तो वह सचमुच ईमानदार नहीं.... ।' मुक्तिबोध ने 'ईमानदारी' को एक अर्थ दिया है जो मूल शब्द ईमानदारी में नहीं है। 'ईमानदारी' शब्द का सही प्रयोग, जैसा रूसो, गेटे, शेक्सपियर आदि में देखा जाता है अपने प्रति, अपनी भावनाओं के प्रति सच्चा होने में है। अतः किशोर-भाव की कविताओं को भी इसमें शामिल करना होगा।

नामवर सिंह राब्सन और लीविस का हवाला देते हुए 'ईमानदारी' का समर्थन करते हुए प्रतीत होते हैं। पर कवि की 'ईमानदारी' को खोजना कविता को खोजने से भिन्न हो जाता है। कवि की ईमानदारी को खोजने का मतलब है, कहीं-न-कहीं रोमैंटिक मूल्यों से बद्ध होना। यही नहीं, इससे साभिप्राय हेत्वाभास से ग्रस्त हो जाने की शंका को भी निर्मूल नहीं कहा जा सकता। वाइल्डे और येड्स दोनों ही का कहना है कि आत्मपरकता में कविता की वस्तुनिष्ठता नहीं आ सकती। इसलिए कवि को मुखौटे (परसोना) की जरूरत होती है। अतः आलोचना के लिए 'ईमानदारी' अप्रासंगिक है।

संदर्भ

ट्रिलिंग, सिन्सेरिटि एंड आथेंसिटी।
नामवर सिंह, कविता के नये प्रतिमान।

उक्ति

राजशेखर के मतानुसार—'उक्ति विशेषः काव्यम्'—उक्ति विशेष ही काव्य है। विशेष का अभिप्राय है रसावेश से पूर्ण। भट्टनायक का कहना है—'शास्त्र भिन्न वाङ्मय है, इसमें रस शब्द का प्राधान्य होता है, आख्यान काव्य में अर्थ की प्रमुखता होती है, (इतिहास-पुराण)। जिस वाङ्मय में शब्द-अर्थ दोनों का गुणीभाव होता है और कवि-व्यापार की प्रधानता होती है वह काव्य संज्ञा का अधिकारी है। कवि-व्यापार

क्या है?—शब्दार्थों का ऐसे औचित्यपूर्ण ढंग से प्रयोग कि शब्दार्थों का पर्यवसान रसवृत्ति में हो जाए। इसी को वक्रोक्ति भी कहते हैं। अभिनवगुप्त ने कहा है—'बंधो, गुम्फः भणितिः वक्रोक्ति, कवि-व्यापारः इति हि पर्यायात् लक्षणं तु अलंकारशून्यमपि न निरर्थकम्।'

'वैदग्ध्य भङ्गिभणिति' का दूसरा नाम उक्ति-वैचित्र्य है। वामन उक्ति-वैचित्र्य का अर्थ माधुर्य लेते हैं (उक्ति वैचित्र्यं माधुर्यम्) दंडी के मतानुसार माधुर्य की प्रतिष्ठा अग्राम्यता में होती है। अग्राम्यता का मतलब है वैदग्ध्य। यही वक्रोक्ति है, उक्ति-वैचित्र्य है। अभिप्राय यह है कि उक्ति जन-साधारण की शैली से भिन्न होती है।

पर आचार्य शुक्ल ने उक्ति-वैचित्र्य का अर्थ चमत्कार लिया है। उनका कहना है—'इस निश्चय के अनुसार कोई वाक्य, चाहे वह कितना ही मर्मस्पर्शी हो, यदि उक्ति-वैचित्र्य-शून्य है तो काव्य के अन्तर्गत न होगा और कोई वाक्य जिसमें किसी भाव या मर्म-विकार की व्यंजना कुछ भी न हो पर उक्ति-वैचित्र्य हो, वह खास काव्य कहा जाएगा।' इसके समर्थन में उन्होंने पद्माकर का एक 'सीधा-सादा' वाक्य उद्धृत किया है—'नैन नचाय कही मुसकाय, लला फिर आइयो खेलन होरी।' आश्चर्य यह है कि शुक्ल जी जैसे आचार्य इसी को सीधा-सादा या स्वाभावोक्ति कहते हैं। 'नचाय' 'मुस्काय' के साथ जुड़कर 'लला फिर आइयो खेलन होरी' कितना वक्रोक्तिपूर्ण हो उठता है।

शुक्ल जी मानते हैं कि 'हृदय पर जो प्रभाव पड़ता है, उसके मर्म का जो स्पर्श होता है, वह उक्ति ही के द्वारा। पर उक्ति के लिए यह आवश्यक नहीं वह सदा विचित्र, अद्भुत या लोकोत्तर हो—ऐसी हो जो सुनने में नहीं आया करती या जिसमें बड़ी दूर की सूझ होती है। ऐसी उक्ति जिसे सुनते ही मन किसी भाव या मार्मिक भावना (जैसे प्रस्तुत वस्तु का सौन्दर्य आदि) में लीन एक बारगी कथन के अनूठे ढंग, वर्ण-विन्यास या पद-प्रयोग की विशेषता, दूर की सूझ, कवि की चातुरी या निपुणता इत्यादि का विचार करने लगे वह काव्य नहीं सूक्ति है।'

वस्तुतः शुक्ल जी ने 'उक्ति' का वह अर्थ नहीं लिया है जो संस्कृत के आचार्यों ने लिया है। उक्ति में रसावेश रहता है। आचार्यों ने रस के अभाव में उक्ति शब्द का प्रयोग ही नहीं किया है। सिर्फ उक्ति का वैचित्र्य काव्य न होगा, यह सही है। पर यह भी उतना ही सही है कि उक्ति या वक्रोक्ति के अभाव में काव्य नहीं होगा—'कोऽलंकारो अनयाबिना'।

संदर्भ

गणेश त्र्यंबक देशपांडे, भारतीय साहित्यशास्त्र।

रामचन्द्र शुक्ल, रसमीमांसा।

भामह, काव्यालंकार।

बच्चन सिंह, आलोचक और आलोचना।

उत्तर-आधुनिकतावाद

आधुनिकतावाद की तरह उत्तर-आधुनिकतावाद एक जटिल प्रत्यय है जिसकी रूपरेखा को स्पष्ट नहीं किया जा सका है। पर पश्चिमी विचारकों ने मुख्यतः अमरीकी विचारकों ने एक सीमा तक इसे विश्लेषित करने का प्रयास किया है। इसके सम्बन्ध में विचार करते समय कई प्रश्न उठते हैं। यह आधुनिकता से एकदम भिन्न है या उसी का अगला चरण है? उत्तर-संरचनावाद, उत्तर-प्रौद्योगिकी, आवाँगार्द आदि से इसका क्या सम्बन्ध है? इसके अपने लक्षण क्या हैं? मानवीय समाज, संस्कृति और संवेदना को यह कहाँ, किस दिशा में ले जा रहा है? और अन्त में यह भी देखना होगा कि इसका प्रभाव तीसरी दुनिया के देशों, विकसनशील देशों, मुख्यतः भारतवर्ष पर क्या पड़ रहा है?

'उत्तर-आधुनिकतावाद' का प्रचलन एक-दो दशक पूर्व से होने लगा है—20वीं शती के सातवें और आठवें दशक में। सबसे पहले वास्तुकला के क्षेत्र में इसके दर्शन होते हैं। इसे लोकप्रिय बनाने का श्रेय राबर्ट बेंतुरी और जेम्म स्टर्लिंग को जाता है। उन्होंने इसका प्रयोग वास्तुकला की अन्तर्राष्ट्रीय शैली के विरोध में किया। इसी क्षेत्र में आधुनिकता की मृत्यु की घोषणा की गयी। इसे फ्रांसीसी उत्तर-संरचनावादियों—देल्यूज, दरिदा, माइकेल फुको—से अधिक बल मिला। ये लोग आठवें दशक में क्रियाशील थे। वे अनेक अर्थों में एक-दूसरे के विरोधी होते हुए भी कई अर्थों में एक-दूसरे से मिलते-जुलते थे, समान थे। वे यथार्थ के खंडित, परस्पर विरोधी और विजातीय तथा बहुवाची (प्लूरल) या अनेकान्तवादी चरित्र के समर्थक थे। वह यह नहीं मानते थे कि मनुष्य किसी वस्तुनिष्ठ यथार्थ तक पहुँच सकता है। पर वे उस समय को कला और दर्शन तथा सामाजिक परिवर्तन को दृष्टि में रखते हैं। समाज के रूपान्तरण सम्बन्धी सिद्धान्तों पर बेल ने उत्तर-प्रौद्योगिकी के संदर्भ में विस्तार से विचार किया है। (दे. उत्तर-प्रौद्योगिकी)। इसमें 'मास' औद्योगिक के उत्पादन का स्थान क्रमिक सैद्धान्तिक अन्वेषण ले लेता है। लियोतार्द की प्रसिद्ध पुस्तक 'पोस्ट माडर्न कंडीशन' (1979) में उत्तर-आधुनिकतावादी कला, उत्तर-दर्शन, उत्तर-आधुनिकतावादी सिद्धान्तों को एक-दूसरे से सम्बद्ध कर दिया गया है।

लियोतार्द आधुनिकतावाद का सम्बन्ध 'ग्रैंड नरेटिव' से जोड़ता है जिसमें एक सिलसिला होता है, समग्रता होती है, आध्यात्मिका का द्वन्द्व होता है। उत्तर-आधुनिकता 'ग्रैंड नरेटिव' के विरुद्ध है। इसकी कला में संगति नहीं है, टोटैलिटी नहीं है, अन्विति की जगह बिखराव है। पहले से ही वह स्तालिनवादी मार्क्सवाद के विरुद्ध था। 'पोस्ट माडर्न कंडीशन' में वह समाजवादी क्रांति के उद्देश्यों को ही अस्वीकार करता है। इसके स्थान पर इसका कोई विकल्प ढूँढ़ना कोई अर्थ नहीं रखता क्योंकि जो कोई विकल्प होगा वह वही काम करेगा जिसे हटाकर इसे लाया गया है।

आधुनिकता के संदर्भ में एक विवाद यह उठाया गया है कि क्या उत्तर-आधुनिकतावाद आधुनिकतावाद से भिन्न या उसका अगला चरण है। दोनों ही मत एक-दूसरे का विरोध करते हैं। कुछ लोगों का दावा है कि हम उत्तर-आधुनिकतावाद के युग में रहते हैं। वे इस युग की अपनी विशेषताओं, जीवन शैलियों, सौन्दर्यशास्त्र का स्वतन्त्र विवेचन करते हैं। एलेक्स कालिनिकस इस दावे को फालतू कहता है। उसका कहना है कि उत्तर-आधुनिकतावाद की मूल प्रवृत्ति आधुनिकतावाद में निहित है। यदि यह आधुनिकतावाद का अलग चरण नहीं है तो स्वयं में क्या है?

लियोतार्द के मतानुसार उत्तर-आधुनिकतावाद आधुनिकता के भीतर की ही एक प्रवृत्ति है जो किसी चीज पर विलाप नहीं करती है। वह यथार्थ, क्रमबद्धता और समग्रता (टोटैलिटी) की अन्विति को इनकार करती है। आधुनिकतावाद में इतिहास और परम्परा दोनों का विरोध है। पर यह भी कैसे कहा जा सकता है। आधुनिकतावाद में जो पदार्थीकरण, अर्थहीनता और अलगाव दिखाई पड़ता है वह उन्नीसवीं शती के बुद्धिवाद के विरोध में आया। मार्क्स, वेबर, दुर्खीम इसी की देन है। वे तर्कसम्मत विवेक के आधार पर, नये ऐतिहासिक परिवेश में समाज को बदल देना चाहते थे, प्रगति और परिवर्तन में उनका अगाध विश्वास था, अपने सिद्धान्तों के अनुसार वे यथार्थ को प्रस्तुत करते थे। आधुनिकवाद ने प्रगति के मिथक को ही अस्वीकार कर दिया। इतिहास को वह मार्क्सवादी अर्थ में नहीं लेता पर जैसा कि कहा गया है और तत्कालीन कला साहित्य इतिहास की ही अभिव्यक्ति है और एक यथार्थ है। कुछ लोग आधुनिकतावादी रचनाकारों को अत्यधिक प्रतिभा-सम्पन्न कहते हैं, जैसे प्रूस्ट, ज्वायस, टी. एस. इलियट, टामस मन, काफ्का, ब्रेश्ट, बेकेट आदि। इनके समानांतर प्रतिमाएँ उत्तर-आधुनिकतावादी साहित्य में नहीं उत्पन्न हुईं। हो सकता है आगे चलकर वे पैदा हों। पर यह मुश्किल मालूम पड़ता है। हेबरमास उत्तर-आधुनिकतावाद में भी आधुनिकता की कुछ विशिष्टताओं को बनाए रखना चाहता है।

उत्तर-आधुनिकतावाद में, कम्प्यूटर युग, दूर संचार माध्यम, टेक्नोलॉजी के कारण जो नयी स्थितियाँ पैदा हुई हैं उन्हीं से उत्तर-आधुनिकतावादी चेतना का विकास हुआ है। इसमें तर्क, यथार्थ, इतिहास, रूप सबका नकार है। यह एक अराजकतावादी निहलिस्ट प्रवृत्ति है। अपने यहाँ तो अभी पूरी तरह से आधुनिकतावाद ही नहीं है, उत्तर-आधुनिकतावाद तो दूर की स्थिति है। पर एतद्‌जन्य उपभोक्तावाद ने हमारी संस्कृति और मूल्यों पर आक्रमण करना शुरू कर दिया है। इसे एक प्रकार का नकारात्मक सौन्दर्यबोध का आह्लाद कहा जा सकता है। जहाँ तक इसके आलोचनात्मक सिद्धान्तों का प्रश्न है वह उत्तर-संरचनावादियों में मिलेगा। इसका शलाका पुरुष दरिदा है और उसका सिद्धान्त है—डी कांस्ट्रक्शन यानी अनुपस्थिति की तलाश।

संदर्भ

डेविड लाज (सं.), माडर्न क्रिटिसिज्म एंड थ्योरी (1988)।
बेरी स्मार्ट, माडर्न कंडीशन्स, पोस्टमाडर्न कंट्रोवर्सीज (1992)।

उत्तर-औद्योगिकी

इस शब्द को प्रसिद्धि में ले आने का श्रेय अमरीकी समाजशात्री डेनियल जोन को है। सातवें दशक और आठवें दशक के प्रारम्भ में उसकी रचनाओं में इसका प्रचुर प्रयोग हुआ है। रीसमन (1958) ने काम और अवकाश के विश्लेषण के सिलसिले में पहले ही इसका प्रयोग कर रखा था। प्लेंटी (1917, 1922) उत्तर-औद्योगिकी समाज की व्याख्या करते हुए घेरलू उद्योग की ओर लौटने पर जोर देता है। सेवा-समाज (बैंक आदि सूचना समाज), ज्ञान समाज (नालेज सोसाइटी) आदि शब्द उत्तर-औद्योगिकी के पर्याय से हैं। औद्योगिकी से उत्तर-औद्योगिकी एकदम भिन्न नहीं है। उत्तर-औद्योगिकी औद्योगिकी का अगला चरण है।

उत्पादन की पद्धति में परिवर्तन के फलस्वरूप सामाजिक ढाँचे में भी परिवर्तन होता है, यह कोई बात नहीं है। मार्क्स के विचारों का यह केन्द्रीय बिन्दु है। मार्क्स ने कहा था कि औद्योगिक पूँजीवादी उत्पादन पद्धति निरन्तर परिवर्तनशील रहती है। बुर्जुआवर्ग उत्पादन के औजारों में क्रांतिकारी परिवर्तन करता रहता है, उससे उत्पादन सम्बन्धों में परिवर्तन होता है, फलस्वरूप सम्पूर्ण सामाजिक सम्बन्ध बदल जाते हैं।—(मार्क्स एंड ऐंगिल्स 1968, पृ. 83)। प्लेंटी के मतानुसार मशीन की रचनात्मक शक्ति विनाशकारी है। इसे संशोधित करने की आवश्यकता है। हमें मध्यकालीन दस्तकारी की ओर उन्मुख होना चाहिए। समाजवादी परम्परा के आधार पर उच्चतर सभ्यता-संस्कृति का निर्माण नहीं हो सकता। यह कार्य कुटीर उद्योगों और कृषि द्वारा ही सम्भव है।

बेल के मतानुसार उत्तर-औद्योगिक समाज का उदय विज्ञान और तकनीक के कारण हुआ। इसमें माल उत्पादन की अपेक्षा अर्थ-क्षेत्र में सेवा, स्वास्थ्य, शिक्षा शोध और विकास पर अधिक बल दिया जाता है। सैद्धान्तिक ज्ञान का महत्त्व बढ़ गया है। औद्योगिक समाज वस्तुओं के उत्पादन के लिए कामगरों और मशीन के सहयोग पर आश्रित रहता है, उत्तर-औद्योगिक समाज ज्ञान के चतुर्दिक संघटित होता है। कंप्यूटर, इलेक्ट्रानिक्स आदि इसे संचालित और नियंत्रित करते हैं।

द्वितीय महायुद्ध के बाद वैज्ञानिक तकनीक ने अनेक राष्ट्रों को परमाणु बम बनाने की प्रेरणा दी, कंप्यूटर द्वारा आक्रमणकारियों के आक्रमण की सूचना अति

शीघ्र मिल जाती है। युद्ध का स्वरूप पहले से बदल कर भयानक रूप से खतरनाक हो गया है। आधुनिक कंप्यूटर सेना की कोख से उत्पन्न हुआ है।

संदर्भ

बैरी स्मार्ट, माडर्न कंडीशन्स, पोस्टमाडर्न कंट्रोवर्सीज।

जान टामसन, कल्चरल इंपीरियलिज्म।

उत्तर-संरचनावाद

उत्तर-संरचनावाद संरचनावाद का ही अगला चरण है। इन दोनों को उस तरह अलगाया नहीं जा सकता जिस प्रकार आधुनिकतावाद और उत्तर-आधुनिकतावाद को अलगाने का प्रचलन है। संरचनावाद कुछ विशिष्ट विचारों का गुंफ है जो कई अनुशासनों—इतिहास, नृतत्त्वशास्त्र, मनोविज्ञान, साहित्य आदि पर लागू किया जा सकता है। यह अकादमीय फैशन के रूप में प्रचलित रहा। नौवें दशक में इसका पराभव शुरू हो गया। इसका स्थान उत्तर-संरचनावाद ने ले लिया। यद्यपि बहुत से अन्य मत-मतान्तरों की तरह इसका (संरचनावाद) जन्म-स्थान फ्रांस है, फिर भी कुछ अन्य देशों के विद्वानों ने इसमें महत्त्वपूर्ण योगदान किया है। सस्योर (स्विटजरलैंड), रोमन जैकोब्सन, माइकेल बाख्ति (रूस), पियरे, एडवर्ड सुपीर, नोम चाम्स्की (अमेरिका) आदि ऐसे ही विद्वान हैं। संरचनावादियों ने इनसे बहुत कुछ सीखा।

जैसा कहा जा चुका है कि इसकी जन्मभूमि फ्रांस है। नाना प्रकार की अवधारणाओं के प्रादुर्भाव का श्रेय फ्रांस की धरती को है। यूरोप के अन्य देश यहाँ से विचार लेते रहे हैं। इसे स्थापित करने का श्रेय पाँच फ्रांसीसी विद्वानों को दिया जाता है—क्लाडे लेविस स्त्रौस (नृतत्त्वशास्त्री), माइकेलफुको (विचारों का इतिहासकार), रोलाँ बार्थ (साहित्य-आलोचक), लुई अलथ्युसर (राजनीतिक वैज्ञानिक) और जैकियस लकन (मनोवैज्ञानिक)। इनका कोई स्कूल नहीं है, प्रत्येक का अपना अनुशासन और व्यक्तित्व है। पर उनकी पद्धतियों में कुछ ऐसा साम्य भी है कि वे संरचनावादी कहे जाते हैं। इनमें से कुछ अपने पर इस शब्द का लेबल नहीं लगाना चाहते। इनमें लेविस स्त्रौस अकेला व्यक्ति है जो इसके साथ नौवें दशक के मध्य तक जुड़ा रहा। बार्थ और फुको आंशिक रूप से ही संरचनावादी हैं। संरचनावाद भाषिकी की पद्धति है। उत्तर-संरचनावाद इसी का अगला चरण है।

सातवें दशक में जैकिएस दरिदा ने उत्तर-संरचनावाद का प्रवर्तन किया। उसके

अमेरीकी अनुयायी पाल डी मन ने उसे और भी पुष्ट किया। संरचनावादी पद्धति में भाषा को माडेल के रूप में लिया जाता है। उत्तर-संरचनावाद में संरचनावाद की अपेक्षा इस पर कहीं अधिक जोर दिया जाता है। वह सस्योर के भाषा सम्बन्धी सिद्धान्तों से प्रभावित है। पर उसे एक सीमा के बाद वह उलट देता है। सस्योर के मतानुसार भाषा अर्थ को उन्मीलित करती है। दरिदा को यह मान्य नहीं है। अर्थोन्मीलन का अभिप्राय है कि अर्थ शब्द के पहले रहता है। दरिदा का कहना है कि भाषा अर्थ की सृष्टि करती है। भाषा के बाहर कुछ भी नहीं है। उसकी पद्धति को विनिर्मिति, विघटन या डी-कांस्ट्रक्शन कहा जाता है।

सस्योर भाषिक चिह्न (साइन) को प्रकृत्या भिन्नतामूलक (डिफरैंशियल) मानता है। यानी वह जो कुछ है, वह इसलिए है कि जो वह नहीं है। भाषा द्वारा जो कुछ प्रस्तुत दिखाई पड़ता है उसमें बहुत कुछ अप्रस्तुत या अनुपस्थित रहता है। इस अनुपस्थिति को कुछ लोग गहन संरचना भी कहते हैं। भाषिक चिह्न में जो नहीं है उसे 'ट्रेस' के रूप में खोजा जा सकता है क्योंकि बुनियादी तौर पर वह होता ही है। आलोचना का काम इसी अनुपस्थिति को खोजना है। अतः सारा जोर रचना के पाठ पर दिया जाता है, पाठ के बाहर कुछ नहीं होता। पाठक (डिकंस्ट्रक्टिव पाठक) पाठगत भाषा का प्रवक्ता होता है क्योंकि वह भी पाठ में ही निहित है। पाल डी मन का कहना है कि कविता में ही आलोचना का पूर्वज्ञान निहित है। दूसरे शब्दों में आलोचना के प्रतिमान कविता की संरचना में ही होता है। डी मन के मतानुसार कवि पाठ को पाठक में आहूत करता है, कवि नहीं चाहता कि पाठक निष्क्रिय हो। पाठ में बहुत-सी ऐसी बातें निहित रहती हैं जिनका ज्ञान रचनाकार को नहीं होता।

उत्तर-संरचनावादी रचनाकार और आलोचक में बुनियादी भेद नहीं मानता। दोनों ही भाषा का खेल खेलते हैं। दोनों रचना करते हैं। हाँ, जहाँ रचयिता समाप्त करता है वहाँ से आलोचक शुरू करता है और जहाँ से आलोचक समाप्त करता है वहाँ से पाठक शुरू करता है। रचयिता को पाठ या टेक्स्ट से बाहर कर दिया गया है। पाठ ही रचयिता है। रोलाँ बार्थ का एक बहुचर्चित लेख है 'लेखक की मृत्यु' (दी डेथ आफ दी आथर)। बहुत से लेखकों के बारे में हमारी जानकारी नहीं होती। यदि उनकी प्रामाणिक जानकारी प्राप्त करनी हो तो उनकी रचना में ही इसके साक्ष्य मिलेंगे। काव्य-सत्य अपने आप में सत्य नहीं होता, वह पाठक या आलोचक का सत्य होता है। उसके अनेक रूप हो सकते हैं। उत्तर-आधुनिकतावाद भविता (बिकमिंग) का दर्शन है, न कि संरचनावादियों की तरह अस्ति (बीइंग) का। पहला गत्यात्मक है तो दूसरा स्थिर। उत्तर-संरचनावाद में पाठ के अंधस्थलों (ब्लाइंड स्पाट) का बहुत महत्त्व होता है। यह लेखक के दृष्टि पथ में, ज्ञान में, नहीं होता। किन्तु आलोचक के लिए दीपक का काम देता है। संरचनावाद और उत्तर-संरचनावाद का

एक अन्तर यह भी है कि पहले में वैयक्तिकता के लिए कुछ अवकाश है पर दूसरे में नहीं है। (दे. विघटन या डी-कांस्ट्रक्शन)।

संदर्भ

जान स्टुरोक, स्ट्रक्चरलिज्म (1986)।
रलेक्स कालिनिकोस, अगेन्स्ट पोस्टमाडर्निज्म (1990)।

उपन्यास

यद्यपि संस्कृत में 'उपन्यास' शब्द का प्रयोग होता रहा है किन्तु हिन्दी में इसका अर्थ एकदम बदल गया है। उपन्यास (उप+नि+अस क्षेपणे+घञ) का अर्थ है—वाक्योपक्रम, विचार, वक्तव्य, प्रस्ताव, भूमिका, प्रस्तावना, निकट रखना आदि। 'निकट रखना' अर्थ आज के उपन्यास पर प्रेक्षेपित कर दिया जाता है। इस साहित्यिक विधा को कुछ लोग कथा, आख्यायिका, परिकथा, उपकथा आदि से भी जोड़ने की कोशिश करते हैं। किन्तु उपन्यास को उनसे जोड़ना दूर की कौड़ी लाना है।

'उपन्यास' शब्द को अंग्रेजी 'नावेल' के अर्थ में प्रयोग करने वाले पहले व्यक्ति बालकृष्ण भट्ट हैं। 'हिन्दी प्रदीप' की पुरानी फाइलों से पता लगता है कि उन्होंने छोटे-बड़े नौ उपन्यासों की रचना की है। पहले उपन्यास का नाम 'उपन्यास' शब्द लिये हुए हैं—'रहस्यकथा उपन्यास' दूसरे उपन्यास का नाम है 'गुप्त बैरी उपन्यास' ये दोनों अधूरे हैं। पर उनके अंशों को 'हिन्दी प्रदीप' (नवम्बर 1879) और 'हिन्दी प्रदीप' (मई 1882) में देखा जा सकता है। 'नूतन ब्रह्मचारी' (1886) की भूमिका में उन्होंने लिखा है—'यह उपन्यास सन् 1886 की 'हिन्दी प्रदीप' की जिल्दों के कुछ अंकों में से 4 या 5 अध्याय निकालकर पुस्तकाकार छाप कर उस समय के ग्राहकों को उपहार में बाँट दिया गया था।' किशोरीलाल गोस्वामी ने 'प्रणयिनी परिणय' (1890) के उपोद्घात में 'उपन्यास' शब्द का प्रयोग किया है। सन् 1903 में आचार्य रामचन्द्र शुक्ल ने 'माधुरी' में उपन्यास पर एक लेख लिखा।

प्रेमचन्द ने उपन्यास को परिभाषित करते हुए लिखा है—'मैं उपन्यास को मानव-चरित्र का चित्र मात्र समझता हूँ। मानव-चरित्र पर प्रकाश डालना और उसके रहस्यों को खोलना ही उपन्यास का मूल तत्त्व है।' प्रेमचन्द पहले आदर्शोन्मुखी यथार्थवादी उपन्यासकार थे, बाद में यथार्थवादी हो गये। इसके बाद तो हिन्दी में यथार्थवादी, मनोवैज्ञानिक, प्रकृतिवादी, प्रगतिवादी प्रयोगपरक आदि उपन्यास लिखे गये।

उपन्यास आधुनिक जीवन का गद्यात्मक महाकाव्य है। जीवन की जटिलता और अन्तर्विरोध को जितनी समग्रता से उपन्यासों में चित्रित किया जा सकता है उतनी समग्रता से किसी अन्य साहित्यिक विधा में नहीं। सामान्यतः सामाजिक संरचना की एक समानान्तरता उपन्यासों में दिखायी पड़ती है। इसीलिए समाजशास्त्रीय अध्ययन के लिए मुख्यतः उपन्यासों का ही चुनाव किया जाता है। कहानी-उपन्यास का अन्तर केवल कालगत नहीं है बल्कि दिग्गत भी है। कहानी दिग्काल में सिमटी हुई जीवन-बिन्दु, विशिष्ट घटना, क्षण या मूड का वैलक्षण्यपूर्ण चित्रण करती है तो उपन्यास दिग्काल में प्रसरित जीवन को सम्पूर्णता में पुनः सर्जित करता है।

रूप की दृष्टि से इतना बहुरुपियापन किसी अन्य साहित्यिक विधा में नहीं है। इसे गद्य के निश्चित रूप में नहीं बाँधा जा सकता। इसमें खत, निबन्ध, संस्मरण, यात्रा-वृत्त, इतिहास आदि सभी की विशेषताएँ समाविष्ट हो जाती हैं। कविता और नाटक की तरह कुछ रूढ़ नियमों का पालन इसमें नहीं होता। उपन्यास तो अपने ही बनाए हुए नियमों को तोड़ता हुआ नये-नये रूपों को अपनाता चलता है। यह रूप के लिए रूप का अन्वेषण नहीं करता, बल्कि एक विशेष प्रकार के परिवर्तमान समाज के बहुधरातलीय यथार्थ को सौन्दर्यशास्त्रीय स्तर पर उजागर करने के लिए एक निजी रूप तलाशता है। सम्भवतः इसीलिए पाठकों के साथ इसकी गहन आत्मीयता स्थापित हो जाती है। अतः उपन्यास का परीक्षण न सिर्फ कथ्यगत है और न रूपगत, बल्कि उन दोनों के द्वन्द्वात्मक रिश्ते के विवेचन में है।

लेखक के अपने वर्गीय-चरित्र के हिसाब से उपन्यासों में तरह-तरह के यथार्थ विन्यस्त होते रहे और तरह-तरह के प्रायोगिक रूप भी सामने आये। कभी बाह्य जीवन की ऊपरी वास्तविकता को सुघड़ रूप-विन्यास में उपस्थित किया गया जिसमें आदि, मध्य और अन्त का क्रम रखा गया, कभी मध्यवर्गीय या बुर्जुआ मन की तहों में घुसकर उसके दमित अहं को औपन्यासिक बिखराव में उद्घाटित करने की चेष्टा की गयी। कभी यह भी हुआ कि यथार्थ के नाम पर कुछ अवधारणाओं को भोंड़े और असर्जनात्मक ढंग से अनूदित कर दिया गया। किन्तु इन्हीं के बीच जाने-अनजाने जिजीविषा-भरे उपन्यासों के नये तेवर भी दिखायी पड़े और उपन्यासों के उन्मुक्त अन्त ने पाठकों को सोचने पर भी मजबूर किया।

उपन्यास के चरित्र भी बदले। पहले के उपन्यासों के चरित्रों में आज के औपन्यासिक चरित्रों की आन्तरिक स्वायत्तता नहीं थी और उन पर परिवेश का ही प्रत्यंत सघन दबाव था। आन्तरिक स्वायत्तता की भी अपनी कंडिशनिंग होती है। इस स्वायत्तता के फलस्वरूप चरित्रों में अपनी स्थितियों से टकराने का सामर्थ्य आया। फ्रांस के अउपन्यासवादियों ने एक नये यथार्थ की नींव डाली और उपन्यास के पुराने ढाँचे को क्षत-विक्षत कर दिया। इसमें कथा-तत्त्व का ह्रास हो गया, चरित्र निष्प्रभ हो उठे।

बीच-बीच में उपन्यास की मृत्यु की भी घोषणा की जाती रही, पर वह मरा कभी नहीं। ज्यों-ज्यों जीवन जटिल और समाज की विनिमय प्रणाली अमूर्त होती जाएगी त्यों-त्यों उपन्यास की आवश्यकता बढ़ती जाएगी, क्योंकि लूकाच के शब्दों में उपन्यास गिरावट से भ्रष्ट समाज में मूल्यों की तलाश का एक सर्जनात्मक प्रयास है।

संदर्भ

जान हेल्परिन (सं.), द थ्योरी ऑफ़ द नावेल (1974)।

वेने सी. बूथ, द रेहटारिक ऑफ़ फिक्शन (1961)।

जेम्सकाल्डर उड ऐंड हेराल्ड ई. टोलवर (सं.), पर्सपेक्टिव ऑफ़ फ़िक्शन (1968)।

फ़िलिप स्टेविक (सं.), द थ्योरी ऑफ़ द नावेल (1967)।

कथानक

कथानक को कथावस्तु या वस्तु भी कहते हैं। संस्कृत के आचार्यों ने इसका विशेष विवेचन रूपकों के संदर्भ में किया है। रूपकों के भेदक तत्त्वों में से यह एक है। ये संख्या में तीन हैं—'वस्तु नेता रसस्तेषां भेदकः'—वस्तु, नेता और रस। इन्हें नाटक का तत्त्व नहीं मानना चाहिए। इनके आधार पर रूपकों-उपरूपकों के अनेकानेक भेद किये जाते हैं। जैसे, प्रकरण की कथावस्तु प्रसिद्ध होती है, नायक धीर शान्त होता है। रसों में करुण की प्रधानता होती है।

कथावस्तु को वृत्त या चरित भी कहते हैं। वृत्त, अधिकारी और कथोपकथन की दृष्टि से वस्तु के कई भेद होते हैं। वृत्त की दृष्टि से इसके तीन भेद होते हैं—प्रख्यात, उत्पाद्य और मिश्र। प्रख्यात इतिहास-पुराण से गृहीत, उत्पाद्य कवि-कल्पना-प्रसूत और मिश्र में दोनों का मिश्रण होता है। अधिकारी या नायक के सम्बन्ध से वस्तु के दो भेद होते हैं—आधिकारिक और प्रासंगिक। रामचंद्र-गुणचंद्र आधिकारिक को मुख्य और प्रासंगिक को अंग (अप्रधान) कहते हैं। मुख्य या आधिकारिक वस्तु वह है जिसका सम्बन्ध अधिकारी या फलभोक्ता से होता है। प्रासंगिक कथावस्तु आधिकारिक की सहायक होती है। प्रासंगिक के पुनः दो भेद होते हैं—पताका और प्रकरी।

कथा-संघटना के लिए नाटकों में पाँच अर्थप्रकृतियों—बीज, बिन्दु, पताका, प्रकरी, कार्य; पाँच अवस्थाओं—आरम्भ, यत्न, प्राप्त्याशा, नियताप्ति, फलागम; और पाँच संधियों—मुख, प्रतिमुख, गर्भ, विमर्श, निवर्हण का विधान किया गया है। किन्तु इस प्रकार की जकड़बंदी का निर्वाह बहुत ही कम नाटकों में हुआ है।

अभिनेता की दृष्टि से कथावस्तु को दो भागों में विभक्त किया गया है—वाच्य

और सूच्य। सूच्य में केवल सूचना दी जाती है। अर्थोपक्षेपक, विष्कंभक, प्रवेशक, चूलिका और अंकावतार सूच्य हैं। कथोपकथन की दृष्टि से वस्तु की तीन कोटियाँ होती हैं—सर्वश्राव्य, नियतश्राव्य और अश्राव्य। सूत्रधार, नटी, स्थापक, नांदी आदि भी वस्तु के ही अन्तर्गत हैं, पर कथावस्तु की यह विस्तृति आधुनिक समीक्षा से अग्राह्य हो गयी है। पुराने महाकाव्यों पर भी यही सिद्धान्त लागू होता है। किन्तु आधुनिक महाकाव्यों के लिए इसकी जरूरत नहीं रह गयी है।

पाश्चात्य काव्यशास्त्र में कथावस्तु को 'प्लाट' कहा जाता है। प्लाट अरस्तू के 'माइथॉस' का अंग्रेजी रूपान्तरण है। अरस्तू की त्रासदी के छह तत्त्वों में से यह एक सर्वाधिक प्रमुख तत्त्व है। वह इसे त्रासदी का प्रमुख सिद्धान्त ही नहीं कहता बल्कि उसकी आत्मा बतलाता है। उसके मतानुसार 'प्लाट' कार्य का अनुकरण और घटनाओं का सगुंफन है। कार्यानुकरण में सम्पूर्णता होनी चाहिए। इसमें आदि, मध्य और समापन का होना आवश्यक है। प्लाट का रूप ऐसा होना चाहिए कि वह पात्रों के चारित्रिक विकास में उतार-चढ़ाव पैदा कर सके। भाग्य की विडम्बना का सृजन भी इसी के आधार पर होता है। इससे एकान्विति होती है। अनुकरण में सम्पूर्णता होती है, संरचना के विभिन्न अंगों का सामंजस्यपूर्ण गुंफन होता है।

कथानक के दो भेद होते हैं—सरल और जटिल। सरल कथानक एकोन्मुखी होता है। इसकी भाग्य-विडम्बना में विपर्यय के लिए कोई अवकाश नहीं रहता। जटिल कथानक में अनेक प्रकार के विरोध, विपर्यय आदि दिखायी पड़ते हैं। कथानक-निर्माण के लिए वह कार्य-कारण सम्बन्ध को आवश्यक मानता है। किन्तु वह यांत्रिक कथानक-निर्माण के विरुद्ध है। वह कथानक या प्लाट में आदि, मध्य और अन्त को देखते हुए कार्य में सम्पूर्णता और पूरी एकान्विति चाहता है। इसकी अंग-संगति जीवित प्राणियों की अंग-संगति की भाँति होनी चाहिए।

फ़ारेस्टर कहानी और प्लाट का अन्तर करता है कि कहानी में मात्र साकांक्षता होती है तो प्लाट में बुद्धि और स्मृति की जरूरत होती है।

शिकागो स्कूल के समीक्षक प्लाट को अंग-अंगी की संगति में देखते हैं। कुछ लोगों के विचार से प्लाट प्रत्येक साहित्यिक कृति में होता है—प्रगीत कविता में भी। पर यह प्रतिवादी दृष्टिकोण है। कथानक का सम्बन्ध उस साहित्य से है जिसमें कथातत्व होता है—नाटक, उपन्यास, कहानी और आख्यान-काव्य में।

वस्तुतः प्लाट में संरचनात्मक पैटर्न के सभी अवयव समाहित हो जाते हैं। यह पैटर्न सम्पूर्ण, एकतान और कलात्मक होता है। लेखक के मस्तिष्क में वास्तविक लेखन के पूर्व रचना का धुँधला ढाँचा होता है। किन्तु रचना-प्रक्रिया में, आवश्यकता के अनुरूप वह बहुत कुछ बदल जाता है। यह कभी भी पूर्व-निश्चित नहीं होता, रचनागत होता है। आलोचक इसे रचना के भीतर ही खोजता है।

संदर्भ

नगेन्द्र, अरस्तू का काव्यशास्त्र।
धनंजय, दशरूपक।
भरत, नाट्यशास्त्र।
विश्वनाथ, साहित्यदर्पण।

कला

कला का सामान्य अर्थ है कुशलता। पश्चिम में कला का प्रयोग समस्त ललित कलाओं के लिए किया जाता रहा है, किन्तु भारतवर्ष में काव्य को कला के अन्तर्गत नहीं रखा गया। संगीत, नृत्य, चित्र आदि को तो कला में अंतर्भुक्त कर लिया गया, किन्तु काव्य को विशिष्ट दर्जा देने के लिए इसे कला नहीं कहा गया। सबसे पहले भरत के 'नाट्यशास्त्र' (2 शती ई. पू.) में 'कला' शब्द का प्रयोग हुआ है–'नज्ञानं न तच्छिल्पं न सा विद्या न सा कला।' यहाँ पर काव्य कला में अंतर्भुक्त नहीं है। काव्य विद्या है और कला उपविद्या। वात्स्यायन के 'कामसूत्र' में चौंसठ कलाओं की जो सूची मिलती है उसमें काव्य समाविष्ट नहीं है। जयशंकर प्रसाद के अनुसार, यहाँ कला को कौशल या शिल्प माना गया है। 'ललित-विस्तर', 'शुक्र-नीतिसार', 'शिल्परत्न' में वस्तु, मूर्ति, चित्र को शिल्प कहा गया है। राजशेखर 'काव्यमीमांसा' में काव्य को विद्या ही कहता है। सम्भवतः इसमें अनुस्यूत प्रभावी ज्ञान के कारण इसे विद्या कहा गया। इसीलिए भारतीय काव्यशास्त्रियों ने इसका विवेचन कला से सर्वथा अलग किया है। प्रसाद और आचार्य शुक्ल का कला-विवेचन भारतीय परम्परा के अनुरूप है।

क्रोचे के 'अभिव्यंजनावाद' के संदर्भ में शुक्ल जी ने कहा है–'सारा उपद्रव काव्य को कलाओं के भीतर लेने से हुआ है। इसी कारण काव्य के स्वरूप की भावना भी धीरे-धीरे बेलबूटे और नक्काशी वाली भावना के रूप में आती गयी। हमारे यहाँ काव्य की गिनती चौंसठ कलाओं में नहीं की गयी है।'

कला का सम्बन्ध वे 'आनन्द की सिद्धावस्था या उपभोग पक्ष' से स्थापित करते हैं। चित्रकला, मूर्तिकला, नृत्यकला और संगीत को वे उपभोग पक्ष तक ही सीमित कर देते हैं। काव्य को वे एक व्यापक विधान कहते हैं।

वे पश्चिम के कलावादी या सौन्दर्यवादी विचारणाओं के कट्टर विरोधी थे। वे टालस्टाय तक को 'पुराने कलावाद' का प्रचारक कहते हैं। ब्रेडले, क्लाइवबेल, रोजर

फ्राइ आदि नये कलावादी हैं। पुराने 'कलावाद' को आनन्द की सिद्धावस्था या उपभोग पक्ष से सम्बद्ध कहकर वे उसकी भर्त्सना करते हैं तो 'नये कलावाद' को नक्काशी के समकक्ष कहकर उसे हेय बतलाते हैं। वस्तुतः वे उस कलावाद का विरोध करते हैं जो जीवन से विच्छिन्न और सद्-असद् के विवेक से परे है।

शुक्ल जी की बातों से कुछ लोग अपनी असहमति प्रकट करते हैं। वे जिस प्रकार अपनी व्यावहारिक आलोचना में काव्य के दो पक्षों—भावपक्ष और कलापक्ष को अलग-अलग लेकर चलते हैं उसी प्रकार सैद्धान्तिक आलोचना में भी दोनों पक्षों को अलगा देते हैं। इधर कलापक्ष और भावपक्ष को अलग-अलग देखने का चलन नहीं रह गया है। सिद्धान्ततः दोनों में अभेद है।

पश्चिम की देखादेखी हिन्दी में सौन्दर्यशास्त्र पर भी सोचा-समझा जाने लगा है। ऐसी स्थिति में काव्य को कला के अन्तर्गत न रखने पर सौन्दर्यशास्त्रीय अवधारणा ही खंडित हो जाएगी। काव्य से जो सौन्दर्यानुभूति प्राप्त होती है वह संगीत, नृत्य, चित्र आदि से भी होती है। भारतीय मत भी इसकी पुष्टि करता है। सभी कलाओं में सामान्य गुणों का अनुसन्धान ही तो सौन्दर्यशास्त्र है। अतः बदली हुई धारणा के अनुरूप काव्य को कला में अंतर्भुक्त करना युग के अनुरूप है।

संदर्भ

रामचन्द्र शुक्ल, रसमीमांसा, चिन्तामणि भाग 1-2।
हजारीप्रसाद द्विवेदी, प्राचीन भारत में कलात्मक विनोद।
रमेश कुंतल मेघ, साक्षी हैं सौन्दर्य प्राश्निक (1980)।
दिनेश्वर प्रसाद, प्रसाद की विचारधारा (1977)।
कुमार विमल, सौन्दर्यशास्त्र के तत्त्व (1967)।

कल्पना

'कल्पना' के अनेक अर्थों में एक अर्थ 'रूप देना' (क्लप+ल्युट) भी होता है। कल्पना ही साहित्य को रूपायित करती है। किन्तु संस्कृत काव्यशास्त्र में 'कल्पना' का उल्लेख नहीं हुआ है। वहाँ 'प्रतिभा' 'कल्पना' की समानार्थी है (दे. प्रतिभा)।

हिन्दी साहित्य के आधुनिक काल में इस शब्द का प्रयोग अँग्रेजी के 'इमैजिनेशन' के अर्थ में हुआ। बालकृष्ण भट्ट ने उन्नीसवीं शती के अन्तिम वर्षों में 'कल्पना' पर एक निबन्ध लिखा। आचार्य रामचन्द्र शुक्ल ने एडिसन के 'एसेज ऑन इमैजिनेशन'

का हिन्दी अनुवाद 'कल्पना का आनन्द' शीर्षक से किया जो नागरी प्रचारिणी पत्रिका में 1905 ई. में प्रकाशित हुआ। बाद में कल्पना सम्बन्धी उनके विचार 'कविता क्या है' (1930) और 'साधारणीकरण और व्यक्तिवैचित्र्यवाद' (1933) में परिपुष्ट होकर प्रकाशित हुए।

भावानुभूति के लिए विषय का प्रत्यक्षीकरण अनिवार्य है, किन्तु प्रत्यक्षीकरण की पूर्णता कल्पना से ही आती है। कल्पना भाव का साधन है। इससे भावों में संमूर्तता और तीव्रता आती है।

'कल्पना' के उन्होंने दो भेद किए हैं–(1) विधायक कल्पना, और (2) ग्राहक कल्पना। वास्तव में ये 'प्रतिभा' के ही दो भेद हैं–कारयित्री और भावयित्री। विभावादि के विधान के लिए कवि को विधायक कल्पना की जरूरत होती है और पाठक या श्रोता को काव्यगत भावों को ग्रहण करने के लिए ग्राहक या भावयित्री कल्पना की आवश्यकता होती है।

शुक्ल जी कल्पना को भावना भी कहते हैं। पर 'भावना' शब्द का व्यापार है तो कल्पना कवि की आन्तरिक शक्ति का। 'भावना' व्यापार से विभावादि का विभावन या साधारणीकरण होता है। लेकिन इसके पीछे कल्पना की शक्ति होती है, क्योंकि कल्पना शक्ति-स्वरूपा है।

कल्पना भाषा के माध्यम से ही क्रियाशील होती है। लक्षणा-व्यंजना, अलंकार, प्रतीक, फैंटेसी, लय आदि सभी का उपयोग कल्पना करती है। सारी भाषित युक्तियों में कल्पना सहायक होती है। लेकिन कल्पना की अपनी जमीन भावानुभूति या जीवानुभूति है। यह जमीन छूटी नहीं कि कल्पना वैचित्र्यवाद में परिवर्तित हो जाएगी। रहस्यवादियों की कल्पना उन्हें नहीं सुहाती। विलियम ब्लेक की कल्पना को वे 'वातपित्त' ग्रस्त कल्पना कहते हैं। क्रोचे के अभिव्यंजनावाद में कल्पना को 'आध्यात्मिक क्रिया' कहते हुए उसे ज्ञान-स्वरूपा माना है। शुक्ल जी का कहना है कि कल्पना विरहित भावोन्माद से उच्च कोटि का ज्ञान तो दूर की बात है, साधारण बातें भी नहीं जानी जा सकतीं।

संदर्भ

रामचन्द्र शुक्ल, चिन्तामणि भाग-1, रसमीमांसा।

काका कालेलकर–नगेन्द्र, भारतीय काव्य-सिद्धान्त (1969)।

शिल्पे, वर्ल्ड लिटरेरी टर्म्स (1955)।

दिनेश्वर प्रसाद, प्रसाद की विचारधारा (1977)।

काव्यन्याय

काव्य का न्याय शास्त्र के न्याय (लॉजिक) से अलग होता है। काव्यन्याय का मूल आधार वक्रोक्ति है। पाश्चात्य काव्यशास्त्री काव्यन्याय को ही 'इल्लॉजिकल मीनिंग' की संज्ञा देते हैं। एक उदाहरण लीजिए–

मैं रथ का टूटा हुआ पहिया हूँ
लेकिन मुझे फेंको मत
इतिहासों की सामूहिक गति
सहसा झूठी पड़ जाने पर
क्या जाने
सच्चाई टूटे हुए पहियों का आश्रय ले।

कोई रथ का टूटा हुआ पहिया नहीं होता और न सच्चाई कोई मूर्त पदार्थ है जो टूटे हुए पहियों का सहारा ले। न्याय या तर्क की दृष्टि से यह सही नहीं है। किन्तु इसमें टूटे हुए व्यक्ति की सत्य के प्रति जिस अशेष निष्ठा की अभिव्यक्ति हुई है उसे काव्यन्याय के आधार पर ही समझा जा सकता है। इस काव्यन्याय में वक्रोक्ति ही क्रियाशील है।

उपर्युक्त अर्थ-प्रतीति शास्त्रगत वाच्यार्थ से सम्भव नहीं है। इसके लिए काव्य के अपने न्याय का सहारा लेना होगा। अतः इसकी भाषाई वक्रता को काव्य के अपने विशिष्ट संदर्भ में ही स्वीकृत करना होगा।

संदर्भ

गणेश त्र्यंबक देशपांडे, भारतीय साहित्यशास्त्र (1960)।

भामह, काव्यालंकार (भाष्य, देवेंद्रनाथ शर्मा) (1962)।

काव्य-शब्द-साधुत्व (ग्रामर ऑफ पोएट्री)

शब्द-व्युत्पत्तिवादियों के मतानुसार शब्द का शब्दशास्त्र की दृष्टि से निर्दोष होना पर्याप्त है। भामह का उत्तर है कि शब्द-व्युत्पत्ति तो सुशब्दता है। सुशब्दता व्याकरण-सम्मत होती है। यह केवल शब्द-संस्कार है। परन्तु मात्र शब्द-संस्कार काव्य नहीं है। उसके लिए अर्थ-संस्कार भी आवश्यक है। शब्द-संस्कार व्याकरण से होता है तो अर्थ-संस्कार वक्रोक्ति से।

काव्य को व्याकरण-सम्मत शब्द-साधुत्व मान्य है। पर इतने से ही काव्य काव्य नहीं होता। अभीप्सित अर्थ के लिए कवि को शब्दों का चुनाव करना पड़ता है। इसके लिए वैदग्ध्य भी आवश्यक है। 'पश्यति स्त्री' और 'विलोकयति कांता' दोनों व्याकरण की दृष्टि से समान हैं। किन्तु काव्य की दृष्टि से दूसरा वाक्य ही अर्थवान है। भामह ने 'काव्यशुद्धि' नामक छठा परिच्छेद लिखा है। उसमें उसका कहना है–

वक्रवाचां कवीनां यं प्रयोग प्रति साधवः।
प्रयोक्तुं ये न युक्ताश्च तद्विवेको यमुच्यते॥

वक्रोक्तियुक्त काव्य की दृष्टि से कौन-से शब्द प्रयोग के योग्य हैं और कौन नहीं, इसका विवेचन करना–अर्थात् काव्य की दृष्टि से शब्दों का साधुत्व निर्धारित करना, यह इस परिच्छेद का प्रयोजन है। 'भाषा में हर एक शब्द के साधुत्व और असाधुत्व का निर्धारक शास्त्र जैसे भाषा का व्याकरण है वैसे ही काव्य में शब्दों के साधुत्व अथवा असाधुत्व का निर्धारक शास्त्र काव्य का व्याकरण है।'

भामह केवल दूसरों के प्रयोग के अनुकर्त्ता कवि को अन्यसारस्वत कहते हैं। ऐसे कवि सिद्धसारस्वत नहीं हो सकते। केवल पांडित्य-प्रदर्शन के निमित्त व्याख्यागम्य काव्य को वे अच्छा नहीं समझते थे। उस समय कुछ ऐसे भी लोग थे जो व्युत्पत्तिजन्य काव्य को श्रेष्ठ समझते थे। पर भामह प्रतिभाजन्य वैचित्र्य के अभाव में वक्रोक्तिहीन काव्य को वार्ता के नाम से अभिहित करते थे।

संदर्भ

गणेश त्र्यंबक देशपांडे, भारतीय साहित्यशास्त्र।
भामह, काव्यालंकार।
कुंतक, वक्रोक्तिजीवित।

चमत्कार

आधुनिक काव्यशास्त्रियों ने चमत्कार को काव्यशास्त्र से बहिष्कृत कर दिया है। इसका सम्बन्ध जादू-टोना, मदारी के खेल से जोड़ कर इसकी पुरानी मर्यादा को गिरा दिया है। रस की तरह चमत्कार भी पाकशास्त्र से आया है। इसका कोशगत अर्थ काव्यास्वाद भी है। चमत्कार वह प्रक्रिया है जिससे चित्त का विस्तार होता है। रसास्वाद और

चमत्कार की प्रवृत्ति में कोई अन्तर नहीं है। 'ध्वन्यालोक' में भी यह शब्द आया है। अभिनवगुप्त के 'लोचन' में इसका उल्लेख लगभग चौदह बार हुआ है।

क्षेमेंद्र 'कविकंठाभरण' में काव्य में दस चमत्कार-बिन्दुओं का उल्लेख करते हैं—

तत्र दशविधि चमत्कारः—अविचारित रमणीयः, विचारित रमणीयः, समस्त सूक्तव्यापी, सक्तेकदेशदृश्यः, शब्दगतः अर्थगतः, शब्दार्थगतः, अलंकारगतः, रसगतः, प्रख्यातवृत्तिगतश्च।

विश्वेश्वर चमत्कार को सदृश्यों का आनन्द कहते हैं। कविता में चमत्कार के सात आलम्बन हैं—गुण, रीति, वृत्ति, पाक, शैया, अलंकार और रस। कुछ लोगों की दृष्टि में—'विशिष्ट शब्द रूपस्य काव्यात्माचमत्कृतिः'। पंडितराज जगन्नाथ ने चमत्कार को अलौकिक कलात्मक आह्लाद कहा है—

रमणीयार्थ प्रतिपादक शब्दः काव्यम्, रमणीयता च लोकोत्तराह्लादजनक ज्ञानगोचरता। लोकोत्तरत्वं आह्लादगतः चमत्कारापरपर्यायः अनुभव साक्षिको जाति विशेषः।।

संदर्भ

डॉ. राघवन्, सम कांसेप्ट्स ऑफ़ अलंकारशास्त्र।

गणेश त्र्यंबक देशपांडे, भारतीय साहित्यशास्त्र।

विश्वनाथ, साहित्यदर्पण।

पंडितराज जगन्नाथ, रसगंगाधर।

चरित्र

जीवन और जगत में पाए जाने वाले व्यक्तियों का साहित्य में काल्पनिक प्रस्तुतीकरण चरित्र-चित्रण कहा जाता है। चरित्र ऐतिहासिक-पौराणिक भी हो सकते हैं और भौतिक जगत के भी हो सकते हैं। किन्तु साहित्य में उनका पुनः सृजन किया जाता है।

जीवन और जगत में सामाजिक-आर्थिक स्थितियों के बदलने से मनुष्य में भी परिवर्तन आता है। मध्यकालीन मनुष्य और आज के मनुष्य के आचार-विचार में क्रान्तिकारी परिवर्तन परिलक्षित होता है। महाभारत के श्रीकृष्ण 'प्रियप्रवास' के श्रीकृष्ण नहीं हैं। यही बात 'रामचरितमानस' के राम और 'साकेत' के राम के बारे में भी कही जा सकती है।

उपन्यासों में चरित्रों के सामान्यतः दो भेद माने जाते हैं—सपाट (फ्लैट) और गूढ़ (राउंड) (फारेस्टर)। इसी को दूसरों शब्दों में टाइप और व्यक्ति (इनडिविजुअल)

कहते हैं। पर इस तरह के वर्गीकरण अमनोवैज्ञानिक हैं। चरित्रों के बीच इस प्रकार की विभाजक रेखा नहीं खींची जा सकती। प्रेमचन्द के 'गोदान' के होरी को टाइप और अज्ञेय के शेखर को व्यक्ति-चरित्र कहा जाता है।

आधुनिक काल में मशीनीकरण और यंत्रगतिक सभ्यता के कारण व्यक्ति की पहचान खो गयी है। आज की विषम और संकटपूर्ण स्थिति में वह अपनी असहायता और अकेलेपन में निर्णय नहीं ले पाता और ले भी पाता है तो उसकी परिणति अर्थहीनता में होती है। अतः आज का चरित्र समाज की गुँजलक में जकड़ा हुआ स्वयं का चरित्र नहीं बना पाता।

इधर चरित्र-चित्रण की अनिर्वायता नहीं मानी जा रही है। बेकेट के नाटकों में चरित्र नहीं है, केवल मानवीय स्थितियाँ हैं। व्यक्ति की अपनी प्रकृति, वैयक्तिकता के लिए कोई स्थान नहीं है। आज के मनुष्यों का चरित्र यही है कि उनका कोई चरित्र नहीं है। ऐसे चरित्रों को प्रोटियन चरित्र कहते हैं।

किन्तु आख्यानात्मक साहित्य से चरित्रों को सर्वथा बहिष्कृत नहीं किया जा सकता है। उन्हें नाना रूपों में, जरूरत के अनुसार रखना पड़ता है। अगर मनुष्य को भविष्य के निर्माण में विश्वास है तो उसे चरित्रों का निर्माण भी करना होगा—संघर्षों से जूझते हुए मनुष्यों का।

संदर्भ

राबर्ट, लिडेल, प्रिंसिपुल्स ऑफ फ़िक्शन।

इडविन मूर, द स्ट्रक्चर ऑफ द नावेल।

एलाट, नावेलिस्ट ऑन द नावेल।

लेविस, द ग्रेट ट्रैडिशन।

चेतनाप्रवाह

चेतनाप्रवाह मुख्यतः उपन्यास की एक तकनीक है जिसके माध्यम से चरित्र के मानस में प्रवहमान बाह्यतः अतर्कपूर्ण और खंडित स्मृति-बिम्बों का अंकन होता है। वर्जिनिया उल्फ और जेम्स ज्वायस में उसका भूरिशः प्रयोग हुआ है। अज्ञेय के उपन्यास 'शेखर : एक जीवनी' में इसे अपनाया गया है। छिटपुट रूप से इसे अन्य उपन्यासों में भी देखा जा सकता है। वास्तविक विचार-प्रवाह को उसकी सम्पूर्ण अप्रासंगिकताओं

और अन्तर्विरोधों में चित्रित करने के फलस्वरूप लेखकीय हस्तक्षेपों का दबाव कम हो जाता है।

नये ऐतिहासिक बदलाव के कारण सामाजिक वर्णनात्मकता के उपन्यासों का रुख चरित्र-प्रधान हो उठा। अतः आन्तरिक वैचारिक द्वन्द्वों और संवेदनाओं के अंकन का महत्त्व बढ़ गया। चेतनाप्रवाह का प्रयोग भिन्न-भिन्न लेखकों ने अपने-अपने ढंग से किया है। उल्फ़ के उपन्यासों की शैली आवृत्यात्मक और कुछ निश्चित बिम्बों की ओर बार-बार लौटने की है। पर मुक्त आसंगों को बुद्धि द्वारा नियंत्रित करना भी उसका कर्त्तव्य है। ज्वायस विचार-प्रवाह को आकस्मिक रूप से काटता और झटका देता रहता है। लेकिन वह भी बिखराव को संरचनात्मक रूप देता है।

संदर्भ

मेलविन, जे. फ्रीडमन, स्ट्रीम ऑफ़ कांशसनेस : ए स्टडी ऑफ़ लिटरेरी मेथड (1955)।

छायावाद

सन् 1918 से 1936 तक की हिन्दी काव्यधारा को 'छायावाद' नाम से अभिहित किया जाता है। इस काव्यधारा को यह नाम कब दिया गया, निश्चित रूप से नहीं कहा जा सकता। सन् 1920 की 'शारदा' पत्रिका में मुकुटधर पांडेय ने 'हिन्दी में छायावाद' शीर्षक से चार लेख लिखे। इससे इतना निश्चित है कि 1920 के पहले ही एक विशिष्ट काव्यधारा को 'छायावाद' कहा जाने लगा था। मुकुटधर पांडेय के मतानुसार, यह शब्द अंग्रेजी के 'मिस्टिसिज्म' के लिए आया है। पांडेय जी ने इसकी अंतरंग दृष्टि और वैचित्र्य-विधान की ओर भी लोगों का ध्यान आकृष्ट किया। सन् 1921 में किसी सुशील कुमार का 'हिन्दी में छायावाद' शीर्षक से एक संवादात्मक लेख छपा। इसमें छायावाद को टैगोर स्कूल की कविता की तरह अस्पष्ट कहा गया है। 1927 में 'सरस्वती' में सुकवि किंकर के छद्म नाम से महावीरप्रसाद द्विवेदी ने 'आजकल के हिन्दी कवि और कविता' शीर्षक से एक लेख लिखा। इसमें छायावाद-रहस्यवाद के अन्तर को स्पष्ट करने की ओर संकेत किया गया है, पर काफ़ी समय तक इस अंतर की ओर लोगों का ध्यान नहीं गया।

आचार्य शुक्ल ने 'काव्य में रहस्यवाद' (1929) तथा 'हिन्दी-साहित्य का इतिहास' में छायावाद के सम्बन्ध में अपना जो मत दिया है वह भी 'छायावाद' को रहस्यवाद कहने की परम्परा में ही पड़ता है। यही नहीं, वे इसे विलायती चीजों का

मुरब्बा कहते हैं और द्विवेदी-युग की इतिवृत्तात्मकता की प्रतिक्रिया-स्वरूप अवतरित विलायती काव्य-दृष्टि की बंग-प्रतिध्वनि मानते हैं। वे 'छायावाद' का दो संदर्भों में प्रयोग करते हैं–काव्य-वस्तु के संदर्भ में और काव्यशैली या अभिव्यंजना-पद्धति के संदर्भ में। जहाँ तक काव्य-वस्तु का सम्बन्ध है वे इसे 'रहस्यवाद' के ही अर्थ में लेते हैं और जहाँ तक शैली का सम्बन्ध है, वे इसे प्रतीकवाद या चित्रभाषावाद (सिंबालिज्म) के अर्थ में प्रयुक्त करते हैं। इस प्रकार छायावाद उनकी दृष्टि में रहस्यवाद और चित्रभाषावाद के पर्याय के रूप में गृहीत हुआ है। चित्रभाषावाद के अन्तर्गत प्रतीक, लक्षणा, व्यंजना, आभ्यन्तर साम्य के आधार पर लिए जाने वाले अप्रस्तुत, अन्योक्ति पद्धति आदि का समावेश होता है। इस काव्यशैली पर पाश्चात्य कल्पनावाद, कलावाद और अभिव्यंजना का भी प्रभाव उन्होंने माना है। अपनी खंडित आलोचनात्मक प्रणाली के कारण छायावाद की काव्य-वस्तु और शैली को अलग-अलग देखने के कारण शुक्ल जी ने 'छायावाद' के साथ न्याय नहीं किया है।

छायावाद को रहस्यवाद से अलगाने का महत्त्वपूर्ण कार्य जयशंकर प्रसाद ने सन् 1935 के 'हंस' में प्रकाशित अपने एक लेख 'काव्यकला' तथा उसी पत्रिका में 1937 में प्रकाशित दूसरे लेख 'यथार्थवाद और छायावाद' में किया। प्रसाद ने आचार्य शुक्ल की धारणाओं का खंडन करते हुए कहा है कि न तो यह रहस्यवाद है, न प्रकृतिवाद और न विदेशी है। छाया का अर्थ वे लावण्य, कांति या विच्छित्ति से लेते हैं। इसके लिए वे कुंतल और आनन्दवर्द्धन के श्लोकों को प्रमाण के रूप में पेश करते हैं। सम्भव है कि छाया का यह शब्दार्थ उन्हें 'परिचय' नामक पुस्तक (सं. शांतिप्रिय द्विवेदी) की आचार्य केशवप्रसाद मिश्र द्वारा लिखी गयी भूमिका (1926) से मिला हो जिसमें उन्होंने छाया का अर्थ लावण्य बतलाया है।

नन्ददुलारे वाजपेयी शुक्ल जी से तीव्र मतभेद रखते हुए कहीं-न-कहीं आध्यात्मवाद के समर्थक हो जाते हैं, यद्यपि उनका पूरा आग्रह है कि छायावाद रहस्यवाद नहीं है। डॉ. नगेन्द्र ने इसे दमित भावनाओं की अभिव्यक्ति कहा है। नामवर सिंह इसे रहस्यवाद से अलगाकर सामाजिक परिप्रेक्ष्य में परिभाषित करते हैं। वस्तुतः छायावाद अपने अन्तर्विरोधों में एक सशक्त काव्यान्दोलन ही नहीं, एक नूतन जीवन-दृष्टि और नव्यतर काव्यभाषा के निर्माण का महत्त्वपूर्ण काल था। वैयक्तिकता, कल्पना, प्रकृति-चित्रण, राष्ट्रीय भावोन्मेष, अभिव्यक्ति की नवोन्मेषी भाषिक भंगिमाएँ आदि इसकी विशेषताएँ हैं।

संदर्भ

रामचन्द्र शुक्ल, काव्य में रहस्यवाद, हिन्दी साहित्य का इतिहास।

जयशंकर प्रसाद, काव्यकला तथा अन्य निबन्ध।

नन्ददुलारे वाजपेयी, हिन्दी साहित्य : बीसवीं शताब्दी।

नामवर सिंह, आधुनिक हिन्दी साहित्य की प्रवृत्तियाँ, छायावाद।

जनेश्वरप्रसाद, प्रसाद की विचारधारा।
शम्भूनाथ त्रिपाठी, आचार्य रामचन्द्र शुक्ल की समीक्षात्मक शब्दावली।

टेक्श्चर

कविता को जो कुछ कहना है उसे कह लेने के बाद पाठक का ध्यान उसकी अर्थवत्ता की ओर जाता है। उसके संकेतार्थों में ऐसा कुछ समाहित रहता है जो ध्यान के अभाव में उद्‌घाटित नहीं हो पाता। कवि भावों को बिम्बों में उपस्थापित करता है। बिम्ब एक विशिष्ट पैटर्न में व्यवस्थित होते हैं। बिम्बावलियों को समझने के लिए कविता को बार-बार पढ़ना पड़ता है। यहाँ पर बिम्ब व्यापक अर्थ में प्रयुक्त किया है—ऐंद्रिय संवेदनाओं के मूर्तीकरण के अर्थ में। वे सभी तत्त्व जो संरचना को रूपायित करते हैं टेक्श्चर कहे जाते हैं, जैसे—बिम्ब, प्रभावी मुहावरे, शब्द-विन्यास, लय, टोन, ध्वनि आदि। प्रबुद्ध पाठक या आलोचक इनके गुणों, औचित्य तथा योजनागत विन्यास की परीक्षा करते हुए उनके सामंजस्य की छानबीन करता है। इस परीक्षण के दौरान उसे विसंगति, विडम्बना, तनाव आदि प्रत्यक्षीकृत होते हैं। इनके कारण कविता पैराफ्रेज से बच जाती है। काव्य में प्रयुक्त इनके स्थानिक (लोकल) अर्थ टेक्श्चर कहलाते हैं।

संदर्भ

नरेशचंद्र, न्यू क्रिटिसिज्म (1979)।
रवींद्रनाथ श्रीवास्तव, संरचनात्मक शैलीविज्ञान (1979)।
फ़ाउलर, माडर्न क्रिटिकल टर्म्स।
बच्चन सिंह, आलोचक और आलोचना (1970)।

तकनीक

साहित्य-सृजन के लिए गृहीत रूपात्मक प्रविधियों को तकनीक कहा जाता है। आधुनिक समीक्षा से स्पष्ट है कि जब हम वस्तु (कांटेंट) के सम्बन्ध में कुछ कहते हैं तो कला के सम्बन्ध में कुछ न कहकर अनुभव के सम्बन्ध में कहते हैं। आलोचक को आलोचक होने के लिए सर्वप्रथम 'रूप' का विश्लेषण करना चाहिए। वस्तु और रूप के बीच

की विभाजक रेखा तकनीक है। लेखक अपने अनुभवों को तकनीक के माध्यम से तलाशता है, अन्वेषित करता है।

कथा-साहित्य में सामग्री का चयन, कथाओं, चरित्रों, स्थितियों आदि का संयोजन, वास्तविकता का 'डिस्टोर्टशन' आदि तकनीक में ही अंतर्भुक्त है। जेम्स ज्वायस के 'यूलिसस' की प्रसिद्धि तकनीक के कारण है। तकनीक के अभाव में प्रकृतवादी उपन्यास अपनी सम्भावनाओं को खो देते हैं।

प्रस्तुतीकरण का विशिष्ट तरीका तकनीक है और रचना से तकनीक अलग नहीं है। किसी एक तकनीक के आधार पर उपन्यास या किसी भी साहित्यिक विधा का मूल्यांकन सम्भव नहीं है। किसी भी रचना में अनेक प्रकार की तकनीक प्रयुक्त होती है। इनके अपने अन्तःसम्बन्धों तथा सम्पूर्ण रचना की संचरना में उनके योगदान में ही तकनीक का महत्त्व है। तकनीक साधन है, स्वयं साध्य नहीं है।

संदर्भ

फ़िलिप स्टेविक, द थ्योरी ऑफ़ द नावेल।

जान हेल्परिन, द थ्योरी ऑफ़ द नावेल।

तनाव

'तनाव' शब्द पाश्चात्य काव्यशास्त्र में नया नहीं है। जान डेवी, हूल्मे, कॉलरिज, हेनरी जेम्स ने भी अपने ढंग से साहित्य में तनाव को देखा है। पर एलेन टेट के कारण इसे विशिष्ट अर्थ मिल गया है। तनाव का अर्थ है—टकराहट, संघर्ष! काव्य में एक अभिधार्थ होता है, दूसरा उसका आन्तरिक अर्थ होता है। अभिधार्थ को वह 'एक्सटेंशन' कहता है। इसका अभिप्राय है बाह्य तनाव। आन्तरिक अर्थ को 'इन्टेंशन' या भीतरी तनाव का नाम देता है। 'एक्सटेंशन' शब्दार्थ होता है और इन्टेंशन 'मेटाफ़िजिकल' अर्थ। इन दोनों की पारस्परिक कशिश में काव्यार्थ निहित होता है। वस्तुतः 'एक्सटेंशन' भारतीय काव्यशास्त्र का वाच्यार्थ ही है और 'इन्टेंशन' को लक्ष्यार्थ या व्यंग्यार्थ कहा जा सकता है।

कुछ आलोचक तनावों को 'मेटाफर' में देखते हैं, एम्पसन इसे 'एंबिग्युटी' में खोजता है। ब्रुक्स इसे विसंगति की नाटकीयता में तलाशता है। जान क्रो रेन्सम इसे टेक्श्चर और स्ट्रक्चर के तनाव में अन्वेषित करता है। विम्साट की दृष्टि में यह विशेष और निर्विशेष (सामान्य) के पारस्परिक संघर्षों में निहित है। भारतीय काव्यशास्त्र में इसे 'वक्रोक्ति', 'सालंकारस्यं काव्यता' या 'व्यंजना' में देखा जा सकता है!

संदर्भ

नरेशचंद्र, न्यू क्रिटिसिज्स (1979)।

रेने वेलेक, आस्टिन वारेन, साहित्य-सिद्धान्त (अनु. पालीवाल)।

बच्चनसिंह, आलोचक और आलोचना (1970)।

क्लीन्थ ब्रुक्स, द वेलराट अर्न (1960)।

तुलनात्मक साहित्य

'तुलनात्मक साहित्य' साहित्य को व्यापक परिप्रेक्ष्य में समझने और विश्लेषित करने का अपेक्षाकृत नया अनुशासन है। इसमें एक साहित्य की तुलना दूसरे साहित्य या साहित्यों से की जाती है। तुलना का क्षेत्र सीमित नहीं है। दो या दो से अधिक देशकाल के साहित्यों के रूप, विधा, मोतिफ़, सामाजिकता, पारस्परिक प्रभाव आदि को इसमें तुलनात्मक ढंग से विवेचित किया जाता है। इसकी व्यापकता को देखते हुए इसे साहित्यिक आलोचना न कहकर साहित्यिक पांडित्य कहना अधिक औचित्यपूर्ण है।

अंग्रेजी में इस शब्द का प्रयोग सबसे पहले मैथ्यू अर्नाल्ड ने एम्पियर के 'इस्तवार कोपारातीव' के शब्दानुवाद के रूप में सन् 1848 में किया था। फ्रांसीसी और जर्मन में इस शब्द का प्रयोग पहले ही हो चुका था। किन्तु अब तो यूरोप और अमेरिका के विश्वविद्यालयों, मुख्यतः अमरीका के विश्वविद्यालयों—हारवर्ड, एल. प्रिंसटन, शिकागो, बोस्टन और फ़िलाडेल्फिया—में इसके स्वतन्त्र विभाग हैं। इस देश में बुद्धदेव बोस के अथक परिश्रम से यादवपुर विश्वविद्यालय में यह विभाग खुला।

एक ओर, इसे एक अनुशासन के रूप में विश्वविद्यालयों में पढ़ाने का प्रयास किया जा रहा है; दूसरी ओर, लेन कूपन जैसे लोग इसे 'बोगस' कहते हैं। उसका कहना है कि तुलनात्मक साहित्य के प्रयोग का वैसा ही अर्थ है जैसा 'तुलनात्मक आलू' या 'तुलनात्मक भूसी' का। क्रोचे 'तुलनात्मक साहित्य' को एक पृथक अनुशासन के रूप में कभी मान्यता नहीं दे सका। साहित्य के अध्ययन में तुलना को एक औजार के रूप में प्रस्तुत किया ही जाता है। क्रोचे की आपत्ति में सत्य का अंश निहित है। तुलसी की आलोचना करते समय क्या आलोचक की दृष्टि सूर, जायसी आदि पर नहीं पड़ती? क्या पूरे मध्यकालीन भक्ति आन्दोलन के संदर्भ में उनको नहीं देखा जाता? इस कठिनाई को दूर करने के लिए यह कहा जाने लगा कि तुलनात्मक अध्ययन का क्षेत्र एक ही भाषा की कृतियों का अध्ययन नहीं है। यह अध्ययन एक भाषा की सीमाओं को पार कर जब दूसरी भाषा की सीमा में घुसता है और जब उन

दोनों भाषाओं के साहित्य को तुलनीय दृष्टि से देखा जाता है तो उसे 'तुलनात्मक साहित्य' के अन्तर्गत रखा जाएगा। पर एक ही देश के साहित्य का तुलनात्मक अध्ययन, चाहे वह विभिन्न भाषाओं में क्यों न लिखा गया हो, इसकी सीमा को संकुचित बना देता है। इसलिए 'तुलनात्मक साहित्य' में 'विश्व साहित्य' का अध्ययन अंतर्भुक्त कर लिया गया। 'विश्व साहित्य' की चर्चा सबसे पहले गेटे ने की थी। यह शब्द उसके द्वारा प्रयुक्त 'वर्ल्ड लिटरेचर' का अनुवाद है। इसका अभिप्राय यह होता है कि पाँचों महाद्वीपों के साहित्य का अध्ययन किया जाए। किन्तु यह तो उस निस्सीम समुद्र में तैरना है जहाँ डूबने के अतिरिक्त कोई विकल्प नहीं है। यह अध्ययन सतही अध्ययन होकर रह जाएगा। यदि 'विश्व साहित्य' का अर्थ है संसार की शिखरस्थ कृतियाँ तो उनका तुलनात्मक अध्ययन संसार के सामाजिक-सांस्कृतिक क्रम को समझाने में सहायक नहीं होगा।

सामान्यतः तुलनात्मक साहित्य वह अध्ययन है जिसमें दो या दो से अधिक भाषाओं के साहित्य के पास्परिक सादृश्य, विसादृश्य प्रभाव, एकता, आदान-प्रदान, आदि का विश्लेषण किया जाता है। इस परिभाषा के आधार पर उसकी अपनी पद्धति पर भी विचार किया जा सकता है, यद्यपि काव्य-शास्त्र की तरह इसकी सुनिर्दिष्ट पद्धति नहीं निर्मित हुई है।

तुलनात्मक अध्ययन में सबसे पहले देखना होगा कि एक भाषा की अपनी वे कौन-सी विशेषताएँ हैं जो उसकी अपनी पहचान बनाती हैं और दूसरी भाषा से उसे अलग करती हैं। इससे एक क्षेत्र या देश की आंतरिकता अपने-आप रेखांकित हो उठेगी। इस प्रकार का एक मूल्यवान अध्ययन एलोन्सो ने स्पेनी और लातानी कविता के तुलनात्मक अध्ययन द्वारा प्रस्तुत किया है। इस प्रकार के अध्ययन का मूलवर्ती बिन्दु है ध्वनि। हिमाचल प्रदेश से बंगाल तक की विभिन्न भाषाओं—पहाड़ी, पंजाबी, हिन्दी, भोजपुरी और बंगला—का ध्वनिमूलक अध्ययन इस निष्कर्ष पर पहुँचाता है कि उच्चारण में हम क्रमशः कर्कशता से कोमलता की ओर अग्रसर होते हैं। बंगला की संगीतात्मक गुंफित पदावली न तो हिन्दी में मिलेगी, न पंजाबी में। भाषा की इस विशेषता का सम्बन्ध मुख्यतः भूगोल से है, इसलिए सांस्कृतिक इतिहास से भी। संस्कृत की ध्वनियाँ एक महान राष्ट्र की सांस्कृतिक ध्वनियाँ हैं। वैदिक संस्कृत की ध्वनियों और क्लासिकल संस्कृत की ध्वनियों का अन्तर सांस्कृतिक विकास के दो स्तरों का अन्तर है। उर्दू की ध्वनि में दरबारी नफ़ासत मिलेगी तो हिन्दी की ध्वनियों में जन-जीवन का अनघड़पन।

पारस्परिक रिश्ते और विनिमय के अन्तर्गत एक भाषा के साहित्य पर दूसरी भाषा के साहित्य का प्रभाव और आदान-प्रदान भी आता है। जैसे, अंग्रेजी के रोमैंटिक कवियों का प्रभाव बंगला और हिन्दी के कवियों पर पड़ा। रवि बाबू ने कबीर से बहुत कुछ ग्रहण किया तो हिन्दी के छायावादी कवियों ने रवि बाबू से भाव और

टेकनीक दोनों को एक सीमा तक अपनाया। कभी-कभी एक देश के कवि की कृतियों से दूसरे की कृतियाँ भी प्रभावित होती हैं, जैसे—गेटे की कृतियों से इंग्लैंड और फ्रांस की कृतियाँ। इस तरह का अध्ययन भी इसी के अन्तर्गत आता है।

मौखिक साहित्य के अध्ययन को भी इसके भीतर समेट लिया गया है। हर काल का आभिजात्य साहित्य जड़ होने के बाद लोक-साहित्य से प्रेरणा लेता रहा है। आधुनिक हिन्दी साहित्य की कविता लोक-गीतों से भाषा, छन्द, संगीत लय, आदि ग्रहण करती रही है। लोक-साहित्य परिनिष्ठित साहित्य से भी बहुत सीखता है। एक देश की लोक-कथा दूसरे देश में भी पहुँचा करती है और उससे उस देश की लोक-कथाएँ प्रभावित भी होती रहती हैं। लोक-साहित्य और परिनिष्ठित साहित्य का अविच्छिन्न सम्बन्ध अध्ययन का रोचक विषय हो सकता है।

तुलनात्मक साहित्य की सीमा का और भी विस्तार सम्भव है। साहित्य की तुलना साहित्य से ही नहीं, चित्र, वास्तुकला, संगीत, मूर्तिकला आदि से भी की जा सकती है।

यह सच है कि 'तुलनात्मक साहित्य' के विशिष्ट अनुशासन बनने में पर्याप्त कठिनाइयाँ हैं। पर समग्र साहित्य के ऐक्य तथा भाषागत खाई के पाटने में इसकी उपयोगिता में सन्देह नहीं किया जा सकता।

संदर्भ

एस.एस. प्रावर, कम्पेरेटिव लिटरेरी स्टडीज।
नगेन्द्र (सं.), कम्पेरेटिव लिटरेचर।
रेने वेलेक, आस्टिन वारेन, साहित्य-सिद्धान्त।

थीम (प्रकरण)

परम्पराभुक्त अर्थ में इसे विषय-वस्तु कहा जाता है। लेकिन आधुनिक अर्थ में अब रूपात्मक आयाम पर विशेष बल दिया जा रहा है। थीम विषय-वस्तु हो सकती है, पर विषय-वस्तु हमेशा थीम नहीं हो सकती। वस्तुतः पूरी विषय-वस्तु में थीम वह वस्तु है जो कुछ घटनाओं, बिम्बों, प्रतीकों आदि के माध्यम से अभिव्यक्त होती है। 'अपने-अपने अजनबी' की थीम क्या है? अजनबियत इसकी विषय-वस्तु है। पर थीम है धार्मिक-दार्शनिक सूत्र जिसे सेल्मा के वक्तव्यों, देवशिशु के बिम्बों और क्रास के प्रतीकों से समझा जा सकता है।

बेकेट के 'वेटिंग फ़ार गोदो' में वेटिंग थीम है, क्योंकि नाटक के सारे कार्य प्रतीक्षा (वेटिंग) को लेकर ही होते हैं। 'थीसिस' और 'थीम' शब्द के अन्तर द्वारा भी इसे समझा जा सकता है। 'थीसिस' का मतलब है सम्पूर्ण तर्क का सारतत्व या कृति के माध्यम से प्रस्तुत दृष्टिकोण। किन्तु थीम में रूपात्मकता और संरचना अनुस्यूत है। यह एक ऐसा सूत्र है जो पूरी रचना में व्याप्त रहता है। प्रूस्त की थीम संगीत के सादृश्य पर आधारित है। यह उसकी सचेत रचनात्मक प्रणाली है अतः थीम का प्रयोग विषय-वस्तु के उस अंश को कहेंगे जो बार-बार दुहराया जाता है और रचना के रचनात्मक और अवधारणात्मक पक्षों को नियंत्रित करता चलता है।

दादा

चित्रकला के आन्दोलन में दादा का योग इतना ही माना जा सकता है कि इसने सारी परम्पराओं के खिलाफ विद्रोह किया। 1915-23 की अल्पावधि में इसने कला की सौन्दर्यवादी चूलों को हिला दिया। इससे एक प्रकार की कुख्यात क्रान्ति की शुरुआत हुई जिसने अति-यथार्थवाद और पॉप आर्ट में विकसित होती हुई दुनिया की कला-दृष्टि को अस्त-व्यस्त कर दिया।

डूकैंप ने मोनालिसा की मूँछ बनाकर कला सम्बन्धी बँधी दृष्टि पर आघात किया। ब्रेताँ ने दादा को कला का हत्यारा कहा है। इसकी मुख्य शैली कोलाजे है या मनमानापन है। वस्तुतः यह कला-सौन्दर्य का आन्दोलन न होकर विद्रोह का—निहलिस्ट विद्रोह का—आन्दोलन है। इसे अराजकतावादी कहने में कोई संकोच नहीं है। डूकैंप, मैक्स अर्न्स्ट, फैंसिल पेकाविया, कुर्त स्वीत्तर आदि मुख्य दादावादी हैं।

दृष्टिकोण (पाइंट ऑफ व्यू)

कथा-साहित्य की सैद्धांतिक और व्यावहारिक दोनों समीक्षाओं में इस शब्द का प्रयोग होता है। इसके द्वारा देखा जाता है कि उपन्यास में कहानी कहने में कौन सा नजरिया अख्तियार किया गया है। पर इस शब्द को लेकर जितनी अधिक बहस हुई है उतनी अधिक बहस किसी अन्य औपन्यासिक तकनीक को लेकर नहीं हुई है। हेनरी जेम्स प्रायः इस प्रश्न से उलझता रहा है कि किस्सागो (नरेटर) कौन हो, वह कहानी को

कैसे कहे और कौन-सा प्रभाव उत्पन्न करने के लिए कहे? वर्जिनिया उल्फ ने बाद में 'क्रैफ्ट्स ऑफ़ फ़िक्शन' में इस पर बहुत बल दिया।

कुछ लोग दृष्टिकोण का अर्थ उपन्यासकार के अपने अभ्युद्देश्य से लेते हैं। पर इसको पकड़ना सम्भव नहीं है। इसी को साभिप्राय हेत्वाभास कहा गया है। कुछ लोगों के विचार से इसके माध्यम से क़िस्सागो (नरेटर) और कहानी के सम्बन्धों का विश्लेषण किया जाता है।

उपन्यास लिखने की दो पद्धतियाँ हैं—एक में क़िस्सागो (नरेटर) उत्तम पुरुष का होता है और दूसरे में अन्य पुरुष का होता है। उत्तम पुरुष में लिखने पर कुछ स्पष्ट सुविधाएँ हैं। इस पद्धति का सहारा लेने पर लेखक चरित्र के गूढ़तम रहस्यों का उद्घाटन करने में समर्थ होता है। लेकिन उत्तम पुरुष में अपनी कथा कहने वाला नायक अन्य पात्रों की मानसिक दशाओं, विचारों, संवेदनाओं की गहराई में पैठने से वंचित हो जाता है। अन्य पुरुष का माध्यम अधिक व्यापक और सहज है। इसमें लेखक की सीमाएँ विस्तृत हो जाती हैं और वह सर्वद्रष्टा बन जाता है। पर उत्तम पुरुष की भाँति अन्य पुरुष मानस की अथाह गहराइयों की छानबीन नहीं कर पाता।

चाहे लेखक का अभ्युद्देश्य हो या क़िस्सागो का कथा से संबंध—दोनों घूम-फिर कर तकनीक को ही निर्देशित करते हैं। अभ्युद्देश्य को तकनीक के माध्यम से ही जाना जा सकता है। क़िस्सागो (नरेटर) का कथा से जो सम्बन्ध है वह भी तकनीक के माध्यम से ही जाना जाएगा।

यह जरूरी नहीं है कि लेखक के दृष्टिकोण और पाठक के दृष्टिकोण में तादात्म्य स्थापित हो। रचना में अर्थ के इतने स्तर होते हैं कि विभिन्न पाठक उन्हें विभिन्न ढंग से ग्रहण करते हैं। पाठक की पकड़ बहुत कुछ उसकी अपनी योग्यता और संवेदना पर निर्भर करती है।

संदर्भ

परसी ल्यूबक, द क्रैफ्ट्स ऑफ़ फ़िक्शन।
एब्राम्स, ए ग्लॉसरी ऑफ लिटरेरी टर्म्स (1971)।
त्रिभुवनसिंह, हिन्दी उपन्यास : शिल्प और प्रयोग (1973)।
वेनी सी. बूथ, द रेहटारिक ऑफ़ फ़िक्शन (1975)।

नयी समीक्षा/आलोचना

नयी 'आलोचना' शब्द का प्रयोग पुराना है। उन्नीसवीं शताब्दी में श्लेगर बन्धुओं

ने अपने को नया आलोचक कहा था। स्पिगार्न ने 1910 में अमरीकी अकादमीय आलोचना के विरोध में इस शब्द का प्रयोग किया था। उसे यह शब्द क्रोचे से मिला था। पर इसे पारिभाषिक शब्दावली का रूप देने का श्रेय रैनसम की 1941 में प्रकाशित पुस्तक 'न्यू क्रिटिसिज्म' को है।

'नयी आलोचना' के पूर्व आलोचना की जो पद्धतियाँ प्रचलित थीं वे साहित्येतर उपकरणों का आधार लेकर चलती थीं, जैसे—मनोवैज्ञानिक आलोचना, स्वच्छन्दतावादी आलोचना, ऐतिहासिक आलोचना, मार्क्सवादी आलोचना इत्यादि। नयी आलोचना ने अपना सम्पूर्ण ध्यान कृति की भाषिक संरचना पर केन्द्रित रखा। कविता के गूढ़ार्थ को विवेचित करने के लिए भाषा की प्रकृति की पहचान जरूरी है।

रैनसम, ब्रुक्स, राबर्ट पेनवारेन और ब्लेकमर नये आलोचक हैं। इन आलोचकों में साम्य की अपेक्षा वैषम्य अधिक है। पर कुछ बातों में वे एक-दूसरे से मिलते हैं।

सभी आलोचक कविता की स्वायत्तता के विश्वासी हैं। वे कविता को कविता के रूप में विश्लेषित करते हैं, न कि किसी अन्य वस्तु के रूप में। आलोचना का पहला नियम है वस्तुनिष्ठता। कविता को वस्तु-रूप में ही देखना चाहिए। साभिप्राय और रागात्मक हेत्वाभासों के लिए न यहाँ कोई अवकाश है और न कवि की जीवनी और ऐतिहासिक परिप्रेक्ष्य के लिए।

इस आलोचना-प्रणाली की अपनी विशिष्ट पहचान है गहन पाठ (क्लोज रीडिंग) या 'एक्सप्लीकेशन'। कृति की संरचना के विभिन्न घटाकों के जटिल अंतःसम्बन्धों और बहुआयामी अर्थों के विभिन्न स्तरों की गहरी छानबीन इसका उद्देश्य है। नयी आलोचना ने इस पद्धति को रिचार्ड्स के 'प्रैक्टिकल क्रिटिसिज्म' और एम्पसन के 'सेविन टाइप्स ऑफ़ ऐंबिग्युटीज' से सीखा है।

यह मूलतः भाषिक आलोचना है। स्मरण रखना चाहिए कि संरचनावादियों की तरह यह भाषिकी नहीं है, यानी भाषिकी के माडेल पर आधारित नहीं है। साहित्य की भाषा का अपना न्याय और व्याकरण होता है, जो उसे विज्ञान और दर्शन आदि की तर्कमूलक भाषा से अलगा देता है। इसलिए ब्रुक्स कहता है कि काव्यभाषा का अन्वय (पैराफ्रेज) संभव नहीं है। इसमें आवयविक अन्विति (आरगैनिक यूनिटी) पर बहुत जोर दिया जाता है। यह अन्विति शब्द और अर्थ दोनों की होती है, यानी संरचना और अर्थ दोनों की। रूपवादियों की तरह केवल रूप ही इसका केंद्रीय विवेच्य नहीं होता।

शिकागो संस्थान के नव्य अरस्तूवादियों की तरह नयी आलोचना में विभिन्न साहित्यिक विधाओं के लिए अलग-अलग प्रविधियों का निर्धारण नहीं है। सभी प्रकार की साहित्यिक विधाएँ भाषाबद्ध होती हैं। प्रगीत, नाटक कथा-साहित्य आदि में शब्दों, बिम्बों और प्रतीकों का ही विचार होता है, न कि कथानक, चरित्र, विचार आदि का। उपर्युक्त भाषिक प्रविधियाँ एक-एक केंद्रीय थीम के चतुर्दिक संघटित होती हैं।

इनकी संघटना में ही तनाव, विसंगति और विडम्बना का जन्म होता है जो विरोधी अंतर्वृत्तियों के सामंजस्य में परिणत हो जाती हैं। आचार्य शुक्ल इसी को विरुद्धों का सामंजस्य कहते हैं।

कालान्तर में नयी आलोचना-प्रणाली की एकांगिता और भाषा के प्रति अतिवादी दृष्टिकोण का विरोध शुरू हुआ। क्लीन्थ ब्रुक्स को, जो स्वयं नयी आलोचना-प्रणाली का एक प्रसिद्ध आलोचक है, कहना पड़ा कि काव्यगत तनावों को ठीक ढंग से समझने के लिए हमें कविता के बाहर जाना पड़ेगा।

बाद में प्रचलित आलोचना-प्रणालियाँ—शैली विज्ञान, संरचनावाद, मिथक आदि, नयी आलोचना के महत्त्व को कम नहीं कर सकीं। नयी आलोचना अपने परवर्ती रूप में अनुपादेय नहीं है।

संदर्भ

बच्चन सिंह, आलोचक और आलोचना (1970)।

निर्मला जैन, नयी समीक्षा के प्रतिमान।

एब्राम्स, ए ग्लॉसरी ऑफ़ लिटरेरी टर्म्स (1971)।

नरेशचंद्र, न्यू क्रिटिसिज्म (1979)।

नयी कविता

'दूसरा सप्तक' (1951) के प्रकाशन के साथ ही प्रयोगवाद की रूपवादी रुझान के विरुद्ध कथ्य और रूप में सन्तुलन स्थापित करने की दृष्टि से कविता को 'नयी कविता' का नाम दिया गया। 'तीसरा सप्तक' की रचनाओं को उसके संपादक अज्ञेय ने 'नयी कविता' ही कहा है। वास्तविकता यह है कि प्रयोगवाद ही सन्तुलन की खोज में 'नयी कविता' हो जाता है। दूसरे शब्दों में, प्रयोगवादी कविता का स्वाभाविक विकास 'नयी कविता' है। छठा दशक नयी कविता का दशक है।

'छायावाद' और 'प्रगतिवाद' की तरह 'नयी कविता' की जन्म-कुंडली का प्रामाणिक इतिहास नहीं ज्ञात है। सम्भवतः 1952 में 'आकाशवाणी' पटना की एक भेंटवार्ता में अज्ञेय ने 'नयी कविता' का प्रयोग किया। सन् 1954 में तो इलाहाबाद से 'नयी कविता' पत्रिका का प्रकाशन ही शुरू हो गया था। 'नयी कविता' नामकरण के पीछे डी. एच. लारेंस के कविता-संग्रह 'न्यू पोयम्स' (1920) तथा 1932 में 'न्यू सिग्नेचर' शीर्षक से प्रकाशित ब्रिटेन के कुछ कवितों के कविता-संग्रह की प्रेरणा रही हो तो कोई अस्वाभाविक नहीं है।

नयी कविता छायावाद, प्रगतिवाद और प्रयोगवाद से बहुत कुछ ग्रहण करती हुई भी उनसे मुक्त होने की दिशा में अग्रसर हुई। दूसरे शब्दों में, रोमांस की कल्पना, वादग्रही सामाजिकता और प्रयोगवादी रूपाग्रह से मुक्ति की कोशिश में इसने वैयक्तिकता और सामाजिकता के समन्वय का प्रयास किया।

समन्वय की साधना में उसका व्यक्तित्व खंडित हो गया है। अतः आत्मसंघर्ष का बोध अधिक तीखेपन के साथ उभरा है—कहीं आस्था में, कहीं अनास्था में, परम्परा के स्वीकार-अस्वीकार में, विश्वास-संदेह में, जय-पराजय में, आत्महत्या में, जिजीविषा में। पर क्रमशः क्षयिष्णु वैयक्तिकता का प्रभाव बढ़ता गया है। 'क्षणवाद' और 'लघुमानव' की वकालत इसका सबूत है।

भाषा जनभाषा के निकट पहुँच गयी है, आंचलिक रंगमयता और लोक-गीतों का माधुर्य भी इसमें आ गया है। वह क्रमशः प्रतीक से बिम्ब और बिम्ब से फ़ंतासी की ओर बढ़ती गयी है।

संदर्भ

बच्चन सिंह, आधुनिक हिन्दी साहित्य का इतिहास।

गिरिजाकुमार माथुर, नयी कविता : सीमाएँ और सम्भावनाएँ।

ग. मा. मुक्तिबोध, नयी कविता का आत्मसंघर्ष तथा अन्य निबन्ध।

नामवर सिंह, कविता के नये प्रतिमान।

रामस्वरूप चतुर्वेदी, नयी कविताएँ : एक साक्ष्य।

लक्ष्मीकांत वर्मा, नयी कविता के प्रतिमान।

रामविलास शर्मा, नयी कविता और अस्तित्ववाद।

नयी कहानी

'नयी कहानी' नाम 'नयी कविता' के वजन पर रखा गया है। 1951-52 में 'नयी कविता' नाम का प्रचलन हो चुका था (दे. नयी कविता)। 'कल्पना' के जनवरी 1955 के अंक में दुष्यंत कुमार का एक लेख छपा—'नयी कहानी : परम्परा और प्रयोग।' परम्परित कहानियों से अलग इस दौर की कहानियों को उक्त लेख में सर्वप्रथम 'नयी कहानी' कहा गया। किन्तु इस लेख में नयी कहानी के स्वरूप का कोई विश्लेषण नहीं है। नामवर सिंह ने अपने एक लेख 'आज की हिन्दी कहानी' (कहानी, जन. 1956) में नये नाम की आवश्यकता पर जोर दिया—'नयी कविता' की तरह 'नयी कहानी' नाम की भी कोई चीज है क्या? उक्त लेख में कहानी के स्वरूप की भी

चर्चा की गयी है। उन्होंने 'नयी कविता' की तरह कहानियों को भी 'नयी कहानी' कहा। इसके बाद तो नयी कहानी को लेकर एक आन्दोलन ही चल निकला। मोहन राकेश, राजेन्द्र यादव और कमलेश्वर ने जम कर इसके पक्ष में लिखा। नामवर सिंह ने 'नयी कहानी' पर एक लेखमाला प्रकाशित की। नाम की सार्थकता-निरर्थकता को लेकर काफ़ी बहस होती रही और अन्त में 'नयी कविता' की तरह 'नयी कहानी' नाम प्रतिष्ठित हो गया।

सन् 1950 के आसपास कहानियों में एक बदलाव दिखायी पड़ने लगता है। इसी वर्ष भारतीय संविधान भी लागू हुआ। स्वतन्त्रता के साथ-साथ विभाजन का रक्तपात भी देश को विरासत में मिला। इसी हर्ष-विषाद के बीच में नयी कहानी का जन्म होता है। स्वतन्त्र भारत का ध्यान ग्रामांचलों की ओर आकृष्ट हुआ। हिन्दी कथाकारों में शिवप्रसाद सिंह, रेणु और मार्कण्डेय ने ग्रामांचल पर आधारित कहानियाँ लिखनी शुरू कीं। पर इन लेखकों में एक प्रकार की उल्लासजन्य रोमैंटिकता थी। प्रेमचन्द की गाँव की कहानियों में सामान्यतः पात्र और उनके आदर्श उभरते थे—समूचा गाँव नहीं। इन कहानीकारों ने गाँव को उसके समूचे परिवेश—बोली-बानी, रीति-रिवाज, मिट्टी की सोंधी गंध—में उभारा। कथ्य और शिल्प में एक नयापन आया।

1950 से 1960 तक इस उल्लास के साथ आन्तरिक स्वातंत्र्य, व्यक्ति-समष्टि का द्वन्द्व आदि भी चित्रित होने लगे। स्वतन्त्रता का जो मुख बाहर की ओर था वह भीतर की ओर घुमा दिया गया। एक प्रकार का तनाव पैदा हुआ—नये-पुराने मूल्यों में टकराहट हुई। पुराने मूल्य टूटे और नये निर्मित नहीं हो सके। राजेन्द्र यादव, कमलेश्वर और मोहन राकेश तनावों के कहानीकर हैं। पिछले कहानीकारों से अपने को अलगाते हुए इन्होंने अपने को भोगे हुए यथार्थ का कहानीकार कहा।

सन् 1960 के बाद की कहानियों में आधुनिकता-बोध की अजनबियत और जनवादी मनोवृत्ति दोनों उभरीं। प्रजातन्त्र व्यवस्था से जो आशाएँ की गयी थीं वे व्यर्थ सिद्ध हुईं। भ्रष्टाचार, मूल्यहीनता, भाई-भतीजावाद ने भविष्य के सपनों को नष्ट कर दिया। अस्तित्ववादी दर्शन के कारण भी व्यर्थता-बोध, संशयशीलता, अर्थहीनता, मृत्यु-भीति आदि भी कहानियों के विषय बने। निर्मल वर्मा, उषा प्रियंवदा, श्रीकांत वर्मा, कृष्णा सोबती, दूधनाथ सिंह, गिरिराज किशोर, महेन्द्र भल्ला आदि आधुनिकतावादी कहानीकार हैं।

आधुनिक चेतना के पहले से ही सामाजिक चेतना की कहानियाँ चल रही थीं। रांगेय राघव, भीष्म साहनी, शेखर जोशी, अमरकान्त आदि प्रेमचन्द-यशपाल परम्परा के नये कहानीकार हैं। प्रेमचन्द-यशपाल की अधिकांश कहानियाँ 'आइडिया' के आधार पर बुनी जाती थीं। साठोत्तरी प्रगतिशील लेखकों में शानी, ज्ञानरंजन और काशीनाथ सिंह विशेष रूप से उल्लेखनीय हैं।

पुरानी कहानी से नयी कहानी के अलगाव के दो मुख्य बिन्दु हैं—नयी कहानी

अपने समय से एकांतिक रूप से प्रतिबद्ध है। यह प्रतिबद्धता पीढ़ियों के अन्तराल, गुमशुदा पहचान की तलाश, मूल्य विच्युति, सम्बन्धों के तनाव, अँधेरे की चीख आदि के रूप में अभिव्यक्त हुई है। दूसरा बिन्दु है स्वयं कहानी के रूप का। अब कहानी अपने रूपबंध में इकहरी नहीं रह गयी है, वह अनेक स्तरों पर एक साथ क्रियाशील रहती है। भाषा बोलचाल की भाषा के निकट आ गयी है। उसमें वक्र सपाटता देखी जा सकती है।

संदर्भ

नामवर सिंह, कहानी : नयी कहानी।

राजेन्द्र यादव, एक दुनिया समानान्तर।

राजेन्द्र यादव, कहानी : स्वरूप और संवेदना।

कमलेश्वर, नयी कहानी की भूमिका।

इन्द्रनाथ मदान, हिन्दी कहानी : अपनी जवानी।

पांडेय शशिभूषण शीतांशु, नयी कहानी के विविध प्रयोग।

नवजागरण

नवजागरण को हिन्दी में पहले पुनरुत्थान और बाद में पुनर्जागरण कहा जाने लगा। इसके अनन्तर रामविलास शर्मा ने इसे 'नवजागरण' की संज्ञा दी। अब यही नाम प्रचलित है। पुनजार्गरण शब्द का प्रयोग आचार्य शुक्ल की रसमीमांसा में हुआ है—'यह उस प्रवृत्ति (नूतन सृष्टि निर्माण की प्रवृत्ति) का हद के बाहर पहुँचा रूप है जिसका आरम्भ यूरोप में एक प्रकार से 'पुनरुत्थान काल' के साथ ही हुआ। 'पुनरुत्थान' शब्द में अतीतोन्मुखता की गंध पाकर इसके स्थान पर पुनर्जागरण नाम प्रचलित हुआ। वास्तविकता तो यह है कि ये शब्द अंग्रेजी के 'रेनांसा' के हिन्दी रूपान्तर हैं।

यूरप में नवजागरण काल 14वीं शताब्दी से 17वीं शताब्दी तक माना जाता है। किन्तु इसकी शुरुआत को ठीक ढंग से कालांकित करने के लिए 1453 को इसकी यात्रा का आरम्भिक बिन्दु मान लिया गया है। इसी वर्ष तुर्कों ने कुस्तुनतुनिया पर अधिकार कर लिया। कुस्तुनतुनिया (बैजंटाइम) पूर्वी यूरप का सांस्कृतिक केंद्र था। कुस्तुनतुनिया में तुर्कों का जमना था कि वहाँ के ईसाइयों ने पलायन करना आरम्भ किया। कुछ लोग इटली चले गये और कुछ पश्चिमी यूरोपीय देशों की ओर। वे अपने साथ यूनानी और पुरानी लातानी पांडुलिपियाँ लेते गये। लोगों में अभिजातीय (क्लासिकल) यूनानीय और लातानी साहित्य के प्रति अभिरुचि पैदा हुई। कविता के नये रूपों और

उनमें चित्रित जीवन ने जीवन के प्रति नया उत्साह पैदा किया जो 'मानवतावाद' कहलाया। अंग्रेजी में इस शब्द का प्रयोग 19वीं शताब्दी में हुआ, यद्यपि मानववादी (ह्यूमनिस्ट) का प्रयोग 1589 में होने लगा था। वास्तविकता तो यह है कि मानवतादि (ह्यूमैनिटीज) अपने मूल रूप में लातानी और यूनानी साहित्य का सूचक है। स्काटिश विश्वविद्यालयों में 'ह्यूमैनिटी' अब भी लातानी और यूनानी भाषा और साहित्य के लिए प्रयुक्त होता है।

यूरप के पश्चिमी देशों में यूनानी भाषा और साहित्य का प्रभाव पड़ा। उसकी प्रतिक्रिया में लोग अपनी भाषा की ओर भी मुड़े। इस पुनर्जागरण में धर्म और नये ज्ञान-विज्ञान की भी महत्त्वपूर्ण भूमिका रही है। भारत में नवजागरण का सम्बन्ध भी भाषा और धर्म से रहा है। यहाँ पर पहला नवजागरण महात्मा गौतम बुद्ध के आविर्भाव के साथ आया। बुद्ध ने पुरानी जड़वादी परम्पराओं को तोड़ कर मनुष्य मनुष्य के भेद को मिटाया। उसका प्रभाव मध्य एशिया तक फैल गया। उन्होंने संस्कृत भाषा के स्थान पर जनभाषा पालि में उपदेश देना प्रारम्भ किया। दूसरा नवजागरण भक्तिकाल में दिखाई पड़ता है। उत्तर भारत में देशी भाषाओं के उदय का यही समय है। इस आन्दोलन का मूलाधार भी धर्म ही है, यद्यपि निर्गुण पंथियों ने धर्म की जातिवादी संकीर्णताओं और बाह्याडम्बरों पर गहरा प्रहार किया। इसके प्रचार-प्रसार में सौदागरी पूँजीवाद ने भी सहायता पहुँचाई।

तीसरा नवजागरण 19वीं शती के उत्तरार्ध में आया। इस समय अंग्रेजी राज्य स्थापित हो चुका था। अंग्रेजों ने अपनी औपनिवेशिक नीति के तहत जमीन का नया बन्दोवस्त किया। इससे अपने आप में सिमटे हुए गाँवों की जड़ता टूटी। अंग्रेजी शिक्षा के माध्यम से हम यूरोपीय ज्ञान-विज्ञान से परिचित हुए और प्रगति का एक नया मार्ग मिला। यातायात के नये साधनों के व्यापार में वृद्धि हुई और हमारे आवागमन की गति तेज हुई। मुद्रक-यंत्र प्रेस के कारण विचार-विनिमय में सुविधा हुई। विचारों की स्वतन्त्रता का द्वार उन्मुक्त हुआ। यह नवजागरण ही स्वतन्त्रता आन्दोलन की पृष्ठभूमि बना।

रवि बाबू ने राजा राममोहन राय को पहला आधुनिक व्यक्ति माना है। 1828 में राय ने ब्रह्मसमाज की स्थापना द्वारा आधुनिकीकरण की नींव डाली। इस्लाम, ईसाइयत और उपनिषदों से वे काफी प्रभावित थे। पर उनके समाज का मूलाधार वेदान्त था। वे धर्माडम्बर के विरुद्ध थे। सती प्रथा बन्द कराने में उनकी मुख्य भूमिका थी। वे अंग्रेजी के माध्यम से पश्चिमी ज्ञान-विज्ञान-गणित आदि से अपने देशवासियों को अवगत कराना चाहते थे। नवजागरण के सिलसिले में स्वामी दयानन्द का भी नाम अविस्मरणीय है। उनके आर्य समाज (1867) ने उत्तर भारत में वेद पर आस्था व्यक्त करते हुए हिन्दू धर्म के बाह्याडम्बरों पर जोरदार प्रहार किया। वेद के व्याख्याता होते हुए भी वे पाश्चात्य शिक्षा के पक्षधर थे। इसी वर्ष बम्बई में प्रार्थना समाज की भी स्थापना हुई। रामकृष्ण मिशन ने भी इसी दिशा में उल्लेखनीय कार्य किया।

थियोसोफिकल सोसाइटी द्वारा उच्च मध्य वर्ग में नवजागरण का प्रचार हुआ। हिन्दी साहित्य में भारतेन्दु और उनके मंडल के लोगों ने नवजागरण की साहित्यिक ज्योति जगाई।

संदर्भ

अयप्पा पणिक्कर, इंडियन रेनेसां (1983)।
सब्यसाची भट्टाचार्य एवं रोमिला थापर 'सिचुएटिंग हिस्ट्री' (1986)।
रामविलास शर्मा, महावीर प्रसाद द्विवेदी और हिन्दी नवजागरण (1977)।
बच्चन सिंह, आधुनिक हिन्दी साहित्य का इतिहास (1986)।

नाटक

संस्कृत नाट्यशास्त्र में 'नाटक' दस रूपकों में से एक रूपक है। इसके विशिष्ट लक्षण होते हैं। किन्तु आधुनिक काल में यह अंग्रेजी के 'ड्रामा' के अर्थ में प्रचलित हो गया। अब नाटक संस्कृत के रूपक के पर्यायवाची के रूप में भी व्यवहृत होता है।

'दशरूपक' के टीकाकार धनिक ने नाट्य, रूप और रूपक को एक ही अर्थ में प्रयुक्त किया है। नाट्य दृश्य होता है। चक्षुरिंद्रिय के विषय को रूप कहते हैं। चक्षुर्ग्राह्य होने के कारण नाट्य रूप भी कहलाता है। नट में रामादि की अवस्था का आरोप किया जाता है। इसलिए इसे रूपक भी कहते हैं–'रूपकं तत्सारोपात्।' लेकिन किसी भी ग्रंथ में नाट्य के भेदोपभेद नहीं हैं। इन्हें रूपक का भेद कहा गया है। रूपक की इतनी व्यापक परिभाषा देने पर भी 'दशरूपक' में न मंच का वर्णन है, न अभिनय का। 'नाट्य' का प्रयोग अत्यन्त व्यापक अर्थ में किया गया है। इसके अन्तर्गत नाट्यकृति से लेकर मंच, अभिनय अभिनेता, नृत्य, गीत, वाद्य, भाषा, सामाजिक आदि सभी का समावेश हो जाता है। नाट्यकृति को रूपक कहना अधिक समीचीन है। भरत ने इसे काव्य-दृश्य दोनों कहा है। 'अमरकोश' और 'इलायुधकोश' दोनों में इसके पर्यायवाची के रूप में रूपक का उल्लेख नहीं किया गया है।

हिन्दी में 'नाटक' शब्द का प्रयोग सर्वप्रथम बालकृष्ण भट्ट ने 'हिन्दी प्रदीप' की आलोचनाओं में किया। 'रणधीर प्रेममोहिनी नाटक' (1868), 'नाट्यकाभिनय' (1880), 'नीलदेवी नाटक' (1882) आदि के 'हिन्दी प्रदीप' में छपने की तिथियाँ उनके सामने अंकित कर दी गयी हैं। स्पष्ट है कि अंग्रेजी ड्रामा के अर्थ में 'नाटक' शब्द के प्रथम प्रयोक्ता बालकृष्ण भट्ट हैं।

भारतेन्दु हरिश्चन्द्र ने अपने नाटकों को रूपक, सट्टक, नाटक, प्रहसन आदि

कहा है जो रूपकों के भेद हैं। 'नीलदेवी' भारतेन्दु की दृष्टि में 'गीति-रूपक' है, किन्तु भट्टजी ने उसे नाटक ही कहा है। सन् 1883 में भारतेन्दु ने 'नाटक अथवा दृश्य-काव्य' लिखकर इसकी पुष्टि कर दी कि दृश्य-काव्य का दूसरा नाम नाटक है।

भारतीय काव्यशास्त्र में रूपक या नाटक के तीन तत्त्व माने गये हैं—वस्तु, नेता, और रस। इनके संगुफन के लिए पाँच अर्थ-प्रकृतियाँ, पाँच कार्यावस्थाएँ और पाँच संधियों की परिकल्पना की गयी। नायक के विभिन्न प्रकारों—धीरोदात्त आदि का भी विशद विवरण दिया गया है। इसके साथ नायिकाओं के भी भेदोपभेद वर्णित हैं। इसकी विशद चर्चा तो 'नाट्यशास्त्र' में है ही। अभिनवगुप्त ने नाट्य को ही रस कहा है। वस्तु, नेता और रस की विभिन्नता के फलस्वरूप विभिन्न रूपकों के बंधों का उल्लेख किया गया है। पंच संधियों आदि को नाटक का पाणिनीय व्याकरण कहा जा सकता है। संस्कृत के कुछ ही नाटकों में इस व्याकरण का निर्वाह किया गया है। हिन्दी में तो इसके निर्वाह का सवाल ही नहीं उठता। प्रसाद के नाटकों में ये बन्धन टूटे हुए हैं।

नाटक कवि-कर्म भी है और नट-कर्म भी। यह शुद्ध साहित्य नहीं है, क्योंकि इसमें श्रव्यत्व और दृश्यत्व का मिश्रण रहता है। नाटक की आलोचना शुद्ध काव्यालोचन के प्रतिमानों से नहीं की जा सकती। इसमें नट-कर्म को समाविष्ट करना अनिवार्य है। नट-कर्म के अतिरिक्त मंच-सज्जा, दृश्य-विधान, निर्देशक प्रकाश-व्यवस्था, वेष-भूषा, प्रसाधनकर्त्ता आदि का भी महत्त्वपूर्ण योग रहता है। इन सब उपकरणों से नाटक यथार्थ का बिम्ब खड़ा करता है।

यथार्थ के इस बिम्ब का काव्यात्मक होना जरूरी है। संस्कृत के आचार्यों ने बताया है कि काव्य में अर्थ अभिनीत होता है। अभिनवगुप्त कहते हैं।—'काव्येऽपि सर्वो नाट्यायमान एवार्थः।' कविता और नाटक दोनों में अपेक्षित शब्दों को अन्वेषण करना पड़ता है। पहले में शब्द युक्तिपरक होते हैं और दूसरे में क्रियापरक।

संदर्भ

भरत, नाट्यशास्त्र।
धनंजय, दशरूपक।
शारदातनय, भावप्रकाशन।
रामचंद्र-गुणचंद्र, अभिनयदर्पण।
बच्चन सिंह, हिन्दी नाटक।

नाट्य

'नाट्य' शब्द का प्रयोग भरत मुनि (200 ई.) के पहले ही हो चुका था। इसीलिए भरत को 'नाट्यशास्त्र' लिखना पड़ा। दशरूपककार धनंजय (10वीं शती ई.) नाट्य की व्युत्पत्ति 'नट अवस्पन्दने' धातु से मानते हैं। 'नट' धातु का अर्थ स्पन्दन या किञ्चिच्चक्तन या कुछ-कुछ चंचलता है। इसमें सात्विक अभिनय (मानसिक संप्रेषण) की प्रधानता होती है। नाट्य नृत्य और नृत्त से भिन्न होता है। नृत्य नृत्त का परिष्कृत रूप है। नृत्त का अभिप्राय है गात्र विक्षेप या आंगिक अभिनय का बाहुल्य। नृत्य भावाश्रित होता है, 'यह प्रेक्षणीयक' या देखने-भर की चीज है। नाट्य रसाश्रित होता है, यह दृश्य और श्रव्य दोनों है। नृत्य का माध्यम नर्तक होता है और नाट्य का नट। अर्थात् नृत्य प्रेक्षणीयक होता है, भावाश्रित होता है, अंगाभिनय-प्रधान होता है। नाट्य दृश्य-श्रव्य (आडोविजुअल) होता है, रसाश्रित होता है, सात्विक अभिनय-प्रधान होता है। धनिक ने दोनों भेदों को अन्य ढंग से भी प्रस्तुत किया है—नाट्य वाक्यार्थाभिनयात्मक और नृत्य पदार्थाभिनयात्मक होता है। वाक्यार्थ (वाक्य+अर्थ) का अभिप्राय है रस, और पदार्थ (पद+अर्थ) का अभिप्राय है भाव। नृत्त रस-भाव-विहीन होता है। नृत्य को मार्ग (क्लासिकल) और नृत्त को देशी कहा गया है।

डी. आर. मनकड ने नाट्य का मूल उत्स नृत्त को माना है। नृत्त→नृत्य→नाट्य। पर भरत के 'नाट्यशास्त्र' से यह सिद्ध नहीं होता। नाट्य का उद्गम लौकिक है। 'नाट्यशास्त्र' में दी गयी कथा से यह सिद्ध हो जाता है। नृत्य और नृत्त का समावेश नाट्य में बाद में किया गया।

यह नाट्य क्या है? भरत की दृष्टि में नाट्य सातों द्वीपों के भावों का अनुकीर्तन (साधारणीकृत) है, लोक के सुख-दुख-समन्वित स्वभाव का अभिनय है। इसी को दशरूपककार ने 'अवस्थानुकृतिर्नाट्यम्' कहा है। अरस्तू ने भी काव्य को अनुकृति कहा है। वहाँ अनुकरण कवि का व्यापार है और यहाँ नट का। नट काव्यबद्ध नायकादि की अवस्था का अनुकरण करता है। अनुकरण का जो भी अर्थापन किया जाए, किन्तु न तो कवि के संदर्भ में यह सार्थक है और न नट के सम्बन्ध में।

संदर्भ

अभिनवगुप्त, अभिनव भारती।
धनंजय, दशरूपक।
मनमोहन घोष, द नाट्य शास्त्र।
के. एम. वर्मा, नाट्य, नृत्त एंड नृत्य।

निजंधरी कथा (लीजेंड्स)

मोनियर विलियम्स ने लीजेंड्स का संस्कृत रूपान्तरण पुरावृत्त कथा, पुराण कथा, पुराण वृत्त, लोककथा, जन कथा, आख्यान आदि किया है। पर रूपान्तरणों में एक भी लीजेंड्स का समानार्थी नहीं बन पाता। जिस तरह आचार्य हजारी प्रसाद द्विवेदी ने मिथ को हिन्दी में मिथक बना दिया उसी प्रकार ध्वनि के आधार पर लीजेंड्स को निजंधरी कथा बना दिया। किन्तु मिथक और निजंधरी के बीच विभाजक रेखा नहीं खींची जा सकी। अंग्रेजी कोशों में इसे ऐतिहासिक पुरावृत्त कहा गया है, ऐसा वृत्त जिसकी ऐतिहासिकता प्रमाणित नहीं की जा सकती। कुछ लोग मिथक और निजंधरी कथा को एक ही अर्थ में गड्डमड्ड कर देते हैं।

मिथक और निजंधरी कथा दोनों में अतिप्राकृत तत्त्वों, फंतासी स्वप्न-चित्रों का बाहुल्य होता है। निजंधरी कथाओं का सम्बन्ध ऐतिहासिक व्यक्तियों से होता है तो मिथकों का दैवी शक्तियों से। मनोवैज्ञानिक शब्दावली का व्यवहार किया जाए तो पहले को जातीय और दूसरी को प्रजातीय (आरकेटाइपल) स्मृति कहा जा सकता है। प्रजातीय स्मृतियाँ मनुष्य की आदिम अवस्था की अविस्मरणीय स्मृतियाँ हैं, भाषा हैं, जबकि निजंधरी कथा एक ऐतिहासिक माँग के कारण वीरों, संत-महात्माओं के साथ जुड़ जाती हैं। निजंधरी कथाओं के आधार पर बिद्वानों ने उन व्यक्तियों की जीवनियों और ऐतिहासिक परिवेश को पुर्निर्मित करने का प्रयास किया है। इन्द्र, वरुण, सूर्य, हनुमान, पुरुरवाउर्वशी, समुद्र मंथन आदि की कथाएँ मिथक हैं। हीर-रांझा, लोरिक-चंदा, कबीर, नानक, तुलसी, गोरख आदि के करिश्मे निजंधरी कथाएँ हैं।

मिथकों में परिवर्तन नहीं होता। वे अतर्क्य ढंग से ज्यों के त्यों स्वीकार कर लिए जाते हैं। किन्तु निंजधरी कथाएँ लोक में प्रचलित होकर बदलती रहती हैं, यद्यपि उनका भी मूल रूप परिवर्तित नहीं होता। मिथक में प्रजातीय प्रत्यय और अवधारणाएँ होती हैं। इनका चरित्र लगभग सार्वभौम होता है। इनके आधार पर लेवी स्त्रोस ने आदिम मनुष्य की विभिन्न संस्कृतियों का गहन तुलनात्मक अध्ययन किया है। यह गहन अध्ययन की अपेक्षा रखता है। निजंधरी कथाओं का इतना गहन मनोवैज्ञानिक और नृतत्त्वशास्त्रीय विवेचन हो ही नहीं सकता, वे मुख्यतः सामाजिक, धार्मिक और वर्गीय होती हैं। अपने देश में वैदिक साहित्य और पुराण मिथकों से भरे पड़े हैं। पर भारतीय मिथकों पर थोड़ा-बहुत धार्मिक रंग चढ़ गया है। इसलिए वे शुद्ध मिथक नहीं माने जाते। निजंधरी कथाएँ पहले धार्मिक महापुरुषों के साथ ही जुड़ी रहीं पर मध्यकाल में एक विशिष्ट ऐतिहासिक परिवेश की माँग के फलस्वरूप अनेक वीरों के साथ जुड़ गईं। लोक भाषाओं के उदय के साथ वे लोक मानस में प्रविष्ट हो जाती हैं। कबीर से सम्बद्ध लीजेंड्स के तत्कालीन ऐतिहासिक सामाजिक वर्ग-चरित्र

को देखा जा सकता है। लोरिक चंदा का लीजेंड्स द्विजातियों के अहं को भी तोड़ता है और ब्राह्मणवाद के नैतिक-पाश को भी।

संदर्भ

डुडेस, एलन, इंटरप्रेटिंग फोकलोर (1980)।
डेविड एन् लारेंजेन, कबीर लीजेंड्स एंड अनंतदास।
कबीर परचई (1991)।

परम्परा

जो कुछ सिलसिलेवार बहुत समय से अपनी परिवर्तमानता में चला आ रहा हो वह परम्परा है। उसमें एक सातत्य और नैरन्तर्य होता है। नदी की धारा की तरह निरन्तर बहती रहने के कारण उसमें एक प्रकार की शीतलता और प्रत्यग्रता रहती है। वह रुकी या बँधी नहीं कि उसमें सड़ाँध आ जाती है। कभी-कभी कोई-कोई परम्परा लुप्त हो जाती है लेकिन अनुकूल समय आने पर वह पुनः अंकुरित, पल्लवित और पुष्पित हो उठती है। गीता में श्रीकृष्ण ने राजयोग के बारे में कहा है—

एवं परम्पराप्राप्तं मिमं राजर्षयो विदुः।
स कालेन महता योगो नष्टः परंतपः॥

इस प्रकार परम्परा से प्राप्त योग को राजर्षियों ने अपने अनुभव में आत्मसात् किया, जाना, वह एक लम्बे अरसे से लुप्त है। कोई भी परम्परा जब अनुभव का अंग नहीं होती, जीवन में नहीं उतरती लुप्त हो जाती है। मैंने उसे साधा है। उसी को तुम्हारे लिए प्रस्तुत कर रहा हूँ, क्योंकि तुम अपनी सम्पूर्ण विनम्रता में उसके पात्र हो गये हो। परम्परा का कुछ अंश ऐसा भी होता है जो सहज साध्य नहीं है। उसे सायास अर्जित करना पड़ता है, साधा जाता है। परम्परा के सांस्कृतिक पक्ष को श्रमपूर्वक साधना पड़ता है। परम्परा का कुछ ऐसा अंश होता है जो इतिहास के प्रवाह के अनुकूल न होने के कारण नष्ट हो जाता है।

परम्परा एक नहीं होती है, परम्पराएँ होती हैं। पर किसी राष्ट्र की मूल परम्परा एक होती है उसे मुख्य धारा कहा जा सकता है। संस्कृत काव्यशास्त्र का शब्द उधार लेकर इसे मार्ग भी कहा जा सकता है। इसमें लोक और शास्त्र दोनों का समन्वय रहता है। इस मार्ग के अतिरिक्त बहुत-सी अमुख्य धाराएँ भी होती हैं जिन्हें देशज

या आंचलिक कहा जा सकता है। मार्ग और देशज परम्पराओं में समय-समय पर टकराहट होती रहती है। समय-समय पर मुख्यधारा अपने को व्यापक सार्वभौम और प्रासंगिक बनाने के लिए देशज परम्पराओं से भी यथोचित सामग्री ग्रहण करती रहती है।

यों कोई भी परम्परा विशुद्ध नहीं होती। आर्य परम्परा को विकसित करने और सुन्दर बनाने में यवन, शक, सिथियम, हूण परम्पराओं का विशेष योगदान है। द्राविड़ परम्परा से भी आर्यों ने बहुत कुछ सीखा। हमारे खान-पान, आहार-विहार, वास्तु-संगीत पर इस्लाम का कम प्रभाव नहीं पड़ा। इनका संपृक्त घोल भारतीय संस्कृति या परम्परा है। इस संस्कृति में कितनी आर्य है, कितनी द्रविड़, ईसाई और इस्लामी है नहीं कहा जा सकता। उनका जो अंश मूल धारा में नहीं मिल पाया है उसे सहअस्तित्व के रूप में स्वीकार किया जाना चाहिए। पर हर हालत में उन्हें मुख्य संस्कृति का साथ देना आवश्यक है। यदि उनके संचालन की बागडोर बाहर के हाथों में है तो वे विस्फोटक हो सकते हैं। संकट-काल में अपनी अस्मिता की रक्षा अपनी संस्कृति द्वारा ही होती है, जैसे मारिशस में रामचरित मानस द्वारा हुई। राष्ट्रीय आन्दोलन के समय हमने अपने प्रतीकों—दुर्गा, गणेश, राम का सहारा लिया। भाषा और साहित्य की रक्षा अपनी अस्मिता की रक्षा के लिए आवश्यक है।

आधुनिकतावाद के आगमन के साथ परम्परा के अस्वीकार की बात भी उठी। इमरिस की दृष्टि में साहित्यिक क्रांति को अर्थवान बनाने के लिए परम्परा के निषेध की धारणा आवश्यक है। सम्भवतः उसका अभिप्राय प्रचलित सतही परम्परा से है। आधुनिकता के प्रौढ़ होने के पहले ही फ्रेडरिक नीत्शे ने परम्परा का विरोध किया था। उसके विचार से इतिहास को ढोना वार्धक्य का चिह्न है। डी. मन के मत में लिखने का अर्थ है इतिहास को खंडित और विघटित करके लिखना। पर इतिहास को पूर्णतः खंडित करके नहीं लिखा जा सकता। हम आधुनिकतावादी और परम्परावादी एक साथ होते हैं। न तो उसका अंधानुकरण काम्य है और न अविचारित त्याग।

इस सम्बन्ध में अज्ञेय का कहना है—'निःसंदेह यह निर्णय बहुत कठिन है कि कहाँ तक परम्परा के आगे झुका जाय और कहाँ तक प्रतिघात के लिए तैयारी की जाय, विजय और पराजय के सूक्ष्म भेद को निरन्तर देखते रहने की, अचूक योग्यता एक महान निधि है और यह भी कि जो व्यक्ति जितना ही अधिक बलशाली और समर्थ हो उतना ही अधिक उसमें रूढ़ि और परम्परा और समाज के विरुद्ध विद्रोह कर उठने की अधीरता होगी—विवेकपूर्ण विनय उतना ही कठिन होगा।'

संदर्भ

टी. एस. इलियट—सेलेक्टेड एसेज।
हजारी प्रसाद द्विवेदी, हिन्दी साहित्य की भूमिका।

रोमिला थापर, दी पास्ट एंड प्रेजुडिस (1975)।
श्यामाचरण दुबे, परम्परा, इतिहासबोध और संस्कृति (1992)।
सच्चिदानन्द वात्स्यायन (सं.), सर्जन और संप्रेषण (1984)।

प्रकृतिवाद

प्रकृतिवाद मूलतः दर्शन का शब्द है। इसके अनुसार प्रकृति ही सत् है, इसके परे किसी अन्य वस्तु की सत्ता नहीं है। प्रकृति स्वयं-सत् (सेल्फ इक्जिस्टैंट), स्वयंसिद्ध (सेल्फ एक्सप्लेनेटरी), स्वयं-प्रवर्तक (सेल्फ आपरेटिंग) और स्वयं-नियामक (सेल्फ डाइरेक्टिंग) है। यह कई वस्तुओं का निषेध करता है—ईश्वर की सत्ता नहीं है, परलोक नहीं है, संसार का कोई उद्देश्य नहीं है। जो कुछ है वह प्रकृति ही है।

साहित्य के क्षेत्र में गृहीत होकर यह मुनष्य की प्राणिशास्त्रीय विशेषताओं के उद्घाटन से सम्बद्ध हो गया। फ्रांसीसी उपन्यासकार जोला इसके प्रवर्तक माने जाते हैं। साहित्य के संदर्भ में जोला ने ही 'प्रकृतिवाद' शब्द का प्रयोग पहली बार किया—मुख्तः यथार्थवाद से इसे अलगाने के लिए। किन्तु वास्तविकता यह है कि फ़्लावेयर ने 'मदाम बावेरी' उपन्यास लिखकर इसके लिए एक 'माडेल' तैयार कर दिया था। इसे जोला ने स्वतः स्वीकार किया है। 'मदाम बावेरी' की अपनी कलागत विशेषताओं तथा बुर्जुआ वर्ग के विरुद्ध घृणा की अभिव्यक्ति के बावजूद उसकी परिणति गहन निराशा में होती है।

जोला 'वैज्ञानिक उपन्यास' लिखने का पक्षपाती है क्योंकि यह विज्ञान का युग है। लेखकों को डार्विन और क्लाडि बनार्ड के अनुसन्धानों का उपयोग करना चाहिए। किन्तु जीवन के अन्तिम दिनों में जोला परोक्षरूप से समाजवादी यथार्थवाद के निकट पहुँच गया था। उसने अपनी 'नोटबुक' में बुर्जुआ वर्ग की प्रतिगामी वृत्तियों पर गहरा प्रहार किया है। पर वह एक अजीब द्वैतवाद का शिकार था। एक ओर तो वह बुर्जुआ वर्ग पर हमला करता हुआ भविष्य के हाथों में कुंजी थमा देता है दूसरी ओर नियतिवादी भी बना रहता है। इसीलिए जार्ज लूकाच इसे यथार्थ की परम्परा से भिन्न ही नहीं, उसका विरोधी भी कहता है।

हिन्दी में इस प्रकृतिवाद का एहसास प्रसाद-प्रेमचन्द दोनों को था। अतः दोनों इसके विरोधी और यथार्थवाद के पक्षधर थे। पांडेय बेचनशर्मा उग्र, ऋषभचरण जैन प्रकृतिवादी माने जाते हैं। इधर की अनेक महिला लेखिकाओं ने सेक्स में पनाह लेकर प्रकृतिवाद का ही परिचय दिया है।

संदर्भ

अन्र्स्ट फ़िशर, नैसेसिटी ऑफ़ आर्ट।
शिवकुमार मिश्र, यथार्थवाद।
जयदेवसिंह, पाश्चात्य दर्शन की रूपरेखा।
डेमियन ग्रांट, रियलिज्म।

प्रगतिवाद

छायावाद के उपरान्त चलने वाली मुख्य साहित्यिक धारा 'छायावाद' की तरह ही इस शब्द के प्रयोग-काल के सम्बन्ध में भी कुछ निश्चित रूप से नहीं कहा जा सकता। अनुमानतः 1942-43 में साहित्य के क्षेत्र में यह गृहीत हो चुका था।

अंग्रेजी में प्रगतिशील साहित्य (प्रोग्रेसिव लिटरेचर) का प्रचार एवं प्रसार 1935 में हुआ और इसी वर्ष 'प्रोग्रेसिव राइटर्स एसोसिएशन' नामक अन्तर्राष्ट्रीय संस्था का प्रथम अधिवेशन ई. एम. फारेस्टर के सभापतित्व में पेरिस में हुआ। मुल्कराज आनन्द और सज्जाद जहीर के उद्योग से 'भारतीय प्रगतिशील लेखक संघ' की स्थापना लंदन में हुई। इन्हीं लोगों ने इसे लाकर भारत में स्थापित किया। 1936 में 'प्रगतिशील लेखक संघ' का प्रथम अधिवेशन प्रेमचन्द के सभापतित्व में लखनऊ में हुआ। इसके पहले सज्जाद जहीर अपनी रोशनाई पुस्तक में इसके उद्देश्यों पर प्रकाश डाल चुके थे।

प्रेमचन्द के अध्यक्षीय भाषण में 'प्रगतिवाद' शब्द का उल्लेख नहीं है। प्रेमचन्द ने 'प्रगतिशील लेखक संघ' नाम की उपयुक्तता पर संदेह प्रकट किया था। उनका कहना था कि साहित्यकार स्वतः प्रगतिशील होता है। इसके अभाव में वह व्यक्ति एवं समाज को जिस अवस्था में देखना चाहता है उसमें नहीं देख पाता। साहित्यकार की लेखनी मानव को वर्तमान दयनीय अवस्था से मुक्त करा कर उन्नत अवस्था में ले जाने का प्रयत्न करती है। वे साहित्य को उपयोगितावादी तुला पर तौलने के पक्षपाती थे। इस भाषण में मार्क्सवादी विचारधारा का उल्लेख नहीं है।

मार्च, 1937 के 'विशाल भारत' में शिवदान सिंह चौहान का एक लेख प्रकाशित हुआ—'भारत में प्रगतिशील साहित्य की आवश्यकता'। इस लेख में मार्क्सवाद, वर्ग-संघर्ष और भौतिकवाद की विस्तृत व्याख्या हुई है और पूँजीवादी व्यवस्था के विरुद्ध वर्गवादी साहित्य-सर्जना की जरूरत बतायी गयी है। पर 'प्रगतिवाद' यहाँ भी अनुपस्थित है।

बनारसीदास चतुर्वेदी और अज्ञेय के सम्पादकत्व में निकलने वाले 'विशाल भारत' में साहित्य के प्रगतिशील आन्दोलन का घोर विरोध हुआ। सन् 1938-39 में बहुत-से लेख इसके विरोध में छपे। इलाचंद्र जोशी के 1938 और अश्क के 1939 (प्रगतिवाद का दुरुपयोग) के 'विशाल भारत' में छपे लेखों में 'प्रगतिवाद' शब्द का व्यवहार हुआ है। स्पष्ट है कि 'प्रगतिशील लेखक संघ' के प्रथम अधिवेशन के दो वर्ष बाद ही 'प्रगतिवाद' शब्द का प्रचलन हो गया था।

प्रगतिवादी साहित्य के सिद्धान्त वे ही हैं जो समाजवादी साहित्य के। इसीलिए मार्क्सवादी समीक्षा को ही हिन्दी में प्रगतिवादी समीक्षा कहा जाता है। (दे. मा. स)। इसमें शोषण के विरुद्ध किसान-मजदूर की पक्षधरता पर बल दिया गया और समाजवादी व्यवस्था को ले आने तथा पूँजीवादी व्यवस्था को मूलतः बदलने में साहित्य के अपेक्षित योग को महत्त्व दिया गया।

आरम्भ में प्रगतिवादियों का गहरा प्रभाव था। इसलिए वे अतिरिक्त उत्साह में अवधारणामूलक साहित्य की प्रशंसा करने लगे। घटिया कविताएँ और उपन्यास जो साहित्यिक दृष्टि से हीन कोटि के थे लेकिन जिनमें मार्क्सवादी फ़ार्मूलों की कमी नहीं थी, उन्हें भी महत्त्वपूर्ण बताया गया। किन्तु धीरे-धीरे समीक्षा-दृष्टि में सन्तुलन आया।

सन् 1948 के 'हंस' में 'समाजवादी यथार्थवाद' पर एक अंग्रेजी लेख का अनुवाद छपा। इसके बाद प्रगतिवादियों में इस वाद के प्रति भी उत्साह जगा। किन्तु इस देश के साहित्यिकों को समाजवादी यथार्थवाद की बौद्धिक अनुभूति हो सकती है, सच्ची अनुभूति नहीं, क्योंकि हम इस व्यवस्था से असंपृक्त हैं। पूँजीवादी व्यवस्था के खिलाफ युद्ध में भारतीय लेखकों को अपने दृष्टिकोण को व्यापक और लचीला बनाना होगा। अतः यहाँ के संदर्भ में आलोचनात्मक यथार्थवाद ही वरेण्य है।

संदर्भ

विजयशंकर मल्ल, हिन्दी काव्य में प्रगतिवाद।
नामवर सिंह, आधुनिक साहित्य की प्रवृत्तियाँ।
रेखा अवस्थी, प्रगतिवाद और समानान्तर साहित्य।
हंसराज़ रहबर, प्रगतिवाद, पुनर्मूल्यांकन।
रामविलास शर्मा, प्रगतिशील साहित्य की समस्याएँ।
शिवकुमार मिश्र, प्रगतिवाद।

प्रतिबद्धता

हिन्दी में 'प्रतिबद्धता' की चर्चा 1950 के आसपास शुरू होती है। वस्तुतः यह मार्क्सवादी समीक्षा के क्षेत्र में प्रयुक्त होता है। प्रति+बद्धता का शब्दार्थ है बद्धता की ओर। किसी-न-किसी जीवनदर्शन से पहले के कवि-लेखक भी प्रतिबद्ध थे। तुलसी-सूर सगुणोपासक विचारधारा से प्रतिबद्ध थे तो कबीर निर्गुणोपासक विचारधारा से। किन्तु उस व्यवस्था में वर्गों के बीच उतनी चौड़ी खाई नहीं थी। इसलिए या तो समन्वयवाद के सहारे समस्याओं का हल खोजा गया या जाति-धर्म आदि बाह्याडम्बर पर प्रहार कर समाज में मानवीय समता की ओर ध्यान आकृष्ट किया गया।

किन्तु पूँजीवादी व्यवस्था में शोषक और शोषित के बीच की चौड़ी खाई के पटने का सवाल उस समय तक नहीं पैदा होता जिस समय तक इस व्यवस्था के स्थान पर समाजवादी व्यवस्था नहीं कायम हो जाती। तीखे वर्ग-संघर्ष के माध्यम से ही नयी व्यवस्था का प्रादुर्भाव सम्भव है। विश्व के संदर्भ में देखा जाए तो साम्राज्यवादी ताकतों और समाजवादी देशों, पूँजीपतियों और श्रमिकों के बीच का संघर्ष एक निश्चित मंजिल तक पहुँच चुका है। ऐसी स्थिति में साहित्यकारों के लिए आवश्यक हो गया है कि वह पूँजीपति और श्रमिक वर्ग में से किसी एक का वरण करें। तटस्थता का अभिप्राय होगा पूँजीवादी वर्ग या प्रतिक्रियावादी सत्ता का साथ देना।

अतः 'प्रतिबद्धता' का अभिप्राय हुआ श्रमिक वर्ग का साथ देकर क्रांतिकारी परिवर्तन में अपनी भूमिका अदा करना। किन्तु इस वर्ग का साथ देना आसान नहीं है। इस उत्तरदायित्व को निभाने के लिए लेखक को पहले अपना वर्गान्तरण करना पड़ेगा; दूसरे, अपने साहित्यिक उत्तरदायित्व के प्रति भी प्रतिबद्ध होना होगा।

साहित्यकार मुख्यतः मध्यवर्गीय प्राणी होता है, उसे अपने ही अन्तर्विरोधों से युद्ध करना होगा। वर्गान्तरित होकर ही वह शोषित वर्ग की समस्याओं को गहरे में पकड़ सकेगा। ऐसा होने पर भी खतरा यह है कि कहीं वह नारों और राजनीतिक फ़ार्मूलों में बँधकर राजनीतिक चारण की भूमिका में न प्रविष्ट हो जाए। तरह-तरह के राजनीतिक दबावों और उत्साह के अतिरेक में लुकाच जैसे व्यक्ति को भी स्तालिन-युग में वैसी ही भूमिका निभानी पड़ी है। हिन्दी में उत्साही मार्क्सवादियों की संख्या कम नहीं है जो 'सर बाँधे कफ़निया' गीत को 'कामायनी' से कहीं अधिक महत्त्वपूर्ण मानते हैं।

इससे सन्देह नहीं कि 'प्रतिबद्धता' का सीधा सम्बन्ध राजनीति से है, ऐतिहासिक यथार्थ के उद्‌घाटन से है। कोई व्यक्ति राजनीति से असंपृक्त नहीं रह सकता। सार्त्र के 'रिप्रीव' का एक पात्र है ग्रोसेलुई। वह अपढ़ किसान है। किसी को भी उससे डर नहीं है। उसमें नुकसान पहुँचाने की क्षमता ही नहीं है। वह दर-दर मारा-मारा फिरता है और अन्त में जेल भेज दिया जाता है। यह सब राजनीति के कारण होता

है जिसका उसे कुछ भी ज्ञान नहीं है। मतलब यह कि आज के जमाने में हम राजनीति की उपेक्षा कर सकते हैं, किन्तु राजनीति हमारी उपेक्षा नहीं करेगी।

राजनीतिक प्रतिबद्धता का अर्थ पार्टी की प्रतिबद्धता नहीं है। कुछ दिन पूर्व साहित्य की स्वायत्तता का नाम लेना गुनाह था। लुकाच इसका समर्थक नहीं है और न बालजक और तोलोस्ताय के शिल्प को छोड़कर अन्य शिल्पों को वह यथार्थवादी साहित्य के अनुरूप पाता है। किन्तु ब्रेश्ट और एडोर्नो साहित्य को एक हद तक स्वायत्त मानते हैं। एडोर्नो के मतानुसार, जिस रूपवाद का कट्टर मार्क्सवादी विरोध करते हैं वही तो साहित्य को साहित्य बनाता है। सौन्दर्यशास्त्रीय आयाम न ग्रहण करने के कारण प्रतिबद्ध साहित्य निष्प्रभ होकर रह जाएगा। ब्रेश्ट को रूपवादी होने का आरोप सह्य है, किन्तु बँधे-बँधाये रूप को ग्रहण करना असह्य। इस मुद्दे पर ब्रेश्ट और एडोर्नो दोनों लुकाच के विरोधी हो जाते हैं।

ब्रेश्ट और एडोर्नो दोनों ही आधुनिकतावादी शिल्प-तकनीक से सीखने के समर्थक हैं। एडोर्नो तो इस संदर्भ में स्पष्टतः काफ्का और बेकेट की चर्चा करता है। किन्हीं अर्थों में वे जीवन के यथार्थ का ही चित्रण करते हैं, पर उनकी चरम निराशा उन्हें ग्राह्य नहीं है। ब्रेश्ट और एडोर्नो सौन्दर्यवादी अवधारणात्मक प्रतिबद्धता के समर्थक हैं।

संदर्भ

एस्थेटिक्स एंड पालिटिक्स।

मारकुज़े, एन एसे ऑन लिबरेशन।

सार्त्र, ह्वाट इज लिटरेचर।

द एशेंशियल फ्रैंकफर्ट स्कूल रीडर।

प्रतिभा

आचार्यों ने काव्य के तीन हेतु बताए हैं–प्रतिभा, व्युत्पत्ति और अभ्यास। काव्यशास्त्र में इनकी अलग-अलग चर्चा की गयी है। पर तीनों मिलकर ही काव्य के कारण होते हैं। इनमें प्रधानता प्रतिभा को ही दी जाती है। इसका दूसरा नाम शक्ति भी है। प्रतिभा या कल्पना के सम्बन्ध में पाश्चात्य काव्यशास्त्र काफ़ी मुखर है। क्रोचे और कॉलरिज का यह केंद्रवर्ती प्रस्थान-बिंदु है।

प्रतिभा का व्युत्पत्तिमूलक अर्थ है–प्रतिभायते जनयेति प्रतिभा–अर्थात् प्रतिभा वह साधन है जिसके कारण काव्योपयोगी विभिन्न तत्त्वों का प्रकाश हो। प्रतिभान

प्रतिभा यानी प्रकाश या स्फुरण। मतलब यह कि यह आयास-जन्य नहीं, स्वतःस्फूर्त और प्रत्यग्र होती है।

अभिनवगुप्त के गुरु भट्टतौत का कथन है—

प्रज्ञा नवोन्मेषशालिनी प्रतिभा मता।

प्रज्ञा विशेष प्रकार की मानसिकता है। प्रतिभा वह प्रज्ञा है जो नये उन्मेष का सृजन करती है। अभिनवगुप्त का भी कहना है—'प्रतिभा अपूर्व वस्तु निर्माण क्षमा प्रज्ञा। तस्याः विशेषो रसावेशवैशद्यसौन्दर्य काव्यनिर्माण क्षमत्वम्।'

ध्यान देने की बात है कि केवल अपूर्व वस्तु की निर्मिति ही प्रतिभा नहीं है। अपूर्व वस्तुएँ तो मदारी भी निर्मित कर लेता है। काव्य-निर्मिति की अपूर्वता में दो वस्तुएँ और जुड़ी होनी चाहिए—रसावेश की विशदता और सौन्दर्य। इनके अभाव में काव्यरूप की अपूर्वता या अद्वितीयता अकल्पनीय है। प्रतिभा से अनुप्राणित वर्णन में निपुण व्यक्ति ही कवि है। उसके कर्म की अभिधा काव्य है।

कवि का अर्थ है, द्रष्टा यानी इन्द्रियातीत वस्तुओं का साक्षात्कार करने वाला व्यक्ति। उसके दो पक्ष होते हैं—द्रष्टा और स्रष्टा। दृष्टि के फलस्वरूप कवि वस्तु के बाह्य रूप के भीतर पैठकर उसकी आन्तरिकता का मानस साक्षात्कार करता है। मानस साक्षात्कार के कारण वस्तु का अपना रहस्य, वैचित्र्य उन्मीलित होता है। महिम भट्ट इस दृष्टि को तीसरा शिवनेत्र कहता है। वह वस्तु के दो रूप मानता है—सामान्य और विशिष्ट। सामान्य रूप वस्तु का जाति-गुण होता है और विशिष्ट गुण उसका निजी और अपना होता है। इस विशिष्ट रूप का साक्षात्कार प्रतिभा-जन्य होता है। प्रतिभा वस्तु की निजी विशेषताओं को पकड़ती है। यही रचना का प्रस्थान-बिंदु है।

स्वभावोक्ति और वक्रोक्ति का विवाद काव्य-निर्मिति के स्वरूप को लेकर ही शुरू हुआ। वस्तु के स्वभाव का यथातथ्य वर्णन काव्य-संज्ञा का अधिकारी नहीं हो सकता। स्वभावोक्ति में कवि अपनी ओर से कुछ नया नहीं जोड़ता। वह वस्तुओं को जैसा देखता है वैसा ही उनका वर्णन कर देता है। ऐसी सृष्टि अपूर्व नहीं हो सकती। पश्चिम में प्लेटो ने काव्य को अनुकृति की अनुकृति कहकर उसे नीचा दर्जा दिया। अरस्तू ने अनुकृति का अर्थ ही बदल दिया और उसे पुनरुत्पादन या पुनर्रचना कहा।

किन्तु काव्य-निर्मिति शून्य में नहीं होती। यह सही है कि—

अपारे काव्यसंसारे कविरेव प्रजापतिः।
यथास्मै रोचते विश्वं तथैव परिवर्तते॥

किन्तु कवि अपनी रचना के लिए संसार से ही उपादान ग्रहण करता है। लेकिन उसे वह रूपान्तरित (ट्रांसफार्म) कर देता है।

कुंतक ने प्रतिभा की अपेक्षाकृत अधिक विस्तृत और सूक्ष्म व्याख्या की है। वह कहता है, कवि अनस्तिवान वस्तु का वर्णन नहीं करता। जगत में वस्तु की सत्ता

होती है। कवि उसके वर्णन में अनिर्वच रमणीयता उत्पन्न कर देता है। कवि अपनी रचना में पदार्थों के बाह्याकार को ढँक देता है। कवि द्वारा वस्तु की पुनर्रचना में इतनी रमणीयता आ जाती है कि उसमें सहृदय का मन रम जाता है। यह सिद्धान्त केवल उत्पाद्य वस्तु पर ही लागू नहीं होता, प्रसिद्ध वस्तु पर भी होता है।

राजशेखर के मतानुसार, प्रतिभा के दो भेद होते हैं—कारयित्री और भावयित्री। कारयित्री प्रतिभा का सम्बन्ध कवि-कर्म से है। रुद्रट ने इसके दो भेद किए हैं—सहजा और व्युत्पाद्या। सहजा स्वतः प्रस्फुटित होती है और व्युत्पाद्या अर्जित की जाती है। राजशेखर इसके तीन भेद करता है—सहजा, आहार्या और औपदेशिकी। पूर्वजन्म के संस्कार से प्राप्त प्रतिभा को सहजा, इस जन्म के संस्कार से प्राप्त प्रतिभा को आहार्या और शास्त्रादि के उपदेश से प्राप्त प्रतिभा को औपदेशिकी कहते हैं।

प्रतिभा सृजन का बीज है। पर यह अभिव्यक्त होकर ही मुकम्मल होती है। इसी को आचार्य लोग शब्द-पाक कहते हैं। भट्टतौत का कथन है कि शास्त्र में तत्त्व-द्रष्टा कवि कहलाता है। किन्तु लोक में जिसे कवि कहा जाता है उसे दर्शन और वर्णन दोनों में निपुण होना चाहिए—दर्शनात् वर्णनाच्च। पहले दर्शन होता है, तदनन्तर वर्णन। कुंतक का कहना है कि प्रतिभा का उन्मीलन वक्रोक्ति में परिणत होने पर ही होता है। कुतंक ने अपने मत को पुष्ट करने के लिए 'तापस वत्सराज' नाम से वासवदत्ता से उदयन की मिलनोत्कंठा का वर्णन उद्धृत किया है। उसकी अंतिम पंक्ति है—'बद्धोत्कण्ठ सिंह मनः किमथवा प्रमोद समाप्तोत्सवः।' प्रेम का उत्सव कभी समाप्त नहीं होता, कहकर उसने वर्णन की निपुणता या वक्रोक्ति का जो उदाहरण प्रस्तुत किया है वह कवि-प्रतिभा को भली भाँति रेखांकित कर देता है।

संदर्भ

कुंतक, वक्रोक्ति जीवित।
राजशेखर, काव्यमीमांसा।
गणेश त्र्यंबक देशपांडे, भारतीय साहित्यशास्त्र।
आनन्दवर्धन, ध्वन्यालोक।

प्रतीक

'प्रतीक' शब्द का प्रयोग वैदिक साहित्य में हुआ है। उससे अर्थ ग्रहण करते हुए बाल गंगाधर तिलक ने इसका अर्थापन अपने ढंग से किया है—'प्रतीक' (प्रतिः+इक)

का धात्वर्थ यह है—'प्रतिः' अपनी ओर 'इक' झुका हुआ। जब किसी वस्तु का कोई एक भाग पहले गोचर हो; और फिर आगे वस्तु का ज्ञान हो, तब उसको 'प्रतीक' कहते हैं। इस नियम के अनुसार सर्वव्यापी ईश्वर का ज्ञान होने के लिए उसका कोई भी प्रत्यक्ष चिह्न, अंशरूपी विभूति या भाग 'प्रतीक' हो सकता है। आचार्य शुक्ल ने भी प्रतीक का ऐसा ही अर्थ लिया है।

शुक्ल जी का कहना है कि प्रतीक सर्वदा अपने से इतर संकेत देता है। समुद्र चातक आदि की अर्थवत्ता स्वयं इनमें नहीं है, बल्कि इनके द्वारा संकेतित विशिष्ट अर्थ में है। प्रतीक रूपक, बिम्ब और मिथक से भिन्न है। रूपक में सादृश्य का भाव रहता है। लेकिन प्रतीक सादृश्य के आगे भावना जगाने का कार्य करता है। प्रतीक द्वारा अदृश्य सारतत्त्व की अभिव्यक्ति होती है। बार-बार प्रयुक्त होने पर बिम्ब प्रतीक बन जाते हैं। मिथ में कथा-तत्त्व होता है, प्रतीक में नहीं। धर्म और विज्ञान के प्रतीकों से साहित्यिक प्रतीक इस अर्थ में भिन्न होते हैं कि पहले दोनों में उनका अर्थ सुनिश्चित होता है, पाठक और प्रयोक्ता एक ही अर्थग्रहण करते हैं। किन्तु साहित्यिक प्रतीक के सम्बन्ध में पाठक और प्रयोक्ता के बीच मतैक्य नहीं भी हो सकता है, प्रायः नहीं होता।

मनुष्य को पशु से अलगाने के लिए उसे 'होमोसेपिएंस', 'एनीमल रैशनेल' या विवेकी कहा गया है। पर कैसिरर मनुष्य को 'एनिमल सिंबालिकम्' कहता है, यानी मनुष्य प्रतीक-स्रष्टा प्राणी है। वह अपनी अनुभूतियों की अभिव्यक्ति के लिए प्रतीकों की तलाश करता रहता है। प्रतीकों की तलाश एक सर्जनात्मक व्यापार है। मानव होने की सार्थकता इसी में है।

प्रतीकों की सामान्यतः दो कोटियाँ निर्धारित की जा सकती हैं—परम्परागत प्रतीक और वैयक्तिक प्रतीक। परम्परागत प्रतीक हजारों वर्षों से मनुष्य के भावों, विचारों और कल्पनाओं को वहन करते आए हैं। अलग-अलग देशों की अलग-अलग परम्पराएँ होती हैं। इसलिए उनके परम्परागत प्रतीक भी अलग-अलग होते हैं। उषूस, वरुण, त्रिशूल, शरद, चेतक, सिंह, चक्रव्यूह आदि इस देश के पारम्परिक प्रतीक हैं तो बुलबुल, गुलशन, शमा अरब देशों के और मोर, चील, क्रास पश्चिमी देशों के। प्राकृतिक प्रतीक भी देश के अनुरूप होते हैं—श्यामघटा इस देश के माहौल में एक अर्थ देगी और यूरोप में दूसरा। पारम्परिक प्रतीकों के अतिरिक्त वैयक्तिक प्रतीक भी होते हैं। आयरिश कवि एट्स ने अनेक 'प्राइवेट' मिथकों और प्रतीकों की सृष्टि की है। हिन्दी में अज्ञेय की रचनाओं में प्रतीकों की प्रमुखता है। सागर, मछली, सूर्य आदि को उन्होंने वैयक्तिक प्रतीक के रूप में प्रयुक्त किया है। वैयक्तिक प्रतीकों के साथ कठिनाई यह है कि यह जनजीवन से कटकर कुछ थोड़े-से 'एलीट' लोगों की वस्तु हो जाता है।

आचार्य शुक्ल ने 'प्रतीक' के साथ 'प्रतीकवाद' पर भी विचार किया है।

आन्दोलन के रूप में प्रतीकवाद का आरम्भ 1886 में फ्रांस में हुआ। वस्तुतः यह रोमैंटिसिज्म की एक विकसित शाखा है। इसमें प्रतीक का सायास और सचेत प्रयोग होता है। शुक्ल जी ने इसे 'प्रतीक रहस्यावाद', 'रहस्यात्मक मजहबी प्रतीकवाद' कहकर इसे सीमित अर्थ में ही प्रयुक्त किया। प्रतीकवाद रहस्यवाद का पर्याय नहीं है। पर इसके ह्रासोन्मुखी तत्त्व को अस्वीकार नहीं किया जा सकता। इस धारा में बादलेयर, मेलार्मे, रेंबो आदि श्रेष्ठ कवि भी हुए हैं।

संदर्भ

रामचन्द्र शुक्ल, चिन्तामणि भाग-2।
सी. एम. बावरा, द हेरिटेज ऑफ़ सिंबालिज्म।
कुमार विमल, सौन्दर्यशास्त्र के तत्त्व।
सुसन लैंगर, फिसासफी इन ए न्यू की।
कैसिरर, एन एसे ऑन मैन।
अज्ञेय, आलवाल।

प्रभाववाद

'प्रभाववाद' (इम्प्रेशनिज्म) कला-क्षेत्र का शब्द है जो साहित्य-समीक्षा के क्षेत्र में घुस आया है। हिन्दी में शांतिप्रिय द्विवेदी ही अकेले व्यक्ति हैं जिन्हें प्रभाववादी कहा जाता है और इसमें कोई सन्देह नहीं कि वे शुद्ध प्रभाववादी समीक्षक थे। यों इसका प्रभाव दूसरे समीक्षकों पर भी देखा जा सकता है।

प्रभाववाद किसी चीज को टुकड़े-टुकड़े में न देखकर सम्पूर्णता में देखने की दृष्टि है। उदाहरण के लिए, मान लीजिए, कोई अँधेरे में गंगा के शहरवाले किनारे पर आकर एक मकान में रह गया है। कल्पना कीजिए कि यह शहर वाराणसी है। सबेरे खिड़की से झाँककर वह उस पार का दृश्य देखता है। इस दृश्य के समग्र प्रभाव का अंकन जिस चित्र में होगा वह प्रभाववादी कहा जाएगा। पोनेट का चित्र 'द चर्च एट वरनन' का चित्रण पहली दृष्टि में देखा हुआ प्रभाव है। दूसरे शब्दों में, इससे एक फोकस में आया हुआ अंकन होता है जबकि पूर्व रैफेलाइट चित्रों में किसी वस्तु का शृंखलाबद्ध चित्रण होता था।

प्रभाववादी कला का विकास यथार्थवादी कला की प्रतिक्रिया के रूप में हुआ। यथार्थवादी कला का अगुआ गुस्ताव कोरबेट (1819-77) था। मजदूरों के साथ उसकी गहरी सहानुभूति थी। सामान्य जीवन उसकी कला की वस्तु था। 1848 की क्रांति

के बाद उसके दो चित्रों को—'पत्थर तोड़ने वाला' और 'ओरनान में एक अंतिम संस्कार'—खतरनाक समाजवादी कहा गया। पैनेट उसका उत्तराधिकारी था। इसके बाद बिलाट ने जो चित्र बनाया वह प्रभाववादी था।

जहाँ तक रंगों का सम्बन्ध है, प्रभाववादी कला में प्रकृति के निकट के रंगों का प्रयोग किया गया है। छायाकृतियों में पूरक के रूप में प्रकाश का रखना जरूरी था। पैनेट के मतानुसार, चित्रों में प्रकाश का अंकन जरूरी थीम होता है।

प्रयोगवाद

'प्रयोग' का सामान्य अर्थ इस्तेमाल करना है, जैसे—'खाने में सरसों के तेल का प्रयोग लाभप्रद होता है।' पर साहित्य में यह पहले-पहले 'तार सप्तक' (1943) में विशिष्ट अर्थ में प्रयुक्त हुआ। छायावादी काव्यांदोलन और प्रगतिवादी काव्यांदोलन की तरह प्रयोगवादी आंदोलन भी मुख्यतः काव्य तक ही सीमित रहा।

'तार सप्तक' में अज्ञेय ने 'प्रयोग' और 'प्रयोगशीलता' दोनों शब्दों का इस्तेमाल किया है। अज्ञेय के अनुसार नयी परिस्थितियों में जीवन के वैषम्य के कारण सम्प्रेषण की समस्या कवि की सबसे बड़ी समस्या हो गयी है। यही कवि को प्रयोगशीलता की ओर प्रेरित करती है। प्रयोगशीलता नये अनछुए क्षेत्रों का अन्वेषण करती है। प्रयोग क्रिया है तो प्रयोगशीलता कवि-कर्म। इसका अभिप्राय है शब्दों में नया अर्थ भरना, युगानुरूप नये बिम्बों, रूपकों, प्रतीकों, छन्दों आदि का विधान।

'प्रयोगशीलता' शब्द के बार-बार प्रयोग से प्रतीत होता है कि यह शब्द प्रगतिशीलता के वजन पर गढ़ा गया है—एक हद तक प्रगतिवाद की फार्मूलाबद्ध कर्कशता के खिलाफ। यही नहीं, प्रगतिवादियों ने साँचे-ढले साहित्य से भिन्न साहित्य को अपेक्षित भी किया और उसका विरोध भी किया। एक समय दोनों बहुत पास थे।

'तार सप्तक' में 'प्रयोगवाद' शब्द नहीं प्रयुक्त हुआ है। 'तार सप्तक' की आलोचना करते हुए नन्ददुलारे वाजपेयी ने एक लेख लिखा—'प्रयोगवादी रचनाएँ', जो 'तार सप्तक' के प्रकाशन के बाद छपा और मूलतः वह 'तार सप्तक' की समीक्षा है। इस लेख में ही पहली बार 'प्रयोगवाद' शब्द का प्रयोग किया गया।

'दूसरा सप्तक' 1951 में छपा। इसमें अज्ञेय ने वाजपेयी जी का उत्तर देते हुए इस काव्यांदोलन को वादी कहने से इनकार कर दिया है। उनका कहना है—'प्रयोग कोई वाद नहीं है, हम वादी नहीं रहे, न ही हैं; न प्रयोग अपने-आप में कोई इष्ट

अथवा साध्य है, ठीक इसी तरह कविता का कोई वाद नहीं है, अतः हमें प्रयोगवादी कहना उतना ही सार्थक अथवा निरर्थक है जितना कवितावादी कहना।' इस इनकार के बाद भी 1943-51 तक का काव्यांदोलन प्रयोगवाद के नाम से अभिहित हुआ। 'दूसरा सप्तक' में भी प्रयोग का आग्रह है। पर भाषा के प्रति दृष्टि बदली हुई है। भाषा बोलचाल के करीब आयी—'जिस तरह हम बोलते हैं। उस तरह तू लिख।' अहं और सामाजिकता के सम्बन्ध में उठाये गए प्रश्न प्रायः वे ही हैं जो 'तार सप्तक' में उठे हैं। रचनाओं में उन्मुक्तता, उत्साहपरकता और वर्जनाहीन श्रृंगारिकता दिखायी पड़ी। परम्परा बनाम आधुनिकता का प्रश्न भी सामने आया।

प्रयोग साधन होकर अनिष्टकर नहीं है और न ही मार्क्सवादियों को इससे नफ़रत है। पर प्रयोग का वाद जिस वाग्वैचित्र्य की सृष्टि करता है वह उन्हें स्पृहणीय नहीं है। अपनी सीमा से आगे बढ़कर 'प्रयोगवाद' 'कला के लिए कला' के क्षेत्र में जा पहुँचता है और आधुनिकतावाद की विकृतियों का शिकार हो जाता है। नकेन का प्रपद्यवाद (1956) इसी का नमूना है। अज्ञेय ने प्रयोग को साधन माना तो प्रपद्यवादियों ने साध्य। इसी कारण यह एक करिश्मा बनकर रह गया।

सन् 1959 में अज्ञेय के ही संपादकत्व में 'तीसरा सप्तक' प्रकाशित हुआ। इस संग्रह की कविताओं को अज्ञेय ने 'नयी कविता' कहा है, क्योंकि 'नयी कविता' पत्रिका का प्रकाशन आरम्भ हो चुका था। 'तीसरा सप्तक' में 'नयी कविता' की शुरुआत 'दूसरा सप्तक' काल से ही हो चुकी थी। सन् 1954 में 'नयी कविता' पत्रिका का प्रकाशन आरम्भ हो चुका था। 'तीसरा सप्तक' में नयी कविता की ताजगी भी है और प्रयोगवाद का असल चेहरा भी। रह-रहकर सामाजिकता को याद करने वाले प्रयोगवादियों में से एक शीलवान कवि ने कविता में राजनीति को अस्पृश्य घोषित कर दिया।

दरअसल, प्रयोगवाद शिल्प में रूपवाद और भाव में व्यक्तिसत्य या सत्यान्वेषण (आन्तरिक सत्य तथा कलात्मक अनुभव-क्षण) का पक्षधर रहा है। प्रयोग या केवल प्रयोग एकांगी है। श्रेष्ठ साहित्य का सृजन दोनों के सहभाव में ही सम्भव है।

संदर्भ

अज्ञेय, तार सप्तक, दूसरा सप्तक, तीसरा सप्तक।

नन्ददुलारे वाजपेयी, आधुनिक साहित्य।

अरविंद, सप्तक-काव्य।

नामवर सिंह, आधुनिक साहित्य की प्रवृत्तियाँ।

पाठ (टेक्स्ट)

चिह्नों (साइन) की अर्थगर्भित संरचना को पाठ कहते हैं। साहित्य और साहित्येतर दोनों प्रकार की रचनाओं के अपने-अपने पाठ होते हैं। साहित्येतर रचनाओं में अभिधा का प्राधान्य होता है। वे मूलतः बौद्धिक होती हैं। बौद्धिक रचनाओं की चिह्नों की डिकोडिंग सामान्य होती है। उसके सभी पाठक लगभग एक ही निष्कर्ष पर पहुँचते हैं।

साहित्यिक रचनाओं की भाषा अपने को अजनबी बनाती है। उसे नये सिरे से पहचानना होता है। अपनी अजनबियत के कारण वह इतिहास, अर्थशास्त्र आदि से अलग शास्त्रेतर भाषा बन जाती है। इसी को शैली विज्ञान में विचलन या विपथन भी कहते हैं। साहित्यिक भाषा की अजनबियत को कुन्तक ने 'वक्रोक्ति जीवित' में अपने ढंग से प्रस्तुत किया है।

पाठ चिह्नों (शब्दादि) की अर्थपूर्ण संघटना है। चिह्न या साइन पारम्परिक होगा जिसे उस भाषा से परिचित पाठक डिकोट करता है। संयोजित होकर रचनागत चिह्न स्वायत्त हो जाते हैं इसीलिए भर्तृहरि पूरी रचना को एक वाक्य मानते हैं। शब्दों का संयोजन ही उसका सन्दर्भ है। बाहर उसका कोई सन्दर्भ नहीं होता है। भारतीय आचार्य अर्थ की अन्विति पर जोर देते हैं जबकि पश्चिम की उत्तर-आधुनिकतावादी दरिदा आदि एकार्थता को नहीं स्वीकार करते है। अर्थ की बहलुता के समर्थक हैं। पाठक की अलग-अलग क्षमताएँ होती हैं, उसकी अलग-अलग सामाजिक-सांस्कृतिक पृष्ठभूमियाँ होती हैं, इसलिए उनके अपने-अपने अलग-अलग अर्थ हो जाते हैं। इस सिद्धान्त के अन्तर्गत फोटोग्राफ, संगीत, विज्ञापन, वीडियो, वस्त्राभूषण को भी पाठ माना गया है।

संदर्भ

एण्ड्रु एडगर एंड पीटर सेजविक (सं.) की कांसेप्ट इन कल्चरल थ्योरी, इंडियन इम्प्रिंट (2004)।
एडोर्नो, थियोडोर, एस्थेटिक थ्योरी (1972)।
चारी, वी. के., संस्कृत क्रिटिसिज्म (1993)।

प्राच्यवाद (ओरियेंटलिज्म)

'प्राच्यवाद' का अभिप्राय है पूरब के बारे में पश्चिम का दृष्टिकोण। जो पश्चिम है वह पूरब नहीं है, वह इतर है, दी 'अदर' है। सामान्यतः यूरोप को पश्चिम और एशिया को पूरब मान लिया गया है। प्राच्यवाद पूरब को हीन सिद्ध करता है। उसे

अंधविश्वासी अध्यात्म सपेरों और संन्यासियों का देश कहा गया है। वह स्थिर है, मूक है, स्वयं अपना आख्यान नहीं गढ़ सकता। साम्राज्यवादी और उपनिवेशवादी ताकतों ने अपनी ओर से उसका आख्यान गढ़ने की कोशिश की। तारीफ तो यह है कि एक सीमा तक पूरब इसे ओढ़ लेता है। इसके मूल में पूरब को अधीनस्थ बनाए रखने की आकांक्षा भी थी। सईद अपने 'प्राच्यवाद' में, अपनी त्रुटियों, संकीर्णताओं के बावजूद 'प्राच्यवाद' की अवधारणा को स्थापित करते हैं। पुस्तक का महत्त्व इसी से सिद्ध है कि दुनिया की अनेकानेक भाषाओं में इसका अनुवाद हुआ है और इस पर काफी बहसें हो चुकी हैं और उसका सिलसिला अब भी जारी है।

प्राच्यवाद (ओरियेंटलिज्म) 1978 में लिखी गयी। वास्तव में यह एक विस्थापित बुद्धिधर्मी का आख्यान है। सईद न्यू जेरूसलम (1935) में पैदा हुए थे। इजराइल (1948) यहूदियों के एक अलग देश के रूप में उभरा। जेरूसलम इजराइल का पवित्र शहर है। सईद को वहाँ से निर्वासित होना पड़ा। वे जार्डन और मिस्र में भी रहे। अंततः अमेरिका में जा बसे। लेकिन फिलीस्तीन (जेरूसलम उसी में स्थित था) का दर्द उससे नहीं गया। प्रायः पश्चिम का श्रेष्ठ साहित्य विस्थापितों का साहित्य है—एडोर्नो, बेकेट, बोर्खोज, नोवाकोव इत्यादि का साहित्य। प्राच्यवाद पर बहुत से लोगों का प्रभाव है—नीत्शे, ग्राम्शी, फुको, एडोर्नो, दांते, कोशांबी, रोमिला थापर आदि का। फिर भी 'प्राच्यवाद' उनका अपना है।

'प्राच्यवाद' के विरोधियों की संख्या भी कम नहीं है। उसमें संकीर्णता है, अरब-पक्षधरता है। अपने विरोध में पड़ने वाले प्राच्यवादियों को उन्होंने नज़रअंदाज कर दिया। यह ठीक है कि उन्होंने केवल ब्रिटेन और फ्रांसीसी उपनिवेशवादियों को ही अपने प्राच्यवाद के अंतर्गत रखा है क्योंकि वे लोग पूरब को अधीनस्थ बनाए रखने के लिए उसे हीन सिद्ध करते रहे हैं। पर सर विलियम जोन्स तो ब्रिटिश था। उसे क्यों हटाया गया है। इसीलिए न कि वह भारत के वैशिष्ट्य को बहुत गहराई से जानता था। संस्कृत का अच्छा जानकार था। भारत से वह प्रेम करता था। उसी ने 'बंगाल एशियारिक सोसाइटी' की स्थापना की थी। जोसेफ नीदम ब्रिटिश थे। उन्होंने अपनी पुस्तक में अरब-इस्लामी सभ्यता और भारतीय संस्कृति की उपलब्धियों का विस्तृत वर्णन किया है। इसमें पश्चिम की श्रेष्ठता और पूरब की हीनता का कहीं संकेत भी नहीं है। वह सईदीय प्राच्यवाद के बाहर है।

कार्ल मार्क्स उसकी दृष्टि में प्राच्यवादी है। हबीब के अनुसार इसे सिद्ध करने के लिए मार्क्स की शब्दावली के अर्थ का अनर्थ किया गया है, संदर्भ भी तोड़े-मरोड़े गये हैं। इसे हबीब अनैतिक और लापरवाही भरा बताते हैं।

भारत के सम्बन्ध में यूरोपीय प्राच्यवाद को सामने रखने के लिए वे दो उपन्यासों—किपलिंग के 'किम' (1901) और फारेस्टर के 'ए पैसेज टू इण्डिया' (1924)

का विस्तार से उल्लेख करते हैं। 'किम' में पश्चिमी प्राच्यवाद द्वारा निर्मित आख्यान पूरब है। यहाँ के निवासी आदिकाल से ही कमीशनखोर है। हिन्दू स्वभावतः झूठा होता है, इत्यादि-इत्यादि। एजाज़ अहमद का कहना है कि 'किम' के बारे में वह कुछ नया नहीं कहता। सब कुछ पहले ही कहा जा चुका है। आश्चर्य तो यह है कि इस सामान्य उपन्यास की तुलना उसने हार्डी, जार्ज इलियट, बेकेट, प्रूस्त आदि के उपन्यासों से क्यों की है? 'ए पैसेज टू इण्डिया' में कहा गया है कि भारतीय किसी तरह अनुशासनविहीन है। गंगातट पर सिर्फ गंदगी दिखती है, वह अंग्रेज के अधीन ही रहने लायक है। फारेस्टर को देश में कोई राष्ट्रीय प्रतिरोधी आंदोलन नहीं दिखता।

'प्राच्यवाद' स्वयं एक अंतर्विरोधी पुस्तक है। प्राच्यवाद बाहर से आने वाली ताजी हवा भीतर नहीं आने देता। अपने अनुकूल विचार को गुम कर देता है, स्वयं पूर्णतः धर्म निरपेक्ष नहीं हो पाता। लेकिन इस पुस्तक का महत्त्व इसमें है कि पूरब अपनी अस्मिता के बारे में सचेत होने लगा। यों आज के समय में प्राच्यवाद (ओरियेंटलिज्म) का क्रेज समाप्त हो गया है।

संदर्भ

1. अहमद, एजाज, इन थ्योरी, आक्सफोर्ड, भारत में (2004)।
2. एडगर एंड्रु एंड पीटर एटलेज की कांसेप्ट इन कल्चरल थ्योरी, भारतीय संस्करण (2004)।
3. साही, सदानन्द (सं.) साखी, वाराणसी (2006)।
4. सिंह, पी. एन. नायपाल का भारत, प्रवीण प्रकाशन, दिल्ली (2006)।

प्रामाणिकता

यदि हिन्दी में पारिभाषिक शब्दों के आधार पर छायावाद से लेकर आज तक के साहित्य को पारिभाषिक शब्दावली में समझना हो तो छायावाद (रोमैंटिसिज्म) को 'अनुभूति' से, प्रयोगवादी साहित्य को 'ईमानदारी' से और नयी कविता-कहानी आदि को 'प्रामाणिकता' से समझा जा सकता है। 'ईमानदारी' की अपेक्षा 'प्रामाणिकता' भी नैतिक अनुभव और आत्मसंबद्ध है—लेकिन अधिक श्रमसाध्य और कठोर रूप से यह मुख्यतः आज की दुनिया में मानवीय नियति को रेखांकित करती है और जिन्दगी के सामाजिक पक्षों के प्रसन्न तथा सुखद आयाम को प्रायः स्वीकार नहीं करती। यह संस्कृति को फ़ंतासी, झूठ और अनुष्ठान (रिचुअल) मानती है। संस्कृति में जिन वस्तुओं का विरोध करते हुए निषिद्ध ठहराया गया उन्हें 'प्रामाणिकता' के

आधार पर स्वीकार किया गया। आस्था, ऋत, व्यवस्था, अहिंसा आदि संस्कृति में वरेण्य हैं जबकि प्रामाणिकता के अंतर्गत अनास्था, अव्यवस्था, हिंसा आदि के लिए पूरा अवकाश है।

वील्डे के इस कथन में कि 'अपने को जानो' की जगह 'तुम वह बनो जो तुम हो' सार दिखायी पड़ता है। पूँजीवादी व्यवस्था और मशीनी सभ्यता में मनुष्य वह होता है जो वह नहीं होना चाहता। साँचे-ढली जिन्दगी में उसकी वैयक्तिकता का रस समाप्त हो जाता है। नाम का स्थान नम्बर ले लेता है। गणितीय पद्धति पर चलता हुआ जीवन अत्यधिक अप्रामाणिक हो उठता है। सही प्रामाणिकता का साहित्य इस यंत्रगतिक व्यवस्था में मानवीय नियति को रेखांकित करता हुआ उसे आदमी बनाना चाहता है। पूँजीवादी व्यवस्था में आदमी पैसे का पर्याय हो जाता है। अजनबियत में रहना उसकी नियति बन जाती है। प्रामाणिक साहित्य आदमी की आन्तरिकता की रक्षा के लिए प्रयत्नशील रहता है। लेकिन जब उसका लक्ष्य हताशा, निरर्थकता, अजनबियतता का चित्रण मात्र रह जाता है तो वह प्रामाणिक तो हो सकता है, किन्तु यह बीमार प्रामाणिकता है जिसमें आदमी की नियति तो है लेकिन उसे आदमी बनाने की दिशा में यानी होने की दिशा में कोई प्रयत्न नहीं है। ऐसा साहित्य आदमी की जिस आन्तरिकता को लेकर चलता है, उसी की मौत हो जाती है।

संदर्भ

लियोनेल ट्रिलिंग, सिंसियरिटी एंड आथेंटिसिटी।

जान मैक्वेरे, इक्जिस्टेंशियलिज्म।

योगेन्द्र साही, अस्तित्ववाद।

प्रासंगिकता

आधुनिक आलोचना में, विशेष रूप से समकालीन आलोचना में, इस शब्द का प्रायः प्रयोग होने लगा है। इसके आधार पर रचना की समकालीन उपयोगिता का आकलन किया जाता है। किन्तु यह अत्यधिक विवाद्य आलोचनात्मक शब्द है।

'प्रसंग' शब्द का प्रयोग देवी भागवत में अनेक स्थलों पर अनेक अर्थों में हुआ है। मुख्यतः इसका अर्थ है 'संगति-विशेष'। सूर और तुलसी की रचनाओं में भी वार्ता, विषय संयोग, प्रस्ताव, प्रकरण आदि अर्थों में यह प्रयुक्त हुआ है। 'बिनु प्रसंग तहँ

गयो न जाइ'—सूर। 'मनु मुकतामणि मरकत गिरि पर लसत ललित रवि किरन प्रसंग'—तुलसी। 'अब सोई कहौं प्रसंग सब सुमिरि उमा वृष केतु'—तुलसी।

प्रासंगिकता को संगति-विशेष के अर्थ में लिया जा सकता है—काल-विशेष के संदर्भ में और मूल्य के संदर्भ में। दूसरे शब्दों में यह भी कहा जा सकता है कि समकालीन जीवन-मूल्यों के संदर्भ में साहित्य की अर्थवत्ता की तलाश का नाम प्रासंगिकता है, क्योंकि नयी मूल्यवत्ता बराबर समकालीन होगी। मानवीय जीवन में अपने समय के प्रति इतना तीखा कालबोध कभी नहीं देखा गया। इसी का फल है कि हम साहित्य से प्रासंगिकता की माँग करते हैं।

कुछ लोग इसे 'स्वाधीनता', 'मानवता', 'रचनात्मकता' आदि से जोड़ते हैं। ये शब्द इतने गोल और पिटे हुए हैं कि इनमें सार्थक अर्थ देने की क्षमता ही निःशेष हो गयी है। कुछ लोग इसे उस सामाजिक बदलाव के साथ जोड़ते हैं जो मनुष्य को जीने की बेहतर दिशा दे सके। किन्तु हर साहित्यिक कृति इस अर्थ में प्रासंगिक न होती है और न हो सकती है। तब इन रचनाओं के संदर्भ में प्रासंगिकता का क्या अर्थ होगा?

तो क्या इसे 'शाश्वतता', रसवादियों के 'आनंद' में खोजा जाए? इतिहास की समूची प्रक्रिया को लाँघ कर शाश्वत कुछ नहीं होता। कला ऐतिहासिकता का अतिक्रमण करती है, किन्तु समूची ऐतिहासिक प्रक्रिया का नहीं। वह उसी में होती है और उसे पूर्णता की ओर उन्मुख करती है, स्वयं उससे प्रभावित होती हुई। 'आनंद' शब्द तो पहले ही असंतोषजनक सिद्ध हो चुका है।

समूची ऐतिहासिक प्रक्रिया मनुष्य को मनुष्य बनाने की दिशा में अनन्त दौड़ लगा रही है। कला की प्रासंगिकता 'मनुष्य होने' के भयावह संकट के संवेदनात्मक साक्षात्कार में निहित है। और यह साक्षात्कार उसी की भाषा और संरचना के माध्यम से होता है। वॉन गोग और सेजाँ के चित्रों की अपनी भाषा है, तुलसी, कालिदास, तोलोस्ताय, टामस मन, काफ्का आदि की अपनी भाषा। उनमें अर्थों की अनेक तहें हैं। ये तहें केवल कला में होती हैं। किसी एक या एक से अधिक अर्थ-तारों से टकराकर पाठकों या दर्शकों के मानस में मनुष्य होने की जो आस्थापूर्ण झंकृति पैदा होती है वही प्रासंगिकता है।

संदर्भ

शब्द कल्पद्रुम (1967)।

हिन्दी शब्दसागर (1969)।

सच्चिदानन्द, वात्स्यायन, अद्यतन (1978)।

निर्मल वर्मा, कला का जोखिम (1981)।

फैंटेसी

'फैंटेसी' मनोविज्ञान का शब्द है। इसका सम्बन्ध स्वप्न और अवचेतन मन में घटित होने वाली घटनाओं की विघटित और बेतरतीब बिम्बावलियों से है। साहित्य या काव्य में यह एक टेकनीक के रूप में प्रयुक्त की जाती है। इसमें भी बिम्बों, प्रतीकों, मिथकों आदि को अतर्कानुमोदित पद्धति पर उपस्थित किया जाता है। एक फैंटेसी रूपक हो सकती है। पर जहाँ पूरी कविता में फैंटेसियाँ ही फैंटेसियाँ हों वहाँ उनके टैक्श्चर में काफी भिन्नता होती है। एक टैक्श्चर दूसरे टैक्श्चर का विपरीतार्थक या विसंगत्यात्मक कुछ भी हो सकता है। फैंटेसी की केवल मानसिक शक्ति नहीं है, उसकी बिम्बात्मक और निगूढ़ अर्थवत्ता उसके विघटन और विशृंखलन पद्धति में निहित होती है।

हिन्दी में मुक्तिबोध की कविताओं में फैंटेसी का प्रचुर प्रयोग हुआ है। उन्होंने प्रसाद की 'कामायनी' को भी फैंटेसी माना है। किन्तु 'कामायनी' की बिम्बावलियाँ विशृंखलित और विघटित नहीं हैं। लज्जा सर्ग के सभी बिम्बों को देखने से पता लगता है कि वे अच्छी तरह समायोजित और शृंखलाबद्ध हैं। अपने सारे प्रयास के बावजूद वे फैंटेसी के स्वरूप का उद्‌घाटन नहीं कर सकते हैं। 'कामायनी : एक पुनर्विचार में उन्होंने फैंटेसी की जिन वस्तुगत विशेषताओं का उल्लेख किया है वे किसी अन्य विधा में भी पायी जाती हैं। इसमें संदेह नहीं कि वे फैंटेसी का सैद्धांतिक विवेचन नहीं कर पाए हैं, पर उनकी कविताएँ मिश्रित रूप से अपने विन्यास में फैंटेसी हैं।

उनकी कोई कविता उठा लीजिए, उसमें अनेक प्रकार के प्रकाश-अंधकार के भयंकर बिम्ब, प्रतीक, मिथक मिलेंगे। ऐसा लगता है कि एक स्वप्न चल रहा है। स्वप्न में दिखाई पड़ने वाले बिम्बों को एक के बाद एक को रख दिया गया है। उनके बिखराव में भी विशिष्ट संयोजन है।

फ्रायडीय मनोविज्ञान ने फैंटेसी के अध्ययन की नयी दिशा खोज ली है। फ्रायड के मतानुसार, स्वप्नगत फैंटेसी जीवनगत अनुभवों का विघटित रूपांकन है। इनका अध्ययन मन की अतल गहराइयों को खोज निकालने का प्रयास है। मुक्तिबोध की फैंटेसी सामूहिक अवचेतन को ही प्रकाशित करती है।

संदर्भ

मुक्तिबोध, एक साहित्यिक की डायरी।

फ्रायड, स्वप्नसिद्धान्त।

शिल्पे, ए डिक्शनरी ऑफ़ वर्ल्ड लिटरेरी टर्म्स।

नामवर सिंह, कविता के नये प्रतिमान।

बिम्ब

बिम्ब अंग्रेजी के 'इमेज' शब्द का हिन्दी रूपान्तरण है। आज की आलोचना में इस शब्द का भूरिशः प्रयोग हो रहा है। फिर भी काफ़ी हद तक यह अब भी अस्पष्ट बना हुआ है। लेविस बिम्ब को शब्द-निर्मित चित्र मानता है। अनेक बिम्बों द्वारा निर्मित कविता तो अपने-आप में बिम्ब है ही। इसकी परिभाषाएँ भी एक नहीं अनेक हैं—'यह ऐंद्रिय माध्यम द्वारा आध्यात्मिक अथवा बौद्धिक सत्यों तक पहुँचने का मार्ग है', 'बिम्ब किसी अमूर्त विचार अथवा भावना की पुनर्निर्मिति है', 'बिम्ब पदार्थों के आन्तरिक सादृश्य की अभिव्यक्ति है।' जाहिर है कि इनमें से एक परिभाषा भी बिम्ब को उसकी सम्पूर्णता में व्याख्यायित नहीं कर पाती।

सन् 1908 में हूल्मे और फ्लिंट ने बिम्बवाद पर एक घोषणापत्र प्रकाशित किया। आचार्य रामचन्द्र शुक्ल ने फ्लिंट को ही इसका प्रवर्तक माना है। 1912 से 17 तक लंदन और अमेरिका में बिम्बवाद का एक आन्दोलन ही चल पड़ा। इसके अगुआ थे—एजरा पाउंड। इस आन्दोलन में ड्रलिट्ल, डी.एच. लारेन्स, लोवेल, कैरोल विलियम्स, रिचार्ड एलिंगटन आदि भी शामिल थे।

हिन्दी समीक्षा में इस शब्द का सर्वप्रथम प्रयोग आचार्य रामचन्द्र शुक्ल ने अपने एक निबन्ध 'भाव या मनोविकार' (1915) में किया। अपने कुछ और निबन्धों में शुक्ल जी ने इस प्रत्यय को अपने ढंग से पद्धतिबद्ध करने की सार्थक कोशिश की है। बिम्ब का इतना सटीक और बौद्धिक निरूपण शुक्ल जी जैसा आचार्य ही कर सकता था। पश्चिम के आलोचकों ने इसे सुलझाने की जगह उलझाया अधिक है।

शुक्ल जी के मतानुसार, बिम्ब-योजना विभाव के अंतर्गत होती है, चित्रण उसका मुख्य धर्म है। इसकी दूसरी विशेषता है संश्लिष्ट रूपविधान। बिम्ब व्यक्ति या विशेष का होगा, सामान्य या जाति का नहीं। कविता में बिम्बग्रहण होता है, अर्थग्रहण नहीं। उन्होंने लिखा है, 'काव्य का काम कल्पना में बिम्ब (इमेज) या मूर्तभावना उपस्थित करना है, बुद्धि के सामने कोई विचार (कान्सेप्ट) लाना नहीं।'

यदि बिम्ब की कोई परिभाषा बनानी हो तो उसे यों प्रस्तुत किया जा सकता है—'किसी भाव, विचार, वस्तु, घटना आदि का इन्द्रिय संवेद्य काल्पनिक शब्द-बद्ध संमूर्तन काव्य-बिम्ब है। बिम्ब का ऐन्द्रिय संवेद्य होना अनिवार्य है, क्योंकि इसके अभाव में उसका रचनात्मक होना सम्भव नहीं है। काव्य-बिम्बों में रूप, रस, गंध, स्पर्श और स्वाद के बिम्ब समाहित हैं। बिम्बों का इतना वैविध्य साहित्य की किसी अन्य विधा अथवा कला के किसी अन्य रूप में नहीं मिलेगा।

सादृश्य मूल्य अलंकारों में भी बिम्बों का अनुप्रवेश रहता है—उपमा, रूपक, उत्प्रेक्षा आदि में। इन अलंकारों के दो पक्ष होते हैं—प्रस्तुत और अप्रस्तुत। इन दोनों

के बीच एक प्रकार का सादृश्य या बिम्ब-प्रतिबिम्ब भाव रहता है। किन्तु बिम्ब विसादृश्य के आधार पर भी निर्मित होता है। लक्षणा-व्यंजना से भी बिम्ब निर्माण किया जाता है। लेकिन बिम्ब में जो विस्तार और वैविध्य होता है वह न सादृश्यमूलक अलंकारों में है न लक्षणा-व्यंजना में।

बिम्ब-निर्माण की प्रक्रिया को शुक्लजी बहुत सही ढंग से रूप-विधान कहते हैं। रूप-विधान के तीन प्रकार हैं—प्रत्यक्ष रूप-विधान, स्मृति रूप-विधान और कल्पित रूप-विधान। कल्पित रूप-विधान ही काव्य-प्रक्रिया के अंतर्गत आता है। लेकिन पहले दोनों रूप विधान इसके कारण हैं। इससे स्पष्ट है कि बिम्ब का सम्बन्ध केवल नवीन संवेद्य अर्थवत्ता से ही न होकर पूरी काव्य-संरचना से होता है।

संदर्भ

रेने वेलेक, आस्टिन वारेन, साहित्यसिद्धान्त।

स्पर्जियन, शेक्सपियर्स इमेजरी।

रामचन्द्र शुक्ल, चिन्तामणि भाग 1, 2।

केदारनाथ सिंह, आधुनिक हिन्दी कविता में बिम्ब-विधान का विकास।

नगेन्द्र, काव्यबिम्ब।

कुमार विमल, सौन्दर्यशास्त्र के तत्त्व।

भाव

भाव की सर्वप्रथम व्याख्या भरत के 'नाट्यशास्त्र' में मिलती है—'भावाः इति कस्मात्। किं भवन्तीति भावाः, किं भावयन्तीति भावाः'—भाव कैसे व्याख्यायित हो? जो होते हैं वे भाव हैं अथवा जो भावित करते हैं वे भाव हैं? वे भाव का प्रयोग भावित होने के अर्थ में ही करते हैं—भावित यानी वासित। जैसे गन्ध से वातावरण वासित या भावित या व्याप्त हो उठा।

उनके मतानुसार, भाव विभावों द्वारा निष्पन्न होता है, चतुर्विध अभिनय द्वारा कवि के हृदयगत भावों को सहृदय के चित्त में व्याप्त करता है। भाव का अभिप्राय है—वह काव्यार्थ जो सहृदयों के चित्त को व्याप्त कर ले।

स्पष्ट है, भरत भाव का प्रयोग नाट्य के संदर्भ में करता है। इससे रस का भावन होता है। इसके अंतर्गत विभाव, अनुभाव और संचारी—सभी का समावेश हो जाता है। पर बाद में उन्होंने विभावों-अनुभावों को पृथक कर दिया है और भावों की संख्या उनचास निर्धारित की है—8 स्थायी + 33 संचारी + 8 सात्विक।

अभिनवगुप्त ने भाव को चित्तवृत्ति रूप माना है। उनके मतानुसार, प्राक्तन संस्कार रूप में निहित रागादि को भावित अथवा व्यंजित करने वाली चित्तवृत्तियाँ ही भाव हैं। दूसरे शब्दों में, रस-व्यंजक चित्तवृतियाँ ही भाव हैं। इसके अंतर्गत स्थायी, संचारी तथा सात्विक का समावेश है। विशिष्ट अवस्थाओं में संचारी, अनुभाव और विभाव भी इसमें अन्तर्भुक्त हो जाते हैं। धनंजय और धनिक इसकी सीमा को संकुचित करते हुए इसके अंतर्गत केवल स्थायी और संचारियों को समाविष्ट करते हैं।

मम्मट का भाव लक्षण है–'रतिर्देवादिविषया व्यभिचारी तथा जतः' (का. प्र. 4/28 सू.) देवादि विषयक रति (आदि सभी स्थायी भाव) और व्यभिचारी-भाव की व्यंग्य अवस्था भाव है। मतलब यह कि कांता विषयक रति व्यक्त होकर, विभावादि से पुष्ट होकर, श्रृंगार की संज्ञा पाती है। पर देवादि विषयक रति पुष्ट होकर भी–विभावादि से पुष्ट होकर भी–रस की कोटि में नहीं जा सकती। प्रश्न होता है कि जब विभावादि से पुष्ट होकर सभी स्थायी रस की कोटि में पहुँच जाते हैं तब देवादि विषयक रति को केवल भाव की कोटि में ही क्यों रखा गया है? सम्भवतः धार्मिक संस्कारों के कारण देवादि विषयक रति में पाठक तन्मयीभूत नहीं हो पाता। इसीलिए मम्मट इन्हें भाव ही कहते हैं। इससे स्पष्ट है कि वे भाव की कोटि में दो ही बातों को रखते हैं–कांतेतर रति आदि और व्यभिचारी भाव।

भरत, अभिनवगुप्त, धनिक-धनंजय और मम्मट के मत विचार्य हैं। भरत भाव को एक और व्यापक अर्थ में प्रयुक्त करते हैं जिसमें विभाव, अनुभाव और संचारी सभी का समावेश हो जाता है; दूसरी ओर, स्थायी, संचारी और सात्विक का; पर भावों को चित्तवृत्तियों के रूप में ही लिया जा सकता है। विभाव चित्तवृत्तियों (भाव) का विभावन (बोध) कराने वाले कारण या निमित्त हैं। अतः वे चित्तवृत्ति स्वरूप नहीं हैं। अभिनव ने भी स्थायी, संचारी और सात्विकों को ही इनमें अंतर्भुक्त किया है। गोविन्द ठाकुर ने मम्मट के अस्पष्ट और भ्रांति-मूलक कथन को संगत अर्थ देने की कोशिश की है। देवादि विषयक रति को उपलक्षण कहकर अपुष्ट स्थायी-मात्र मान लिया है। किन्तु इससे मम्मट के कथन में अस्पष्टता के दोष का परिहार नहीं हो पाता।

इस सम्बन्ध में धनिक-धनंजय का मत ही सबसे साफ-सुथरा मालूम पड़ता है। वे भाव में स्थायी और संचारी को ही अन्तर्भुक्त करते हैं। सात्विकों को उन्होंने छोड़ दिया है। रोमांच, स्वेद आदि स्पष्टतः शरीर के विकार हैं। इन्हें चित्तवृत्ति रूप भाव के रूप में नहीं लिया जा सकता। विश्वनाथ, रामचन्द्र, गुणचन्द्र और भानुदत्त भी इन्हें अनुभाव मानते हैं। अतः मनोवैज्ञानिक दृष्टि से इन्हें भावों में शामिल नहीं किया जा सकता। 'रस तरंगिणी' कार भानुदत्त ने 'सत्व' शब्द को प्राणिवाचक माना है और उसका अर्थ किया है–'जीव-शरीर'। सात्विक जीव शरीर के धर्म हैं। अतः भावों में स्थायी और संचारी की गणना की जानी चाहिए। संचारियों के सम्बन्ध में

पुनः प्रश्न उठाया गया कि उनमें से सब-के-सब चित्त वृत्ति स्वरूप नहीं हैं। कुछ ऐसे भी हैं जिन्हें शरीरी कहा जाएगा। जैसे मद, श्रम, निद्रा आदि। पंडितराज जगन्नाथ ने इस प्रश्न को दार्शनिक पद्धति पर सुलझाने का प्रयास किया। चित्त की सभी अवस्थाएँ—चाहे वे सुखात्मक हों, दुखात्मक हों, ज्ञानात्मक वृत्त रूप ही हैं। जिन अवस्थाओं में चित्त अक्रियमाण रहता है उन्हें भी चित्त की विशेष वृत्तियों के रूप में लिया गया है। 'मद' को उन्होंने उल्लास-परक चित्तवृत्ति माना है। 'श्रम' शरीर-व्यापार नहीं, बल्कि तज्जन्य मानसिक शैथिल्य है। चित्त की सम्मीलनात्मक अवस्था ही निद्रा है।

आचार्य रामचन्द्र शुक्ल ने भाव को मनोविज्ञान के प्रकाश में समझने का प्रयास करते हुए लिखा है—'प्रत्ययबोध, अनुभूति और वेग-युक्त प्रवृत्ति इन तीनों के गूढ़ संश्लेष का नाम 'भाव' है।' पर साहित्य में भाव जिस विशिष्ट अर्थ में प्रयुक्त किया गया है वह मनोविज्ञान की सीमाओं के परे है। शैंड और मक्डूगल के सारे विवेचन उसे समझने-समझाने की जगह और उलझा देते हैं।

संदर्भ

प्रेमस्वरूप गुप्त, रसगंगाधर का शास्त्रीय अध्ययन।

नगेन्द्र, रस-सिद्धान्त।

आनन्दप्रकाश दीक्षित, रस-सिद्धान्त : स्वरूप, विश्लेषण।

मम्मट, काव्यप्रकाश।

मार्क्सवादी समीक्षा

मार्क्सवादी समीक्षा, जैसा इसके नाम से स्पष्ट है, मार्क्सवादी सिद्धान्तों पर आधारित है। मार्क्स ने साहित्य और उसके सौन्दर्यशास्त्र पर स्फुट विचार व्यक्त किए हैं किन्तु कालान्तर में उसे पद्धतिबद्ध करने की कोशिश होती रही। अब तो इसे लेकर अनेक मत दिखायी पड़ते हैं। किन्तु सभी ने उसके मूलभूत सिद्धान्तों को ध्यान में रखा है।

मार्क्सवादियों की दृष्टि में समाज का बुनियादी आधार आर्थिक है; साहित्य, कला, संगीत, राजनीति, दर्शन, कानून आदि ऊपरी ढाँचे (सुपर स्ट्रक्चर) हैं। आर्थिक ढाँचे में परिवर्तन आने पर ऊपरी ढाँचे में भी परिवर्तन आता है। किन्तु परिवर्तन की प्रक्रिया काफ़ी जटिल है। परिवर्तन की इस प्रक्रिया को ऐतिहासिक भौतिकवाद के सहारे उसकी विभिन्न मंजिलों—आदिम साम्य-व्यवस्था, सामन्तीय प्रणाली और पूँजीवादी व्यवस्था—के आधार पर समझने की कोशिश की गयी है।

मार्क्स ने कहा है कि मनुष्य की चेतना उसके जीवन को निर्धारित नहीं करती, बल्कि उसका सामाजिक अस्तित्व उसकी चेतना को निर्धारित करता है। उत्पादन-सम्बन्धों के संदर्भ में मनुष्य कुछ निश्चित रिश्तों में बँधता है। यह उसकी अपनी इच्छा से बिल्कुल स्वतन्त्र होता है। उत्पादन-सम्बन्ध का अभिप्राय है उत्पादन प्रक्रिया में लगे व्यक्तियों का पारस्परिक सम्बन्ध और उत्पादन के साधनों से उसका सम्पत्तिमूलक रिश्ता (प्रापर्टी रिलेशन)। इस सम्बन्ध में सामाजिक सम्बन्ध में ही उसके विचार, प्रत्यय अवधारणाएँ आदि निर्मित होती हैं। साहित्य को समझने का मतलब इस समग्र सामाजिक प्रक्रिया को समझना है। किन्तु मार्क्सवादी समीक्षा का कार्य इससे कुछ ज्यादा होता है यानी भाषा, शैली, शिल्प, रूप को भी देखना पड़ता है। इनके आधार पर ही सामाजिक तथ्यों का कलात्मक रूपान्तरण होता है। स्मरण रखना होगा कि कलात्मक औजार भी एक खास ऐतिहासिक संदर्भ में ही आविष्कृत होते हैं। किन्तु इसके साथ यह नहीं भूलना होगा कि समीक्षा में ऐतिहासिक अभिगम की अपेक्षा इतिहास की क्रांतिकारिता की समझदारी अधिक महत्त्वपूर्ण है।

यद्यपि साहित्य में पूँजीवादी व्यवस्था में लिखे जाने वाले साहित्य में वर्ग संघर्ष और आर्थिक स्थितियों का चित्रण अनिवार्य माना जाता है, फिर भी साहित्य को इसमें सीमित नहीं किया जा सकता। बुनियादी आधार और ऊपरी ढाँचे में कोई आनुपातिक संगति नहीं होती है। कला के अपने आन्तरिक नियम होते हैं, वर्ग-संघर्ष उसके लिए लक्ष्मण-रेखा नहीं है। ट्राट्स्की, ब्रेश्ट, एडोर्नो आदि कला को काफ़ी हद तक स्वायत्त मानते हैं। उत्पादन के तरीक़े (मोड) से इसका सरलीकृत सम्बन्ध नहीं है।

कुत्सित मार्क्सवादी कला को अवधारणाओं की प्रतिकृति मानते हैं। फ़ायरबाख ने कहा है कि अवधारणाएँ कलावस्तु से एकदम भिन्न नहीं होतीं, पर दोनों के सम्बन्ध काफ़ी जटिल हैं। अन्र्स्ट फ़िशर 'आर्ट अगेंस्ट आडियोलॉजी' (1969) में लिखता है कि प्रामाणिक कला अवधारणाओं के प्रतिबंधों को लाँघ जाती है और वह उस यथार्थ को अन्वेषित कर लेती है जिसे अवधारणाएँ छिपा रखती हैं। अलथूसर के मतानुसार अवधारणाएँ स्थितियों का प्रत्यक्षमूलक ज्ञान कराती हैं, किन्तु कला उन स्थितियों की भावानुभूति कराती है।

वस्तु और रूप को लेकर भी मार्क्सवादी समीक्षकों में पर्याप्त मतभेद रहा है। कट्टर मार्क्सवादी कला-समीक्षा में अपने को वस्तु तक ही सीमित रखते हैं। रूपासक्ति कला को सौन्दर्यशास्त्रीय क्रीड़ा में परिणत कर देती है। किन्तु मार्क्स स्वयं वस्तु-रूप की एकता का विश्वासी था। आत्यन्तिक रूपवाद का वह विरोधी था, क्योंकि इससे 'पर्वर्टेड कांटेंट' का जन्म होता है। सामान्यतः मार्क्सवादियों का कहना है कि वस्तु रूप के पहले है, यानी वस्तु अपने रूप को अन्वेषित करती है। वे दोनों में द्वन्द्वात्मक सम्बन्ध मानते हैं। रूप निष्क्रिय तत्त्व नहीं है, वह वस्तु को प्रभावित करता है। वस्तु और रूप में द्वन्द्वात्मक रिश्ता है, दोनों एक-दूसरे को प्रभावित करते रहते हैं।

लुकाच के बाद ब्लाक, फ़िशर बैंजामिन, गोल्डमन, एडोर्नो आदि ने मार्क्सवादी समीक्षा और सौन्दर्यशास्त्र को नये आयाम दिए हैं जिनसे मार्क्सवादी समीक्षा और सौन्दर्यशास्त्र सम्पूर्णता की ओर अग्रसर हुए हैं।

संदर्भ

टेरी एग्लिटन, मार्क्सिज़्म एंड लिटरेरी क्रिटिसिज़्म।

लेनिन, ऑन लिटरेचर एंड आर्ट।

मार्क्स, ऐंजिल्स, ऑन लिटरेचर एंड आर्ट।

विजयशंकर मल्ल, हिन्दी काव्य में प्रगतिवाद।

बच्चन सिंह, आलोचक और आलोचना।

मानववाद

मनुष्य की श्रेष्ठता का उद्घोष भारतीय शास्त्रकारों ने बहुत पहले से कर रखा है। पर मानववाद की प्रतिष्ठा उस समय हुई जब उसे धर्म, ईश्वर और परलोक से अलग करके इहलौकिकता के धरातल पर उतारा गया। लेकिन स्वयं मानव क्या है उसे सामाजिक पशु कहा गया है। वह समाज के प्रति जिम्मेदार है, अपने प्रति सचेत है, सोचने-विचारने वाला प्राणी है। पशु से विकसित होते हुए वह मानव बन पाया है। फिर भी पशुता उसमें शेष है। आहार, निद्रा, भय, मैथुन आदि सभी प्राणियों में पाए जाते हैं। पशुता से ऊपर उठने पर ही मनुष्य मनुष्य हो पाता है।

मानववादी चेतना के फलस्वरूप पहला काम यह हुआ कि मनुष्य-मनुष्य की समता का भाव जगा। धर्म, देश, वर्ण, जाति के आधार पर मनुष्य-मनुष्य में भेद की अभेद्य दीवाल को तोड़ने की कोशिश की गयी। कबीर ने इस दिशा में ज़ोरदार पहल की थी। आधुनिक युग में छायावादी कवियों ने इसके विरुद्ध आवाज़ उठायी।

मानव एक ओर व्यक्ति है, और दूसरी ओर, सामाजिक प्राणी। व्यक्ति और समाज के अन्तर्वैयक्तिक सम्बन्धों पर ध्यान न देने के कारण कुछ लोग व्यक्ति स्वातन्त्र्य पर ज़ोर देते हैं तो कुछ लोग सामाजिकता पर। मनुष्य होने का अर्थ स्वतन्त्र होना है। घिसी-पिटी परम्परओं, रूढ़ियों के विरुद्ध स्वयं का निर्णय मनुष्य को मनुष्य बनाता है। इसी को कुछ लोग अन्तरात्मा का विवेक कहते हैं। 'अन्तरात्मा का विवेक' का कोई ठोस अर्थ नहीं होता। मानव की यह परिकल्पना मार्क्सवादी नियतिवाद से मुक्ति की परिकल्पना है—'अन्तरात्मा का विवेक' रोमैंटिक परिकल्पना है : जितने व्यक्ति उतनी परिकल्पनाएँ।

ये परिकल्पनाएँ यथास्थिति की पोषक और मानवीय रूपान्तरण की विरोधी हैं। वस्तुतः मानववाद के मूल में सकर्मक करुणा निहित है जो लघु मानव की ओर प्रवाहित होती है। वर्गों में बँटे हुए मनुष्यों में मानववादी विचारधारा लघु मानव का साथ देकर ही मानववादी हो सकती है। साहित्य में यह साथ संवेदना के धरातल पर ही सम्भव है।

संदर्भ

नवलकिशोर, आधुनिक हिन्दी उपन्यास और मानवीय अर्थवत्ता।

मुक्तिबोध, नये साहित्य का सौन्दर्यशास्त्र

रामविलास शर्मा, आस्था और सौन्दर्य।

नामवर सिंह, इतिहास और आलोचना।

मिथक

अंग्रेजी शब्द 'मिथ' को ही हिन्दी में 'मिथक' कहा जाता है। मिथक के अतिरिक्त इस शब्द के लिए दंतकथा, पुरावृत्त, धर्मगाथा, पुराकथा और पुराख्यान शब्दों का भी प्रयोग किया गया है। पर अब 'मिथक' शब्द सर्वमान्य हो गया है। 'मिथ' यूनानी 'माइथोस' से निकला है। 'माइथोस' का अर्थ है अतर्क्य आख्यान। 'माइथोस' का विलोम है 'लागोस', यानी तार्किक संलाप। मिथक में तर्क की कोई संगति नहीं होती। इसमें व्यक्त भावनाओं, विचारों और घटनाओं के संबंध सूत्र अत्यधिक उलझे हुए, तर्केतर और गड्डमड्ड होते हैं। मनोविज्ञान, नृतत्त्वशास्त्र और प्रतीकों के माध्यम से इसके उलझे हुए सूत्रों को सुलझाने का प्रयास किया गया है।

मिथक आदिम मनुष्य की भाषा है जिसके माध्यम से वह जीवन और प्रकृति के रहस्यों के प्रति अपनी प्रतिक्रियाओं को अलौकिक गाथाओं के रूप में अभिव्यक्त करता था। यह आदिम यथार्थ के प्रति सामूहिक अचेतन मन का सहजस्फूर्त बिम्बात्मक सृजन है। सूर्य का उगना, चन्द्रमा की शीतलता, बादलों की उमड़-घुमड़, बिजली की चमक, फसलों का उगना आदि उसकी दृष्टि से विस्मयात्मक रोमांचकारी और रहस्यात्मक व्यापार थे। इन्हीं व्यापारों के इर्द-गिर्द मिथक-चक्र घूमा करता था।

मनोवैज्ञानिकों में फ्रायड और युंग ने अपने-अपने ढंग से मिथक को अर्थ देने का प्रयास किया है। दोनों की दृष्टि में यह अवचेतन मन की प्रतीकात्मक अभिव्यक्ति है। फ्रायड के मनोविश्लेषणशास्त्र का मूलाधार अवदमित यौन भावनाएँ हैं। मिथक

भी आदिम मनुष्य की दमित यौन भावनाओं का प्रतीमूलक व्यक्तीकरण है। युंग मानस के तीन स्तरों का उल्लेख करता है—चेतन, वैयक्तिक अवचेतन और सामूहिक अवचेतन। सामूहिक अवचेतन को प्रजातीय भी कहता है। वैयक्तिक अवचेतन सतह पर रहता है। शैलीविज्ञान की शब्दावली में यह 'सरफ़ेस स्ट्रक्चर' है। सामूहिक अवचेतन अत्यन्त गम्भीर और व्यापक होता है। इसे 'डीप स्ट्रक्चर' कहा जा सकता है। सामूहिक अवचेतन में देश-कालातीत संस्कार समाहित रहता है। इसे वह आदिम बिम्ब भी कहता है। वह कहीं-न-कहीं आज भी हमारे मन में दुबका हुआ है और कल भी निःशेष नहीं होगा। प्रजातीय अवचेतन का आदिम बिम्ब मिथक है।

समाजशास्त्री (इथनोलॉजिस्ट) और नृतत्त्वशास्त्रवेत्ता मिथक का जो विश्लेषण करते हैं वह मनोवैज्ञानिकों से भिन्न है। फ्रांसीसी समाजशास्त्री डर्कहीम के मतानुसार मिथक का सम्बन्ध प्रकृति से नहीं, समाज से है। उसके बुनियादी अभ्युद्देश्य प्रक्षेपित सामाजिक जीवन के अतिरिक्त कुछ नहीं हैं। मलिनोव्स्की का कहना है कि मिथक न तो प्रकृति के प्रति चामत्कारिक प्रतिक्रिया है और न विगत का आलेख। उसका प्रयोजन सामाजिक व्यवस्था का संरक्षण और संचालन है। उसके अध्ययन को प्रकार्यवादी अध्ययन कहा जाता है जो मूलतः मानवतावादी है। प्रसिद्ध नृतत्त्वशास्त्रवेत्ता लेबी स्त्रोस मिथक को विशुद्ध मानसिक रूपात्मक क्रिया कहता है। न तो सामाजिकता और ऐतिहासिकता से उसका कोई सम्बन्ध है और न मानवीयता से। वह आदिम संस्कृतियों की संरचना का तुलनात्मक अध्ययन करता है। दूसरे शब्दों में, वह रूपवादी है। पर वह भी सामूहिक अचेतन मन की अभिव्यक्ति को ही मिथक मानता है।

भाषा के संदर्भ में मिथक की समस्या को विको, हरडर, कैसिरर और लैंगर ने उठाया है। विको के मतानुसार भाषा की उत्पत्ति सांकेतिक अभिव्यक्ति से हुई। मिथक भाषा-विकास की एक मंजिल है। कविता की चर्चा करते हुए भी विको मिथक और कविता का पार्थक्य नहीं बता सका। कैसिरर हरडर के इस मत से कि भाषा मिथक से पैदा हुई है, सहमत नहीं हो सका। उसकी दृष्टि में भाषा और मिथक का मूल उद्गम एक ही है।—प्रतीकात्मक निर्मिति की भावात्मकता। भावात्मकता का मतलब है सामान्य ऐन्द्रियबोध का सांद्रीकरण और उदात्तीकरण। किन्तु मैक्समूलर मिथक की उत्पत्ति भाषा से मानता है और मिथक को भाषा का रोग कहता है। भाषा के रोग का अर्थ विचारों का रोग है, क्योंकि भाषा और विचार अभिन्न हैं। परमेश्वर को अपराधी, क्रोधी और हिंसक के रूप में प्रस्तुत करना पागलपन के सिवा और क्या है? मिथक भाषा या विचार का रोग हो या न हो, किन्तु भाषा के पहले मिथक की उत्पत्ति तर्कसंगत नहीं है। कैसिरर भाषा और मिथक का मूल उद्गम भावात्मकता को मानता है। प्रश्न हो सकता है कि काव्य का उद्गम भी तो वही है। तो क्या दोनों का प्रादुर्भाव एक साथ माना जाए? कहना न होगा कि भाषा का अस्तित्व मिथक के अस्तित्व के पहले है।

कैसिरर आदमी को 'एनीमल सिंबालिकस' कहता है। प्रतीक यथार्थ को संकेतित नहीं करता, क्योंकि वह स्वयं यथार्थ है। प्रारंभिक युग में ऐसी ही स्थिति रही होगी। आदिम मनुष्य की भाषा में निश्चित रूप से एक जादुई शक्ति मानी जानी चाहिए। इसी शक्ति से मिथ की सृष्टि हुई। सभ्यता के विकास के साथ-साथ भाषा, विशेषतः शब्दों की जादुई शक्ति क्षरित होती गयी और अपने चरमोत्कर्ष पर पहुँचकर वह विज्ञान की तर्कपूर्ण भाषा बन गयी।

विको का उल्लेख करते हुए कैसिरर कहता है कि कल्पना का ज़िक्र करते हुए वह मिथक के लोक में पहुँच जाता है। प्रारम्भ में मनुष्य प्रत्ययात्मक भाषा का प्रयोग कर ही नहीं सकता था। उस समय तक न तो अवधारणाओं का ही जन्म हुआ था और न भाषा में तर्क-शक्ति का समावेश। आज भी कविता की भाषा को गहन अनुभूतियों की अभिव्यक्ति के लिए मिथकीय प्रतीकों की ओर लौटना पड़ता है। लेकिन मिथक काव्य नहीं है। मिथक आदिम मनुष्यों की सचाई है, यथार्थ है, कविता में यथार्थ का भ्रम, यानी वह एक काल्पनिक सचाई है।

श्रीमती लैंगर काव्य और कला को मिथकीय चिन्तन से जोड़ती हैं। कला प्रतीकात्मक रूपायन है जो दर्शन और विज्ञान के साथ-साथ जीवित रहेगी। कैसिरर और लैंगर दोनों कविता में शुद्ध अनुभूतियों की अभिव्यक्ति पर ज़ोर देते हैं। जहाँ तक प्रगीतों का सम्बन्ध है, शुद्ध अनुभूति की अभिव्यक्ति की बात मानी जा सकती है, पर कविता के अन्य रूपों के विषय में यह सच नहीं है। उनमें तथ्यों, विचारों और अवधारणाओं की भी अभिव्यक्ति होती है। यों शुद्ध अनुभूति क्या होती है? यह भी स्पष्ट नहीं है। शुद्ध अनुभूति की बात यदि उठ सकती है तो केवल संगीत के संदर्भ में।

यद्यपि लैंगर ने स्पष्ट शब्दों में कहा है कि मिथक, निजंधरी कथाएँ, परी कहानियाँ आदि स्वयं में कला नहीं हैं, वे कला (कविता) के लिए कच्चा माल का काम दे सकती हैं, फिर भी मिथक और कविता का साम्य देखते हुए कुछ लोगों ने समीक्षा की एक नयी प्रणाली—मिथकीय प्रणाली आविष्कृत कर ली।

वस्तुतः मिथकीय समीक्षा के दो मुख्य स्रोत हैं—मनोविज्ञान और नृतत्त्वशास्त्र। मनोविज्ञान से स्वप्न का सिद्धान्त लिया गया और नृतत्त्वशास्त्र से अनुष्ठान और फ़ंतासी का। स्वप्न, अनुष्ठान और फ़ंतासी से कविता का किसी-न-किसी रूप में लगाव है। मिथकीय समीक्षकों में कुछ लोग स्वप्न-सिद्धान्त पर बल देते हैं और कुछ अनुष्ठान और फ़ंतासी पर। यों स्वप्नसिद्धान्त, अनुष्ठान और फ़ंतासी को अलग-अलग कठघरे में बन्द नहीं किया जा सकता। जो लोग मिथक को काव्य-रचना का केन्द्रवर्ती बिन्दु मानते हैं वे उन तमाम विशेषताओं का अधिग्रहण करते हैं जो स्वप्न में पायी जाती हैं। कविता और बिम्ब दोनों में प्रायः तार्किक सम्बन्ध नहीं होते।

मिथकीय समीक्षा का सबसे समर्थ प्रवक्ता नार्थप फ्राई है। उसे साहित्य समीक्षा

में सामाजिक विज्ञान होने की सम्भावना दिखायी पड़ी थी। कविता में एक रूप होता है। समीक्षक को इस रूपात्मक कारणों की तलाश करनी है। फ्राई के मतानुसार आदिम बिम्बों द्वारा ही कविता को रूप मिलता है। फ्राई कला को उत्पादन (प्रोडक्ट) मानता है। वह ऐसी वस्तु है जिसके विभिन्न अवयव या अंग होते हैं। अतः कविता को वर्गीकृत किया जा सकता है, उसके अवयवों और अन्वितियों की तलाश की जा सकती है।

फ्राई के मतानुसार कवि की तरह कविता पैदा होती है। कवि का कार्य कविता को जीवन्त और अक्षत रूप में पैदा कर देना है। जहाँ कवि कविता को छोड़ता है वहाँ से आलोचक उसे ग्रहण करता है। लेकिन कविता की जीवन्तमयता का विश्लेषण कौन करेगा? वास्तव में यह कार्य आलोचक का है जिसका उल्लेख फ्राई नहीं करता। वह आलोचना को वर्णनात्मक और मूल्य-निरपेक्ष समाज-विज्ञान बना देता है।

रिचार्ड चेज की दृष्टि में मिथक एक मूल्यपरक शब्द है। वह मिथक और कविता को पर्याय मान लेता है, क्योंकि दोनों एक ही प्रकार की मानवीय आवश्यकताओं से जन्म लेते हैं, दोनों में ही जादुई चमत्कार का अवकाश है, दोनों से विरेचन को बल मिलता है, दोनों ही मनुष्य के भीतर के जंगली जन्तुओं को पालतू बनाते हैं।

लीजली फ़ीडलर के मतानुसार, मिथक एक नया परिप्रेक्ष्य प्रस्तुत करता है जिसमें संदेश तथा कवि के जीवन का अध्ययन अपेक्षित होता है। फ़ीडलर समीक्षा की रूपवादी प्रवृत्ति के विरुद्ध है। वह निर्वैयक्तिक कला पर ज़ोर देता है, न कि कला की पृष्ठभूमि पर। वह कवि के व्यक्तित्व और नीयत (इन्टेंशन) के विवेचन पर बल देता है। अन्ततोगत्वा वह भी अचेतन मन में छिपे बिम्बों की ओर लौट जाता है, क्योंकि इस बिन्दु पर ही कवि सार्वजनीन हो पाता है।

माड मोडगिन का कार्य अपेक्षाकृत अधिक महत्त्वपूर्ण है, क्योंकि उसने इसकी अनेक सम्भावनाएँ अन्वेषित की हैं। उसका 'आरकेटाइपल पैटर्न' आद्यबिम्ब ही हैं जो अतीत और वर्तमान के काव्यों में मिलते हैं। कुछ विशिष्ट कविताओं की व्याख्या करते हुए वह काव्यगत प्रतीकों और आदिम जातियां तथा धार्मिक जीवन के प्रतीकों का तुलनात्मक अध्ययन प्रस्तुत करता है। वह प्रतीकों की मनोवैज्ञानिकता की भी पड़ताल करता है। वह कवि की व्यावृत्ति (कंटेंशन) को स्वीकार नहीं करता। वह काव्य के अवयवों में ही अर्थान्वेषण करता है। इस पद्धति से कवि के विभिन्न जीवन्त स्रोतों का पता लगता है। लेकिन यह अर्थापन का कोई नया तरीका नहीं है।

मिथकीय समीक्षा सबसे अधिक युंग की ऋणी है जो कविता को स्वप्न-सदृश्य बतलाता है। कविता और स्वप्न दोनों अपने रूपात्मक स्पष्टीकरण के बावजूद अपने को स्पष्ट नहीं कर पाते। स्वप्न की तरह कविता भी हमारे अपने अर्थापन की माँग करती है। स्वप्न और कविता का मुख्य अन्तर यह है कि स्वप्न अचेतन मन की

सृष्टि है तो कविता चेतन मन की। अतः अपनी पंडिताई के बावजूद मिथकीय समीक्षा परम्परागत आलोचना में कुछ जोड़ती तो है, पर स्वयं सार्वभौम प्रणाली नहीं बन पाती।

संदर्भ

कैसिरर, एन एसे ऑन मैन।
लैंगर, फ़ीलिंग एंड फ़ॉर्म।
माडगिन, आरकेटाइपल पैटर्न ऑफ़ पोएट्री।
रेने वेलेक, आस्टिन वारेन, साहित्य-सिद्धान्त।
नार्थप फ्राई, द एनाटामी ऑफ़ क्रिटिसिज़्म।
विम्साट ऐंड क्लींथ ब्रुक्स, लिटरेरी क्रिटिसिज़्म (ए शार्ट हिस्ट्री)।
रमेश कुंतल मेघ—साक्षी हैं सौन्दर्य प्राश्निक।

मूल्यांकन

'मूल्यांकन' शब्द सामान्यतः आलोचना के अर्थ में ही प्रचलित है। किन्तु इसके साथ 'मूल्य' शब्द जुड़ा हुआ है। यह शब्द भी अंग्रेज़ी से ही आयातित है, किन्तु अब हिन्दी समीक्षा का अंग हो गया है। जब हम किसी चीज़ को मूल्यवान समझते हैं तो निश्चित ही उसकी कुछ ऐसी विशेषताएँ होती हैं, जिनमें आकर्षण होता है, आह्लादन की क्षमता होती है, जीवन को सम्पन्न बनाने की गुणवत्ता होती है। साहित्य, काव्य और संगीत के सम्बन्ध में भर्तृहरि का कहना है कि 'साहित्य-संगीत-कला विहीनः साक्षात्पशु पुच्छ विषाणहीनः।' साहित्य-संगीत-कला से विरहित मनुष्य पशु होता है। उनके कहने का तात्पर्य यह है कि साहित्य, संगीत और कला मनुष्य को पशुता से ऊपर उठाती है। साहित्य-कला आदि के अभाव में मार्क्सवादी भी मानवीय पूर्णता की कल्पना नहीं करते।

साहित्य की मूल्यवत्ता प्रायः तीन संदर्भों में उठायी जाती है—(1) सौन्दर्य-शास्त्रीय सन्दर्भ, (2) साहित्यशास्त्रीय या कलात्मक संदर्भ, (3) सामाजिक संदर्भ।

'मूल्य' शब्द का प्रयोग पहले गणित और भौतिकी में होता था। बाद में यह अर्थशास्त्र का पारिभाषिक शब्द हो गया। अर्थशास्त्र से समीक्षा के क्षेत्र में आ पहुँचा। चूँकि यह अर्थशास्त्र के क्षेत्र में प्रयुक्त हो चुका था; इसलिए साहित्य में भी इसे सामाजिक आचार्यों से जोड़ा जाने लगा। मूल्यों को परिभाषित करना मुश्किल काम है। पर इसकी कामचलाऊ परिभाषा यों होगी—'यह किसी वस्तु या अनुभव की वह विशेषता है जो हमारी अभिरुचि, अनुशंसा या एषणा की तुष्टि करती है।' इस परिभाषा

में तुष्टि के सिलसिले में जिन शब्दों का प्रयोग किया गया है वे मनोविज्ञान के शब्द हैं। पर इनका विस्तार धर्म, नीति, सौन्दर्य आदि के क्षेत्र तक किया जा सकता है।

साहित्य के मूल्यांकन में कुछ लोग सौन्दर्यात्मक-कलात्मक मूल्य को महत्त्व देते हैं। इसमें काव्य के अपने अन्तःसम्बन्धों पर विचार किया जाता है—शब्द, विसंगति, विडंबना, टेक्श्चर, स्ट्रक्चर आदि। अन्तःसम्बन्ध को अपना चरम साध्य मानने वाले मूल्यांकन को रूपवादी कहा जाता है। अन्य लोगों के मतानुसार कला के संरचनात्मक पक्ष और सामाजिक, धार्मिक, आर्थिक, सांस्कृतिक आदि का सामंजस्य स्थापित करना भी जरूरी है, क्योंकि साहित्य का अंतिम लक्ष्य भी होता है। साहित्यकार साहित्य की रचना किसी बड़े सांस्कृतिक सामाजिक लक्ष्य के लिए करता है।

अब मूल्यांकन से सम्बद्ध तीन सत्ताएँ हुईं—कवि, काव्य और भावक। रोमांटिक विचारधारा के लोगों ने कवि की अनुभूति की काफ़ी चर्चा की है और अब भी रचना-प्रक्रिया के नाम पर झूठी आलोचनाएँ लिखी जा रही हैं। बार-बार कहा गया है कि कवि जो कहता है, उस पर विश्वास न करके उसकी रचना का विश्वास करो। किन्तु लोग कवि के कथनों को जहाँ-तहाँ से बटोर कर उसकी रचना पर चस्पाँ कर देते हैं। विम्साट इसे साभिप्राय हेत्वाभास कहता है। अतः शेष रह जाती है काव्य और भावक की सत्ता।

काव्य की अपनी वस्तुनिष्ठ सत्ता है। भावक को काव्य प्रभावित करता है, आंदोलित करता है, चिन्तन-मनन के लिए बाध्य करता है। रचना-क्रम में जिस प्रकार कवि भावना-व्यापार द्वारा अपनी वैयक्तिकता और अनुभूतियों को निर्विशेष करता हुआ साधारणीकृत कर देता है, उसी प्रकार भावक को भी रचना के प्रति अपनी प्रतिक्रिया व्यक्त करने के लिए कहीं-न-कहीं से नियंत्रित होना पड़ेगा। अन्यथा कविता की आलोचना करते समय वह दूसरी कविता लिख देगा। अर्थ के विभावन का एक तरीक़ा होता है। भामह कहता है—'कोऽनया अर्थ विभाव्यते।'

इसके बिना अर्थ का विभावन नहीं होता। भावक को वस्तुनिष्ठ होने के लिए काव्यगत विभावन-व्यापार की परख आवश्यक है। भामह कहता है कि वक्रोक्ति के बिना काव्यार्थ विभावित नहीं होता। अतः कवियों को इसके लिए प्रयास करना चाहिए। भावक का प्रयास भी यही होना चाहिए कि वह कवि दृष्टि को पकड़ने की कोशिश करे। इसी के आधार पर कवि की तरह वह भी अपनी वैयक्तिक अभिरुचियों से कम-से-कम प्रभावित होगा और सामाजिक संदर्भ में की गयी उसकी परीक्षा में भी वस्तुनिष्ठता आ जाएगी। इन दोनों का अन्तरावलम्बन होता है। इसी को विवास 'वस्तुनिष्ठ सापेक्षतावाद' (आब्जैक्टिव रिलेटिविज़्म) कहता है।

मूल्यांकन की प्रक्रिया की शुरुआत रचना द्वारा गृहीत तात्कालिक प्रभाव से होती है। रचना भावक को रास आती है या नहीं आती, वह उसे चमत्कृत करती है, आह्लादमय

बनाती है, झकझोरती है या वह उससे उदासीन हो जाता है—यह सब भावक की अभिरुचि और उदासीनता प्रशिक्षण, योग्यता, संस्कार, वातावरण, क्षण युग आदि पर निर्भर करता है। इसीलिए एक व्यक्ति द्वारा किया गया मूल्यांकन उसी समय के अन्य व्यक्ति द्वारा किए गये मूल्यांकन से अलग हो जाता है। एक युग की समीक्षा दूसरे युग के लिए समय के परिवर्तन के साथ-साथ बहुत कुछ अप्रासंगिक हो जाती है।

दूसरे युग में कविता वही रहती है, लेकिन उसकी दूसरी प्रासंगिकता को रेखांकित किया जाता है। कविता की अपनी अंतर-संगति में अर्थ के अनेक स्तर होते हैं। शब्दार्थों के विभिन्न स्तरों को सम्पूर्णता में नहीं पकड़ा जा सकता, इसलिए व्याख्या द्वारा कविता पूरे तौर पर सम्प्रेषित नहीं की जा सकती। पूरा सम्प्रेषण स्वयं कविता करेगी, उसकी व्याख्या नहीं।

पर व्याख्या या काव्य की आन्तरिकता का विश्लेषण आलोचक का प्राथमिक और अन्तिम औज़ार है। इसी से काव्य के सम्प्रेष्य को समझा जा सकता है। संप्रेष्य और काव्य-रूप या रूपात्मक अन्विति मूलतः एक ही होती है। इसके अनन्तर भावक काव्य के अमूर्तीकरण (एब्स्ट्रैक्शन) व्यापार की ओर अग्रसर होता है। अमूर्तीकरण कवि भी करता है। भावक का अमूर्तीकरण दूसरे प्रकार का होता है।

अमूर्तन की प्रक्रिया में भावक या आलोचक भाषिक विश्लेषण के पश्चात् कवि की ही अन्य कविताओं के साथ उसकी तुलना करता है, इस परम्परा के अन्य कवियों की रचनाओं के संदर्भ में उसे परखता है। यह अमूर्तन जितना विश्लेषणपरक, गहरा और भाषिक संरचना पर आधारित होगा मूल्यांकन भी उतना ही वस्तुनिष्ठ, प्रौढ़ और अर्थवान होगा। मूल्यांकन की चरम परिणति के लिए रचना को दो दिग्कालिक स्तरों पर देखना होगा—समसामयिक और सार्वदेशिक-सार्वकालिक। पहले उसे अपनी भाषा तथा देश की अन्य भाषा तथा विश्व की अन्य भाषाओं की कृतियों के संदर्भों में परीक्षित करने की आवश्यकता होगी। फिर देखना होगा कि विश्व की समूची काव्य-परम्परा में वह कहाँ स्थित (सिचुएटेड) है।

जैसा कि टी.एस. इलियट ने कहा है कि रचना की श्रेष्ठता केवल साहित्य के अपने सिद्धान्तों द्वारा निर्धारित नहीं की जा सकती। इसके लिए साहित्येतर मूल्यों की भी जरूरत होगी। वस्तुतः मूल्यांकन की समग्रता इन दोनों मूल्यों को एक साथ लेकर चलने में है।

संदर्भ

टी. एस. इलियट, सेलेक्टेड एसे।

एफ. आर. लेविस, कामन परसूट।

शिप्ले, ए डिक्शनरी ऑफ़ वर्ल्ड लिटरेरी टर्म्स।

बच्चन सिंह, आलोचक और आलोचना।

यथार्थवाद

हिन्दी में 'यथार्थवाद' अंग्रेज़ी के 'रियलिज़्म' के अनुवाद के रूप में प्रयुक्त हुआ है। लेकिन इसके प्रयोग का ऐतिहासिक संदर्भ लगभग वही है जो पश्चिम में था। एक विशेष प्रकार के उपन्यासों को यथार्थवादी उपन्यास की संज्ञा दी गयी। यथार्थ का अभिप्राय है–यथा+अर्थ, यानी जैसा है वैसा अर्थ। किन्तु इसे समझने के लिए दर्शन की भूमिका में प्रवेश करना होगा।

पश्चिम में इस शब्द का लम्बा इतिहास है। तत्त्वदर्शन (मेटाफ़िज़िक्स), ज्ञान मीमांसा (एपिस्टेमोलॉजी) और प्रत्ययवाद (कांस्पेचुअलिज़्म) में यह अलग-अलग अर्थ में प्रयुक्त हुआ है। तत्त्वदर्शन के अनुसार यथार्थवाद का अर्थ है कि सामान्य (यूनीवर्सल) की सत्ता विशेष के पूर्व होती है। सामान्य (यूनीवर्सल) भावगत चेतना है और सृष्टि उस चेतना की प्रतिकृति है। प्लेटो का अनुकृति सिद्धान्त इसी दर्शन पर आधारित है। इसी को वह यथार्थवाद कहता है। ज्ञान-मीमांसा में ज्ञेय की सत्ता ज्ञाता से भिन्न और स्वतंत्र होती है। यदि पदार्थ का ज्ञान ज्ञाता के चित्त पर आश्रित रहता है तो उसे ज्ञान सम्बन्धी चिद्वाद (एपिस्टेमोलॉजिकल आइडियलिज़्म) कहा जाता है। साहित्यिक यथार्थवाद का सम्बन्ध ज्ञान-मीमांसा के यथार्थवाद यानी ज्ञाता से भिन्न ज्ञेय की स्वतंत्र सत्ता से है।

यह यथार्थवाद एक दृष्टिकोण भी है और एक पद्धति भी। जहाँ तक दृष्टिकोण का सम्बन्ध है यह रोमैंटिसिज़्म, मिथकवाद और काल्पनिकता के विरुद्ध पड़ता है। पद्धति के रूप में इसमें चरित्र, स्थिति, क्रिया-कलाप आदि का चित्रण दृश्य जगत की ज़िंदगी के सदृश किया जाता है। इसके विरुद्ध तीन आपत्तियाँ उठायी गयी हैं–(1) यह वस्तुओं के बाह्य या आभास का चित्र उपस्थित करता है, (2) सामाजिकता और ऐतिहासिकता से इसका दूर का सम्बन्ध है, और (3) भाषा, पत्थर, रंग आदि के माध्यम के कारण साहित्य, मूर्ति, चित्र आदि में जो रूपात्मक परिवर्तन आता है वह जीवन-जगत के आभास को नहीं, गहरे यथार्थ को उपस्थित करता है। इस बाह्यार्थ निरूपक यथार्थवाद को ही प्रकृतिवाद (दे.प्रकृतिवाद) कहते हैं। इसके अतिरिक्त मनोवैज्ञानिक यथार्थवाद, आलोचनात्मक यथार्थवाद (दे. सा. य.), सामाजिक यथार्थवाद (दे. सा. य.), अतियथार्थवाद (दे. सा. य), आदि यथार्थवाद आलोचनात्मक आख्या के रूप में प्रतिष्ठित हुए।

हिन्दी में आलोचनात्मक आख्या के रूप में इसके पहले प्रयोक्ता प्रेमचन्द हैं। उपन्यास के सम्बन्ध में उनके दो लेख छपे हैं–एक 1925 में और दूसरा उसके पहले (इसकी प्रकाशन-तिथि ज्ञात नहीं है)। इन दोनों लेखों में आदर्शवाद और यथार्थवाद का उल्लेख हुआ है। उस समय यथार्थवाद का अर्थ उन्होंने प्रकृतिवाद ही लिया था।

इसीलिए अपने औपन्यासिक सिद्धान्त को उन्होंने 'आदर्शोन्मुख यथार्थवाद' कहा। सन् 37 में प्रसाद ने एक लेख लिखा—'यथार्थवाद और छायावाद'। प्रसाद ने भारतेन्दु हरिश्चन्द्र को यथार्थवाद का जनक कहा है। इससे स्पष्ट है कि उस समय तक 'यथार्थवाद' सामाजिकता से सम्पृक्त हो चुका था। 'यथार्थवाद' की विशेषताओं के सम्बन्ध में उनका कहना है—'यथार्थवाद की विशेषताओं में प्रधान है लघुता की ओर दृष्टिपात...।' 'जन-साधारण के अभाव और वास्तविक स्थिति तक पहुँचने का प्रयत्न यथार्थवादी साहित्य करता है' कहकर वे आलोचनात्मक यथार्थवाद की ओर संकेत करते हैं। वे नग्नचित्रण और जैव दुर्बलताओं के अंकन को अन्य प्रकार का यथार्थवाद कहते हैं। यही प्रकृतिवाद है। फ्रांस की तरह हिन्दी में भी प्रकृतिवाद का स्वरूप पहले प्रस्फुटित हुआ। प्रेमचन्द के 'गोदान' में आलोचनात्मक आदर्शवाद मिलता है। प्रसाद के 'कंकाल' को भी इसी कोटि में रखा जाएगा। आचार्य शुक्ल ने यथार्थ, यथातथ्यवाद का उल्लेख किया है, यथार्थवाद शब्द का नहीं। आलोचनात्मक यथार्थवाद और समाजवादी यथार्थवाद का प्रयोग सन् 1950 के आसपास शुरू होता है।

संदर्भ

रेमंड विलियम्स, की वर्ड्स।

रेने वेलेक, आलोचना की अवधारणाएँ (अनु. इन्द्रनाथ मदान)।

जयदेव सिंह, पाश्चात्य दर्शन की रूपरेखा।

शिप्ले, वर्ल्ड लिटरेरी टर्म्स।

शिवकुमार मिश्र, यथार्थवाद।

रंगमंच

'रंगमंच' का प्रयोग आधुनिक काल की देन है। संस्कृत नाट्यशास्त्रों में इस शब्द का प्रयोग नहीं मिलता। अभिनवगुप्त ने रंग का प्रयोग मंडप या रंग मंडप या नाट्यमंडप के व्यापक अर्थ में किया है। रामचन्द्र-गुणचन्द्र भी रंग को इसी अर्थ में ग्रहण करते हैं। भरत को भी रंग नाट्यमंडप के रूप में ग्रहण है, निश्चित रूप से नहीं कहा जा सकता। पर अभिनव के मतानुसार रंग को नाट्य भी कहा जा सकता है और नाट्यमंडप भी। लेकिन जब रंग का अर्थ नाट्य है तो वह नाट्यमंडप कैसे होगा?

भरत ने नाट्यमंडप के लिए नाट्यवेश्म और प्रेक्षागृह भी कहा है। रंग के लिए रंगभूमि, रंगशाला आदि का प्रयोग परवर्ती है। रंगभूमि शब्द का प्रयोग तुलसी ने मानस में किया है—'रंगभूमि जब सिय पगुधारी।' यहाँ रंगभूमि का अर्थ उत्सव-स्थल है।

मंच का संस्कृत में अर्थ है शय्या, उभरा हुआ आसन, सिंहासन। परमानन्द दास और केशव ने इस शब्द का प्रयोग इसी अर्थ में किया है—'धनुषयज्ञ को ठाठ कियो है, चहौं दिसि रोपे माँच', 'सोभित मंचन की अवली...।' 'रंगमंच' का प्रयोग भारतेंदु काल तक तो नहीं मिलता। भारतेन्दु हरिश्चन्द्र ने अपने नाटक-निबन्ध (1883) में 'रंगस्थल', 'रंगशाला' और नाट्यशाला शब्दों का प्रयोग किया है। 1903 के 'हिन्दी प्रदीप' में बालकृष्ण भट्ट ने 'पारसी थियेटर' का उल्लेख किया है। सम्भवतः रंगमंच शब्द पहले बंगला-साहित्य में गृहीत हुआ और वहाँ से हिन्दी में ले लिया गया।

रंगमंच अब तक व्यापक अर्थ में प्रयुक्त होता है। कुछ लोग इसमें नाट्यशाला, नाट्यकृति, अभिनय, प्रयोक्ता, सामाजिक आदि को अंतर्भुक्त कर लेते हैं। अकसर कहा जाता है कि हिन्दी में रंगमंच का अभाव है। अतः रंगमंच को नाट्य के अर्थ में लेना चाहिए। इधर हिन्दी रंगमंच में अपनी अस्मिता खोजने की कोशिश में है।

सन् 1954 में संगीत नाटक अकादमी की स्थापना हुई। अकादमी ने अनेक नाट्यगोष्ठियाँ आयोजित कीं। उनमें रंगमंच सम्बन्धी अनेक महत्त्वपूर्ण प्रश्न उठे और नाट्य-प्रयोक्ताओं को नयी दिशा मिली। अन्य भाषाओं के नाट्य प्रयोक्ताओं की तरह हिन्दी नाट्य-प्रयोक्ताओं ने भी परम्परा का नये सिरे से अन्वेषण शुरू किया—विशेष रूप से लोकधर्मी या देशी नाट्य-परम्परा का उपयोग किया। इसी तरह हिन्दी में भी रामलीला, रासलीला और नौटंकी का उपयोग होने लगा।

अलकाजी ने बहुधरातलीय रंगमंच, श्यामानन्द जालान ने लोकतत्त्व, हबीब तनवीर ने अर्धनृत्यवत गतियों, कारंत ने मुखौटों के प्रयोग से रंगमंच को नयी दिशा दी है।

संदर्भ

मनमोहन घोष, द नाट्यशास्त्र।

जी. एच. तारलेकर, स्टडीज़ इन द नाट्यशास्त्र।

भारतेन्दु ग्रन्थावली, भाग दो।

हिन्दी प्रदीप।

इन्द्रनाथ मदान, हिन्दी नाटक और रंगमंच।

नटरंग।

रागात्मक हेत्वाभास

डब्लू. के. विम्साट ने 'द वरबल आइकन' में कला के प्रभाव के आधार पर उसके मूल्यांकन को गलत बताया है। इसमें कविता जो करती है उस पर ध्यान आकृष्ट

किया जाता है, न कि कविता जो है उस पर। प्लेटो का यह कहना कि कविता वासना जाग्रत करती है और अरस्तू का विरेचन सिद्धान्त भी हेत्वाभास ही है। रागात्मक भाषा का प्रश्न उठाकर हेत्वाभास का ही परिचय दिया जाता है। संस्कृत काव्यशास्त्र का रस-सिद्धान्त भी स्थायी भाव पर ज़ोर देने के कारण हेत्वाभास की ही श्रेणी में रखा जाएगा।

डेविड डेचेज़ का कहना है कि यदि तत्वात्मक हेत्वाभास 'आन्टोलॉजिकल फ़ैलेसी' से बचना है, क्योंकि तत्वात्मक हेत्वाभास कविता के अपने अस्तित्व मात्र को चरम सत्य मानता है, तो किसी सीमा तक राग-बोध को आवश्यक मानना पड़ेगा, क्योंकि काव्यात्मक मूल्यों का इससे गहरा सम्बन्ध है। यदि समीक्षक और पाठक प्रभाववाद से अपने को मुक्त रखना चाहता है तो उसे काव्य की आन्तरिक बुनावट खोजनी होगी।

विम्साट मूल्यांकन को ख़ारिज करता हुआ कहता है कि इससे मूल्य और प्रभाव के उस स्रोत और सूत्र की उपेक्षा हो जाती है जो कविता ख़ुद है।

संदर्भ

डब्लू. के. विम्साट, द वरबल आइकन (1970)।

रूप

यद्यपि भारतीय काव्यशास्त्र में 'रूप' की चर्चा नहीं है, पर व्यापक अर्थ में अलंकार, वक्रोक्ति, रीति, औचित्य रूप के अतिरिक्त और क्या हैं? कला निर्मिति में संयोजित उपकरणों की समग्रता रूप है। इसी को कुंतक अलंकार-सहित और अवयव-रहित कहता है। अलंकार (व्यापक अर्थ में) अवयव हैं। किन्तु कलाकृति में संयोजित होकर वे अपनी पृथक सत्ता खो देते हैं। और समग्रतः जो आकार ग्रहण करते हैं उनकी चरम परिणति रूप है।

सामान्यतः विभिन्न विधाओं को भी रूप कहा जाता है—नाट्य-रूप, काव्य-रूप, उपन्यास-रूप आदि। पर व्यापक अर्थ में यह 'पैटर्न' या रीति है। हर विधा का पैटर्न या रीति अलग-अलग होती है। नाटक का पैटर्न अलग है, उपन्यास का अलग। पैटर्न भी दो प्रकार का होता है—आहार्य या परम्परित और सहज या आवयविक। परम्परित पैटर्न को कलाकार अपनी कला पर आरोपित करता है। उसके बँधे हुए नियम होते हैं। क्लासिकल कृतियों में मुख्यतः यही पैटर्न दिखायी पड़ता है। छन्दों की बँधी हुई

परिपाटी भी परम्परित है। सहज या आवयविक पैटर्न जीवों के विकास की तरह अपने-आप निर्मित होता है, जैसे—मुक्तछंद। अपने-अपने स्वभाव के अनुसार कोई परम्परित पैटर्न को अपनाता है तो कोई सहज को।

कला के निर्माण में कच्चे माल के रूप में कुछ पदार्थों की जरूरत होती है। मूर्ति के लिए पत्थर जरूरी है तो चित्र के लिए रंग और रेखा। संगीत के लिए स्वर की आवश्यकता है तो साहित्य के लिए भाषा की। मूर्तिकार को अनघड़ पत्थर उपलब्ध है। देशकाल, अभिरुचि और अपनी दक्षता और उद्देश्य के अनुरूप माइकेल एंजिलो संगमरमर को एक ढंग से तराशता है तो रोडिन अपने ढंग से। इसी प्रकार कवि भाषागत लय, बिम्ब, प्रतीक, मिथक आदि को अपने ढंग से संयोजित करता है—अज्ञेय अपने ढंग से, मुक्तिबोध अपने ढंग से। देशकाल तथा अपनी परिस्थितियों के फलस्वरूप निराला का काव्य-रूप निरन्तर बदलता जाता है।

अन्ततोगत्वा रूप अंगांगि की संगति ही ठहरता है। किन्तु अंगांगि की संगति ही कला-रूप नहीं है। कलात्मक रूप बनने के लिए उसे विशिष्ट (सिग्निफ़िकेंट) होना होगा। दूसरे शब्दों में, कला-रूप की बुनियादी शर्त है कि वह सौन्दर्य, लालित्य या विच्छिति से पूर्णतः संपृक्त हो। तकनीकी कौशल की अत्यधिक दक्षता से कला के क्षतिग्रस्त होने की आशंका रहती है। अज्ञेय की परवर्ती कविताओं में इस दक्षता का परिणाम देखा जा सकता है। रोमानी कलाकार कार्नेल बाबा की दृष्टि में कलाकार के लिए 'कौशल' और 'नैक' खतरनाक होते हैं। इसके फलस्वरूप वह अपने को दुहराने लगता है। इसलिए समर्थ कलाकार अपने ही कला-रूप को तोड़ता रहता है।

रूप की अभिव्यक्ति वस्तु है जो रूप से अलग नहीं है। वस्तुतः जिसका 'पैराफ्रेज' हो सकता है वह कला-रूप नहीं है। रूप से अलग वस्तु विश्लेष्य नहीं हो पाती। वस्तु रूप में आद्यन्त व्याप्त है। रूप को निचोड़ कर वस्तु की प्राप्ति सम्भव नहीं है। विषय और वस्तु में अलगाव किया जा सकता है। एक ही विषय को लेकर रचना करने वाले विभिन्न व्यक्ति अपने देशकाल, व्यक्तित्व, दृष्टिकोण, प्रतिभा के आधार पर अलग-अलग वस्तुओं का निर्माण करते हैं।

वस्तु और रूप का द्वन्द्वात्मक संबंध होता है। रचना-प्रक्रिया में दोनों एक-दूसरे को प्रभावित करते चलते हैं। कभी वस्तु रूप को बदलने के लिए बाध्य करती है तो कभी रूप वस्तु को। यों रचना-प्रक्रिया के मुकम्मल होने के बाद ही रूप रूप और वस्तु वस्तु हो पाती हैं।

कलारूप में वस्तु सम्प्रेषित न होकर अभिव्यक्त होती है। पाठक रूप के माध्यम से ही अभिव्यक्ति को पकड़ता है। रूप पर उसकी पकड़ जितनी मज़बूत होगी, अभिव्यक्ति की पकड़ भी उतनी ही मज़बूत होगी। यह रूप का करिश्मा है कि पाठक उसमें से अभीप्सित अर्थ निकालता है। कभी-कभी दो पाठक एक-दूसरे के विरोधी

अर्थ निकाल लेते हैं। वस्तुतः वे विरोधी नहीं होते, बल्कि रूप की विभिन्न अर्थच्छायाएँ होती हैं।

संदर्भ

लैंगर, फ़ीलिंग एंड फ़ॉर्म।
एब्राम्स, ए ग्लासोरी ऑफ़ लिटरेरी टर्म्स।
अर्न्स्ट फ़िशर, नेसेसिटी ऑफ़ आर्ट्स।

रूपक (मेटाफर)

संस्कृत काव्यशास्त्र में 'रूपक' दो अर्थों में प्रयुक्त होता है—नाट्य के अर्थ में और अलंकार विशेष के अर्थ में। नाट्य के अर्थ में इसके प्रयोग में दो विशेषताएँ पायी जाती है—दृश्यमानता और आरोप। नाट्य दृश्य काव्य है। चाक्षुर्ग्राह्य होने के कारण इसे 'रूप'—'रूपं दृश्यतयोच्यते'—भी कहा जाता है। एक वस्तु पर अन्य के आरोप के कारण—रूपकं तत्समारोपात—इसे रूपक कहते हैं। 'मुखचंद्र' कहने का अभिप्राय है मुख पर चन्द्रमा का आरोप। नाट्य के नट में रामादि की अवस्था का आरोप होता है—'अवस्थानुकृतिर्नाट्यम्।'

रूपक अलंकार में भी आरोप द्वारा विषय-विषयि (उपमेय-उपमान) में अभेद प्रतीति करायी जाती है, जैसे राजीवनयन। इसमें राजीव नयन पर आरोपित है। आरोप का विधान रूप, गुण, धर्म आदि के साम्य पर किया जाता है।

पाश्चात्य काव्यशास्त्र में 'रूपक' या 'मेटाफ़र' व्यापक अर्थ में प्रयुक्त किया जाने लगा है। पारम्परिक दृष्टि से पश्चिम में भी इसे अलंकार ही कहा गया है। अरस्तू ने इसे सामान्यतः रूपक (ट्रोप) के अर्थ में प्रयुक्त किया है, जिसमें एक वस्तु के गुण-धर्म का आरोप दूसरी वस्तु पर किया जाता है। पर किंचित् व्यापक बनाते हुए उसने कहा है कि कवियों को मेटाफ़र के प्रयोग में महारत हासिल करनी चाहिए। यह कवि-प्रतिभा का प्रमाण है। इसके माध्यम से कवि दो असमान वस्तुओं में सहज ही सादृश्य तलाश लेता है। किन्तु साहित्य कोशों में इसे अरस्तू के अर्थ में अलंकार ही कहा गया है।

पिछले पचास वर्षों में इस शब्द को लेकर पर्याप्त विवाद चलता रहा है। अनेकार्थता (ऐम्बिग्युटि), विसंगति, विडम्बना आदि को भी इसी में अंतर्भुक्त कर लिया गया है। मेटाफ़र को व्यापक अर्थ में काव्यभाषा मान लिया गया। काव्य की

भाषा रूपकात्मक या बिम्बात्मक होती है। इसी के आधार पर गद्य और काव्य की भाषा में अलंकार किया जाता है। यह आदिम मनुष्य की सामूहिक भाषा है। कवि को इसी की तलाश करनी चाहिए।

टी.ई. हूल्मे और मिडिल्टन मरे इसके मूल में ठीक-ठीक, संक्षिप्त और निश्चित वर्णन के आग्रही हैं। इस तरह वे रूपक या मेटाफ़र को संकेतात्मक बिम्ब मानते हैं। संकेतात्मक बिम्ब एकार्थ में सीमित रहते हैं। वे बहुत कुछ चाक्षुष और स्थिर होते हैं। एक उदाहरण लीजिए—

सोने की सिकता में मानो
कालिन्दी बहती भर उसास
स्वर्गगंगा में इंदीवर की
या एक पंक्ति कर रही हास।

सारा-का-सारा अप्रस्तुत विधान रूपात्मक है। पर वह एक अर्थ में जड़ हो गया है। अपनी इस सीमा के बावजूद इसमें ताज़गी है, नयापन है।

गोस्वामी तुलसीदास का केकयी संबंधी 'रोषतरंगिनी' का रूपक एकार्थी ही नहीं, जड़ भी है। रूपक—'मेटाफ़र'—और रूपक अलंकार का अंतर स्पष्ट करने के लिए एक और उदाहरण देखिए—

अरुन सरोरुह-कर-चरन दृग-खंजन, मुख-चंद।
समय आइ सुंदरि सरद काहि न करत अनंद॥

हूल्मे और मरे द्वारा उल्लिखित सारी विशेषताएँ इसमें मिलेंगी। लेकिन 'कर-चरन' पर अरुन-सरोरुह का आरोप एकार्थक और जड़ है। जहाँ पर रूपक अलंकार मात्र होगा वहाँ जड़ता ज़रूर होगी। जहाँ अर्थ की अनेक ध्वनियाँ सुनायी पड़ेंगी वहाँ रूपक का प्रयोग व्यापक अर्थ में समझना चाहिए।

ध्वन्यात्मक रूपक आपसी तनाव, टकराहट, संघर्ष, अंतर्विरोध आदि से कविता को जटिल रूप देते हैं। अंग्रेज़ कवि डायलन टामस के ध्वन्यात्मक बिम्ब काफ़ी संख्या में पाए जाते हैं। हिन्दी में शमशेर बहादुर सिंह, और मुक्तिबोध की रचनाओं में भी ऐसे रूपकों की कमी नहीं है। निराला की कविता 'बनबेला' और 'सरोजस्मृति' में टकराहटपरक ध्वन्यात्मक रूपकों को देखा जा सकता है। 'सरोज स्मृति' की एक पंक्ति लें—'ऐसे शिव से गिरजा विवाह, करने की मुझको नहीं चाह'। शिव और गिरजा सम्बन्धी अनेक विरोधात्मक रूपक पूरी कविता को गहरी ट्रेजिक संवेदना-संपृक्त कर देते हैं।

संदर्भ

गणेश त्र्यंबक देशपांडे, भारतीय साहित्यशास्त्र।
विश्वनाथ, साहित्यदर्पण।
भोलाशंकर व्यास, हिन्दी दशरूपक।
रेने वेलेक, आस्टिन वारेन, साहित्यसिद्धान्त।

रूपवाद

रूपवाद का प्रादुर्भाव रूस में हुआ था। इसलिए इसे रूसी रूपवाद भी कहा जाता है। साहित्यिक समीक्षा की इस प्रणाली से सम्बद्ध मुख्य लोगों में बोरिस इकेनबाम, विस्टर श्केलोवस्की, रोमन जैकोब्सन, बोरिस तोयस्जेवस्की और तानिनोव उल्लेख्य हैं। इसके दो केंद्र थे—पीटर्सबर्ग और मास्को। पीटर्सबर्ग में इस संस्थान की स्थापना 1916 में हुई और मास्को में 1915 में। मास्को संस्थान की रुझान भाषिकी की ओर अधिक थी।

संरचनावादी भाषिकी और संरचनात्मक नृतत्त्वशास्त्र से रूपवादी समीक्षा का अद्भुत साम्य है। रूपवादी भी स्वनिमीय उपायों तक ही अपने को सीमित रखते हैं, स्वनिमीय वस्तु, संदेश, इतिहास आदि से उसे कुछ लेना-देना नहीं है। उसकी दृष्टि में कला की स्वायत्तता निर्विकार है और कला की पड़ताल का क्षेत्र उसका रूप है। समीक्षा को साहित्य से 'क्या' से नहीं, 'कैसे' से अपना सम्बन्ध रखना चाहिए। जैकोब्सन के मतानुसार, समीक्षक को साहित्यिकता या उन तत्त्वों से जिनसे साहित्य निर्मित होता है, उलझना चाहिए। साहित्य की संरचना कृति में है कृतिकार में नहीं, कविता में है कवि में नहीं।

श्केलोवस्की का कहना है कि कला का केन्द्रवर्ती बिन्दु 'अजनबी बनाने' में है, यथार्थ को डिस्टॉर्ट करने में है, पहचानी हुई चीज़ पर अनपहचानेपन का रंग चढ़ाने में है। साहित्यिक भाषा अजनबी होती ही है। इसी को कुंतक विचित्र अभिधा कहता है।

रूपवादी सारा ज़ोर भाषा पर देते हैं, क्योंकि साहित्य की भाषा सामान्य भाषा से कहीं उदात्त होती है। कविता में शब्द विचारों का वाहक मात्र नहीं है, अपने-आप में वस्तु (ऑबजेक्ट) है, स्वायत्त इकाई (इंटिटी) है। वह वाचक न होकर स्वयं वाच्य (सि ीफ़ाइड) है। काव्यगत शब्द का निश्चित वाच्यार्थ नहीं होता। वह काव्य में प्रयुक्त होकर वाच्यार्थ को विस्तार देता है और अन्य अभिधेयों से सम्बद्ध होकर दूसरे अर्थ में संक्रमित कर जाता है।

रूपवाद में यथार्थ के प्रति कवि का दृष्टिकोण महत्त्वपूर्ण नहीं है, बल्कि भाषा के प्रति उसके दृष्टिकोण का महत्त्व है क्योंकि वह पाठक को जागरूक बनाकर भाषा की संरचना देखने में मदद करता है। कविता सामान्य भाषा को निरूपित करती है, उसे विलक्षण बनाती है। जहाँ तक साहित्य के इतिहास का सम्बन्ध है रूपवादी समीक्षकों की दृष्टि में वह रूपों के परिवर्तन का इतिहास है।

साहित्य एक प्रकार की भाषिक संरचना (लांग) है जो अपने-आप में स्वायत्त, आन्तरिक संगति से पूर्ण और आत्मानुशासित है और अंततः संरचनात्मक भाषिकी और नृतत्त्वशास्त्र से सम्बद्ध हो जाती है। हर वैयक्तिक कृति वाक् (पेरोल) है जो मूल भाषा (लांग) से बँधी हुई है और दोनों एक-दूसरे को प्रभावित करते रहते हैं।

संदर्भ

टेरिन्स आक्स, स्ट्रक्चरलिज़्म ऐंड सेमिआटिक्स।

विस्तर एरिक, रशियन फ़ॉर्मलिज़्म।

लेमन ऐंड मरिआन, एशियन फ़ॉर्मलिस्ट क्रिटिसिज़्म।

लय

'लय' का सर्वप्रथम उल्लेख भरत के 'नाट्यशास्त्र' (ई. पू. 200) में मिलता है। धनंजय के 'दशरूपक' (10वीं शताब्दी ईस्वी) में उसी का विस्तार किया गया है। 'नृत्त' के प्रसंग में वह लिखता है–'नृत्त ताल लयाश्रयम्।' नृत्त ताल और लय पर आश्रित होता है। ताल के आधार पर वह मात्रा का अनुसरण करता है तथा लय के आधार पर गति (द्रुत, मंद या मध्य) का। अभिनवगुप्त (10 वीं शताब्दी ई.) लय को चमत्कार, निर्वेश, योग, समापत्ति, विश्रांति आदि के पर्याय के रूप में प्रयुक्त करते हैं। 'अमर कोश' में 'लयः साम्यम्' कहा गया है।

यों लय पर नये ढंग से विचार करने का कार्य छायावादी कवियों ने शुरू किया। 'पल्लव' (1926) में पंत ने लिखा है–'काव्य संगीत के मूल तन्तु स्वर हैं, न कि व्यंजन,...जिस छन्द में स्वर-संगीत की रक्षा की जा सकती है, उसके संकोच-प्रसार को यथावकाश दिया जा सकता है, उसमें राग का स्वाभाविक स्फुरण, भाव तथा वाणी का सामंजस्य पूर्ण रूप से मिलता है।' निराला की 'गीतिका' (1936) में 'नवगति, नवलय, ताल, छन्द नव' का प्रश्न उठाया गया और उसके गीतों में पश्चिमी स्वरों को विन्यस्त किया गया। इसके पहले बँगला में मधुसूदन दत्त और रवि बाबू अपने काव्य और संगीत में पश्चिमी लय का प्रयोग कर चुके थे।

नये कवियों ने लय पर चलते ढंग से विचार किया है। नयी कविता छायावादी लय को तोड़कर जब गद्यपरक लय की ओर बढ़ने लगी तो कहा जाने लगा कि नयी कविता में शब्दों की नहीं, अर्थ की लय होती है। किन्तु कुछ ही दिनों में अर्थ की लय का मुल्लमा छूट गया, क्योंकि शब्द से हटकर अर्थ की लय या अर्थ भी क्या होगा? पर्यायवाची शब्दों के प्रयोग से शब्द की लय के साथ अर्थ की लय भी बदल जाती है।

कविता और गद्य की लय में फ़र्क होता है। छन्दोबद्ध कविता की लयात्मक गतियाँ मात्रा और वर्णों से निर्धारित होती हैं। किन्तु जहाँ मात्राओं और वर्णों का खयाल नहीं किया जाता वहाँ भी कविता की एक अपनी लय होती है जो शब्दों के आवर्त-विवर्त, मुद्रण-पद्धति, विराम-चिह्नों, ध्वनियों, पाठ-कला आदि द्वारा निर्धारित और नियंत्रित होती चलती है। जहाँ कविता में आवर्तों का अभाव है वहाँ कविता में प्रयुक्त शब्दों और वाक्यों के बीच के 'स्पेस' से लय की पहचान होगी।

गद्य की लय कविता की लय से तो भिन्न होती ही है, सामान्य गद्य की लय से भी अलग होती है। किन्तु कलात्मक गद्य की लय की संघटना सामान्य गद्य पर आधारित होती है। कलात्मक गद्य में छोटे-छोटे उपवाक्यों के बीच एक प्रकार की कालिक समानता देखी जाती है। वाक्य के आरम्भ और अन्त का वैचित्र्य भी उसे नियमित करता चलता है।

संदर्भ

भोलाशंकर व्यास, हिन्दी दशरूपक (1955)।
गणेश त्र्यंबक देशपांडे, भारतीय साहित्यशास्त्र (1960)।
अज्ञेय (सं.), तारसप्तक (1943)।
रेने वेलेक, आस्टिन वारेन, साहित्यसिद्धान्त।

लोकधर्म

लोक एक भौगोलिक शब्द है। इसे लेकर विविध लोकों की कल्पना की गयी है। ऋग्वेद (3/53/21) में लोक जीव एवं जगत के अर्थ में प्रयुक्त हुआ है। इससे इतर वेदों में दिव्य और पार्थिव लोकों की कल्पना की गयी है। उपनिषदों में दो लोक माने गये हैं—इहलोक और परलोक। निरुक्ति में तीन लोकों का उल्लेख है—पृथ्वी, अंतरिक्ष और द्युलोक। दूसरे शब्दों में इन्हें भूः, भुवः और स्वः कहते हैं। पौराणिक

काल में सात लोकों और सात पातालों का उल्लेख मिलता है। चूंकि अब परलोक की कल्पना कल्पना मात्र रह गयी है, अतः लोक इहलोक के अर्थ में प्रयुक्त होता है। लोकधर्म कहने से लोक का अर्थ जनसामान्य हो जाता है।

इधर आचार्य शुक्ल ने लोकधर्म, लोकमंगल, लोकसंग्रह आदि के प्रयोग द्वारा इसे आलोचना के क्षेत्र में प्रतिष्ठित कर दिया है। लोक में सत्-असत् दो पक्ष होते हैं। दोनों को ध्यान में रखते हुए लोक में सुख-शांति की व्यवस्था करने की प्रवृत्ति लोकधर्म है। 'जनता की प्रवृत्तियों का औसत निकालने पर धर्म का जो मान निर्धारित होता है वही लोकधर्म है।' पर गोस्वामी तुलसीदास के साक्ष्य के आधार पर शुक्ल जी का लोक धर्म वर्णाश्रम धर्म ही ठहरता है। लोकमंगल की व्याख्या करते हुए वे कहते हैं कि लोक की पीड़ा, अन्याय को हटाकर सुख-सौन्दर्य और कल्याण की प्रतिष्ठा ही लोकमंगल है। पर वर्णाश्रम धर्म स्वयं में अन्याय है। इस अन्याय के रहते हुए लोक-कल्याण अकल्पनीय है। किन्तु लोकधर्म में वे जीवन की व्यापक समस्याओं को समाविष्ट करके ऐकांतिक जीवन को खारिज कर देते हैं। पर लोकगत अन्याय को दूर करने के लिए वे अवतारी पुरुष में विश्वास करते हैं जो व्यक्ति की अपनी क्षमता को कमजोर करता है। लोक-संग्रह का प्रयोग भी वे लोक-कल्याण के अर्थ में करते हैं।

लोकधर्म का साहित्यिक प्रतिपादन 'अभिनव भारती' की संग्रहकारिका में अच्छी तरह किया गया है जो आधुनिक चिन्तन के मेल में है। कारिका में रस, भाव, अभिनय धर्मी, वृत्ति और प्रवृत्ति का क्रमिक उल्लेख है। प्रवृत्ति का अभिप्राय उन बातों से है जो विभिन्न देशों के वेष, भाषा, आचार, रीति आदि का निर्देश करती है। वृत्ति का अर्थ है मनोवाक्काव्य-व्यापार। प्रवृत्ति बहुत कुछ स्थिर रहती है और वृत्ति प्रतिक्षण परिवर्तनशील। प्रवृत्ति वृत्ति द्वारा अभिव्यक्त होती है। वृत्तियों-प्रवृत्तियों द्वारा नाट्य में लोकस्वभाव का चित्रण होता है। यही लोकधर्म है। नाट्य में इसी के दर्शन होते हैं। अभिनवगुप्त समाजशास्त्रीय या नैतिक लोकधर्म की चर्चा न करते हुए नाट्यगत लोकधर्म की चर्चा करते हैं। नाट्य बाह्य लोकधर्म और नाट्यगत लोकधर्म में संवाद की स्थिति होते हुए भी नाट्यगत लोकधर्म भिन्न होता है। नंट और कवि-व्यापार के कारण नाट्यगत लोकधर्म का स्वरूप बदल जाता है। वह सुन्दर और रमणीय हो उठता है। सुख-दुःखात्मक लोकस्वभाव जब अभिनव द्वारा प्रदर्शित किया जाता है तो वह नाट्यधर्म हो जाता है।

लोकधर्म नाट्यधर्म का मूलाधार है। अभिनवगुप्त लोकधर्मी को भित्तिचित्र के आधारभूत दीवाल के समान मानते हैं। चित्र का आधार दीवाल है किन्तु चित्र दीवाल नहीं है। किन्तु चित्र द्वारा दीवाल सुन्दर लगती है। इस तरह नाट्यधर्म के द्वारा ही लोकधर्म प्रकट होता है। अभिनवगुप्त के शब्दों में नाट्यधर्म और लोकधर्म में 'सहज संवादी व्यापार' चलता रहता है।

संदर्भ

रामचन्द्र शुक्ल, चिन्तामणि, भाग 1, 2, 3।
रामचन्द्र तिवारी, आचार्य रामचन्द्र शुक्ल, आलोचना कोश (1986)।
गणेश त्र्यंबक देशपांडे, साहित्यशास्त्र (1958)।

विचारप्रणाली (आइडियोलॉजी)

'विचारप्रणाली' विचारों और दृष्टिकोण की एक पद्धति है जिसके तहत लोग वास्तविकता तथा अपने पारस्परिक सम्बन्धों को पहचानते और सामाजिक समस्याओं और संघर्षों का मूल्यांकन करते हैं। इसके माध्यम से एक दी हुई सामाजिक व्यवस्था को क्रम देने या बदलने का एक सामाजिक कार्यक्रम भी तैयार किया जाता है। वर्ग-विभाजित समाज में विचारप्रणाली का एक वर्ग-चरित्र होता है जिसमें उस वर्ग की अपनी स्थिति और दिलचस्पी प्रतिबिम्बित होती है।

इस शब्द का पारिभाषिक अर्थ में सबसे पहले प्रयोग किया फ्रांसीसी दार्शनिक और अर्थशास्त्री दे त्रासी ने (1779)। उसने आध्यात्मिकता से पृथक करने के दृष्टिकोण से इसे विचारों का विज्ञान कहा। नेपोलियन बोनापार्ट इस शब्द का मज़ाक उड़ाता हुआ कहता है कि जो लोग व्यावहारिक प्रश्नों को छोड़कर सामाजिक जिन्दगी की व्याख्या कुछ अमूर्त सिद्धान्तों के आधार पर करते हैं वे विचार-प्रणालीवादी (आडियोलॉजिस्ट) हैं। ये लोग मानवीय हृदय और इतिहास के सबक़ को नज़रअन्दाज करके समाज को गुमराह करते हैं। 19वीं शताब्दी तक यूरोप में इसकी अनुगूँज सुनायी पड़ती रही।

मार्क्स-एंगेल्स ने 'जर्मन आइडियोलॉजी' (1845-46) में बुर्जुआ समाज में प्रचलित इसके अर्थ के सम्बन्ध में कहा है कि विचारप्रणाली में यथार्थ विकृत हो उठता है। यही नहीं, वे विचारप्रणाली को झूठी चेतना कहते हैं। विचारप्रणाली के इन रूपों के विरुद्ध वैज्ञानिक चेतना इतिहास की सही ज़मीन पर रहती है। वे अपनी विचारप्रणाली को समाजवाद का वैज्ञानिक सिद्धान्त कहते हैं जो सर्वहारा की मुक्ति के संघर्ष से संबद्ध है।

'कांट्रीब्यूशन टु द क्रिटीक ऑफ़ पोलिटिकल एकॉनमी' (1859) में मार्क्स ने इस शब्द का प्रयोग भिन्न अर्थ में किया है। वह कहता है कि उत्पादन की आर्थिक स्थितियों के भौतिक रूपांतरण तथा क़ानूनी, राजनीतिक, धार्मिक, सौन्दर्यशास्त्रीय या दार्शनिक विचारप्रणाली के रूपों में हमेशा फ़र्क करना चाहिए। इनके माध्यम से मनुष्य

संघर्षों के प्रति सचेत होता है। पहले की तरह यहाँ पर विचारप्रणाली को भ्रमात्मक नहीं कहा गया है। मार्क्सवादी परम्परा में इसका प्रयोग **गड्डमड्ड** हुआ है। लेनिन इसे स्पष्टतः समाजवाद से सम्बद्ध कर देता है।

वह विचारप्रणाली को दो कोटियों में विभक्त कर देता है--बुर्जुआ विचारप्रणाली और समाजवादी विचारप्रणाली। वर्गों में विभक्त समाज में वर्गेतर विचारप्रणाली की कल्पना नहीं की जा सकती। समाजवादी विचारप्रणाली की अवहेलना का अर्थ है बुर्जुआ विचारप्रणाली को शक्तिशाली बनाना।

मार्क्सवादी विचारधारा कला की आइडियोलॉजिकल प्रकृति पर बराबर ज़ोर देती रही है। इस संदर्भ में आधार (आर्थिक आधार) और अधिरचना (सुपरस्ट्रक्चर) के द्वन्द्वात्मक सम्बन्धों पर विचार किया जाता है। कला और साहित्य अधिरचना हैं और वर्ग-विभाजित समाज में वे विशिष्ट वर्ग-स्वार्थों से जुड़े रहते हैं। इन वर्ग-हितों की अभिव्यक्ति कला-रूपों में होती है जिनके अपने आन्तरिक नियम हैं। कलात्मक संरचना के कारण कला को एक सापेक्षिक स्वायत्तता मिल जाती है जिसे विचारप्रणाली में न्यूनीकृत (रिड्यूस) नहीं किया जा सकता। मार्क्स और एंगेल्स ने कला की ऐतिहासिक सीमाओं की अतिक्रमण-क्षमता को समझा था। इसलिए कला और विचारप्रणाली में तुल्यता नहीं स्थापित की। पर आगे चलकर मार्क्सवादियों ने कला के अपने नियमों की उपेक्षा करते हुए आइडियोलॉजिकल तत्त्वों पर जरूरत से ज़्यादा बल दिया। किन्तु मार्क्सवादियों में ही ऐसे लोगों की कमी नहीं है जो इस फूहड़ समाजशास्त्र का खंडन करते हैं।

हिन्दी में रामविलास शर्मा ने इस सम्बन्ध में विचार किया है। वे साहित्य को पूर्णतः आइडियोलॉजिकल नहीं मानते। उनकी दृष्टि में न तो संस्कृति केवल विचारधारा है और न साहित्य। वे विचारधारा या विचारप्रणाली के परे भी कुछ हैं।

विचारप्रणालियाँ बदल जाती हैं, किन्तु कला या साहित्य वही रहता है। आधार के बदल जाने पर विचारप्रणालियाँ बदलती हैं और चूँकि कला या साहित्य भी एक प्रकार की विचारप्रणाली है इसलिए उसमें भी परिवर्तन आता है। पर एक बात निर्मित हो जाने पर उसके स्वरूप और प्रकृति में परिवर्तन नहीं होता। कालिदास की रचनाएँ, अजंता के चित्र हमारे लिए आज भी प्रेरणादायक हैं। इसलिए उसे शुद्ध अधिरचना नहीं कहा जा सकता। इसीलिए संरचनावादी मार्क्सवादी साहित्य में व्यंजना को बहुत महत्त्व देते हैं। इधर कुछ अमरीकी विद्वानों ने अ-विचारप्रणाली की बात भी उठायी है।

संदर्भ

रेमंड विलियम्स, मार्क्सिज़्म ऐंड लिटरेचर (1977)।

डेविड मैकलेनन, मार्क्सिज़्म आफ़्टर मार्क्स (1979)।

अदोल्फ़ो सांचेस वास्केस, आर्ट ऐंड सोसायटी (1973)।
डैनियल बेल, द एंड ऑफ़ आइडियोलॉजी (1960)।

विडंबना

आज के जटिल जीवन-बोध को अभिव्यक्त करने की एक सशक्त साहित्यिक प्रविधि है। व्यंग्य, विनोद, कटूक्ति, हास्य आदि को इसमें समाहित तो किया जा सकता है, पर विडंबना इनसे अधिक व्यापक और गम्भीर है। इसमें शब्दों का कौतुकपरक ऐसा संयोजन होता है जिसमें शब्द और संदर्भ में दूरी दिखायी पड़ने लगती है। यह क्रीड़ापरक भी होता है और गम्भीर भी। लक्ष्मीकान्त वर्मा के अनुसार शब्दों, बिम्बों और उनके साथ स्थितियों के चयन और संयोजन में 'शरारतपूर्ण सह-संयोजन' होना चाहिए। वे पुनः लिखते हैं, 'जब शब्दों के प्रति पूजा का भाव हो, बिम्बों के प्रति मोह हो, स्थितियों को जानने के प्रति तथ्य-दृष्टि न हो और अर्थों के प्रति व्यामोह हो तो इनसे उबरने के लिए कुछ 'शरारतें' करनी चाहिए।' इनसे उबरने के लिए 'शरारत' मदारी के खेल में बदल सकती है और निजी संदर्भ से शब्दों की दूरी समाप्त हो जाएगी। ऐसी स्थिति में काव्य की संरचना में एक हलकापन आ जाता है जो मूल्य का भी हलकापन है।

श्रीकान्त वर्मा के 'मायादर्पण' की कुछ कविताएँ हलकेपन के अतिरेक से ग्रस्त हैं। किन्तु बहुत-सी रचनाएँ ऐसी भी हैं जो अपनी नाटकीयता में विडंबना का श्रेष्ठ उदाहरण बन जाती हैं। आज के जीवन की त्रासदी को उसकी पूरी जटिलता में उभारने के लिए यह प्रविधि अत्यन्त कारगर है। उदाहरण के लिए, निराला और मुक्तिबोध की रचनाओं को लिया जा सकता है। प्रेमचन्द की 'कफ़न' और काशीनाथ सिंह की अनेक कहानियाँ—विशेष रूप से 'कविता की नयी तारीख़' विडंबना के उदाहरण हैं। दोनों कहानियाँ अपने पूरे संदर्भ से विचलित होकर नये संदर्भों की सृष्टि करती हैं। दोनों की विदूषकीय मुद्राओं के पीछे आधुनिक जटिल जीवन के जटिल अन्तर्विरोध हैं।

संदर्भ

रैनसम, न्यू क्रिटिसिज़्म।
नामवर सिंह, कविता के नये प्रतिमान।
लक्ष्मीकान्त वर्मा, नयी कविता के प्रतिमान।
ब्रुक्स, वेलराट अर्न।

विनिर्मितिवाद (डी-कांस्ट्रक्शन)

यह पश्चिम की समीक्षा प्रणाली का नवीनतम आविष्कार है। फ्रांस के दार्शनिक, भाषाविद् और आलोचक दरिदा इसके जन्मदाता हैं। यह उत्तर-संरचनावाद का सर्वाधिक सशक्त अकादमीय आन्दोलन है। अपने देश में भी इसकी धमक सुनाई पड़ने लगी है। डिलिसमिलर, पाल डी. मन हार्डमैन आदि ने उसे समझने-समझाने की कोशिश की है। इसके सम्बन्ध में विद्वान दो शिविरों में बँटे हैं। एक शिविर में इसे क्रांतिकारी कहा जाता है तो दूसरे शिविर में अर्थहीन और आतंकवादी।

दरिदा की पुस्तक 'ग्रामैटोलाजी' डी-कांस्ट्रक्शन की बाइबिल है। वह भाषा में उच्चार के स्थान पर लेखन को महत्त्व देता है। लेखन उच्चार का चित्रालेख है। डी-कांस्ट्रक्शन के तीन बीज शब्द हैं—भिन्नता (डिफरेन्स), निशान (ट्रेस) और आद्यलेखन (आर्क राइटिंग)। पहले दोनों शब्दों का संबंध साहित्य भी भाषिक संरचना से है और तीसरे का अनकहे की तलाश से। भिन्नता का अर्थ चिह्न (साइन) की दो क्रियाओं से है—भिन्नता और विलंबन या स्थगन। भिन्नता का अभिप्राय है कि जो वह है वह दूसरा नहीं है। विलम्बन का मतलब है ऐसा कुछ जो पूरे तौर पर पाठ में नहीं है या स्थगित है। पहला दिक् (स्पेस) में स्थित है दूसरा काल में।

उदाहरणार्थ 'पंक' और 'पंकज' को लें। दोनों के उच्चार और लेखन में भिन्नता है। जो एक है वह दूसरा नहीं है। जो दूसरा है वह पहला नहीं है। चिह्न की दूसरी शक्ति अर्थ के विलम्बन या स्थगन में है। पंकज का अर्थान्वेषण तब शुरू होता है जब हम समझ लेते हैं कि वह पुष्प नहीं है। कविता में यह दूसरा होता है, प्रत्यय होता है। अतः चिह्न का आधा भाग वह है जो वह नहीं है और आधा वह है जो वहाँ मौजूद नहीं है। सस्यूर के चिह्न का समीकरण संकेंतक+संकेतित है और दरिदा का भिन्नता+विलम्बन या स्थगन।

शब्द अपने आप में अपर्याप्त या अपूर्ण होता है। वह जितना कहता है उससे अधिक नहीं कहता यानी उसमें विलोपीकरण की शक्ति होती है। सभी चिह्न हमें उस दिशा की ओर प्रेरित करते हैं जो वे नहीं हैं। प्रश्न होता है कि जो चिह्न में नहीं है, उसकी तलाश कैसे हो? चिह्नों में कुछ निशान होते हैं जो हमें अनुपस्थित अर्थ की ओर ले जाते हैं। अनुपस्थित अर्थ है आद्यलेखन है।

निशान, पदचिह्न या ट्रेस कुछ है जिससे अनुपस्थिति तक पहुँचा जा सकता है। वह कहता है कि काव्य में भाषा का नहीं, निशान् या ट्रेस तथा अनुपस्थिति का महत्त्व है। पूछा जा सकता है कि स्वयं में पदचिह्न या ट्रेस क्या है, इसका कोई उत्तर नहीं मिलता। भाषा का मौन, अन्तराल निशान ट्रेस ही है। पर निशान को अदृश्य प्रेत-छाया कहना कुछ भी संकेतित नहीं करता। जो लोग भारतीय काव्यशास्त्र

के उदाहरण 'गंगायां घोषः' से परिचित हैं उन्हें दरिदा के आतंकवादी डी-कांस्ट्रक्शन में कुछ खास नहीं मिलेगा। भारतीय काव्यशास्त्र की शब्द-शक्तियों का सिद्धान्त इससे कहीं अधिक विज्ञान-सम्मत प्रतीत होता है।

संदर्भ

डेविडलाज, माडर्न क्रिटिसिज्म एंड थ्योरी (1988)।

बच्चन सिंह, भारतीय एवं पाश्चात्य काव्यशास्त्र का तुलनात्मक अध्ययन (1987)।

विपथन (डेविएशन)

मानक भाषा से भिन्न का प्रयोग शैलीविज्ञान में 'विपथन' कहा जाता है। काव्य-भाषा के संदर्भ में शैलीविज्ञान विपथन को बहुत अधिक महत्त्व देते हैं। सामान्य भाषा-प्रयोग से अलग, उस पथ से हटकर विशिष्ट भाषा का प्रयोग ही विपथन है। उदाहरणार्थ, केदारनाथ सिंह की एक कविता है—'मुट्ठी में प्रश्न लिए/दौड़ रहा हूँ बन-बन, पर्वत-पर्वत/लाचार।' मुट्ठी में प्रश्न नहीं लिया जा सकता। यह सामान्य मानक प्रयोग से अलग है। अतः यह शैलीविज्ञान का विपथन है।

काव्य-भाषा का लाक्षणिक प्रयोग विपथन ही है। भामह की वक्रोक्ति विपथन से अधिक सार्थ शब्द है। भामह वक्रोक्तिविहीन काव्य को वार्ता कहता है। वक्रोक्ति से ही काव्यार्थ का विभावन होता है। वक्रोक्ति के विरुद्ध स्वभावोक्ति को न तो भामह अलंकार मानता है, न कुंतक। काव्य-भाषा को वक्रोक्तिपूर्ण होना अनिवार्य है। कुंतक काव्य को 'कवि व्यापारशालिनी' कहता है।

वह वक्रोक्ति के सम्बन्ध में कहता है—

'प्रसिद्धाभिधान व्यतिरेकिणी विचित्रैवाभिधा। कीदृशी वैदग्धभंगी भणितिः। वदग्ध्यं विदग्ध भावः। कविकर्म कौशलं, तस्यभंगी विच्छित्तिः, तथा भणितिः। विचित्रैवाभिधा वक्रोरित्युच्यते।'

अर्थात—प्रसिद्ध कथन से भिन्न विचित्र अभिधा अर्थात वर्णन-शैली ही वक्रोक्ति है। यह कैसी है? वैदग्ध्यपूर्ण शैली ही वक्रोक्ति है। वैदग्ध्य का अर्थ है विदग्धता—कवि-कर्म-कौशल, उसकी भंगिमा की शोभा (चारुता), उसके द्वारा (उस पर आश्रित) उक्ति। विचित्र अभिधा (वर्णन-शैली) का नाम ही वक्रोक्ति है।

विपथन विचित्र अभिधा के अलावा और कुछ नहीं है। काव्यशास्त्रीय शब्दावली में विचित्र अभिधा या वक्रोक्ति के स्थान पर विपथन के प्रयोग की क्या सार्थकता है?

संदर्भ

कुंतक, वक्रोक्तिजीवित।
मम्मट, काव्यप्रकाश।
रवीन्द्रनाथ श्रीवास्तव, रचनात्मक शैलीविज्ञान।
सुरेन्द्र कुमार, शैलीविज्ञान।

विभाव

भावों के प्रकाशन के हेतु 'विभाव' हैं। इन्हें कारण, हेतु और निमित्त का पर्याय भी कहा गया है। वाचिक, आंगिक तथा सात्विक अभिनय के सहारे चित्तवृत्तियों का विशेष रूप से विभावन कराने वाले हेतु को 'विभाव' कहते हैं। विभावन का अभिप्राय है विशेष ज्ञान। स्थायी, व्यभिचारी चित्तवृत्तियों को विशेष रूप से विभावित करने के कारण उन्हें 'विभाव' कहते हैं। विभावन केवल विशेष ज्ञान का नाम नहीं है, बल्कि उसका कार्य भाव को आस्वाद-योग्यता तक पहुँचा देना है।

भारतीय काव्यशास्त्र में चित्तवृत्तियों या भावों के उद्बोधक विभावों की उस रूप-योजना पर प्रकाश नहीं डाला गया है जो भावों को आस्वाद-योग्य बनाती हैं। इसके अन्तर्गत पात्र, परिस्थिति, परिवेश आदि आते हैं। उनका नियोजन क्रम कुछ इस प्रकार से होना चाहिए कि अपेक्षित भाव को संवेद्य बना सकें। इसलिए कवियों को भावानुरूप विभावों का ही चुनाव करना चाहिए। यही टी.एस. इलियट का वस्तुनिष्ठ समीकरण (ऑबजेक्टिव कोरिलेटिव) है।

विभाव के दो भेद किए गये हैं—आलम्बन और उद्दीपन। आलम्बन के भी दो भेद हैं—आश्रय और आलम्बन। आश्रय पर भाव आश्रित होता है। जिसके कारण भाव का उदय होता है, उसे आलम्बन कहा जाता है। जिसकी वजह से जाग्रत भाव अधिकाधिक उद्दीप्त हो उठते हैं उसे उद्दीपन कहते हैं।

कण्व ऋषि के लता-गुल्म-आच्छादित आश्रम में वृक्ष सींचती हुई शकुन्तला के सौन्दर्य को देखकर दुष्यन्त के मन में रति उत्पन्न होती है इसमें दुष्यन्त आश्रय है। शकुन्तला आलम्बन, लता-गुल्म उद्दीपन और रति भाव हैं। रति भाव को रस कोटि तक पहुँचाने के लिए ज़रूरी है कि विभावादि का समायोजन विशिष्ट ढंग से किया जाए।

आलम्बन विभाव को रस में प्रमुख माना गया है। शृंगार को रसराज मान लेने पर हिन्दी रीति-काव्य में तत्कालीन सामन्तीय परिवेश के फलस्वरूप शृंगार-रस

के आलम्बनों की खूब चर्चा हुई। संस्कृत के शृंगारिक नायक-नायिका भेद की अच्छी-खासी उद्धरणी प्रस्तुत कर दी गयी।

संस्कृत काव्यशास्त्र में प्रवृत्ति को सामान्यतः उद्दीपन विभाव के रूप में ही लिया गया है। पर आचार्य रामचन्द्र शुक्ल ने उसके संश्लिष्ट चित्र को स्वतन्त्र रूप से आलम्बन माना है।

संदर्भ

रामचन्द्र शुक्ल, रसमीमांसा।
विश्वनाथ, साहित्यदर्पण।

विभावन

'विभावन' का अर्थ है—'विशिष्ट भावन'। 'भावन' शब्द के अर्थानुसन्धान के लिए 'भाव' तथा 'विभाव' पदों के अर्थों पर दृष्टिपात करना उचित होगा। भरत तथा अभिनवगुप्त के अनुसार 'भाव' शब्द के अर्थ हैं—उत्पत्ति अथवा निष्पादन या संपादन, भावन अर्थात व्यापन तथा बोध। अभिनवगुप्त 'भाव' के अन्य अर्थ स्वादुतानयन, आस्वादनकरण अथवा आस्वादयोग्यीकरण भी मानते हैं। 'विभाव' का अर्थ भरत, अभिनवगुप्त तथा हेमचंद्र और मम्मटप्रणीत 'काव्यप्रकाश' के टीकाकार माणिक्यचंद्र एवं भट्ट सोमेश्वर की दृष्टि में विशिष्ट ज्ञान, भानु मिश्र की दृष्टि में विशिष्ट उत्पादन, शिङ्गभूपाल के मत में रसज्ञापन, विश्वनाथ के अनुसार सामाजिकों के रत्यादिभावों को आस्वादांकुरप्रादुर्भावयोग्य करना और गोविन्द के मत से रसास्वादांकुरयोग्यता है। 'काव्यप्रकाश' में उद्धृत अभिनवगुप्त के मत, विश्वनाथ तथा विश्वनाथदेव के अनुसार विभावना अथवा विभावन-व्यापार 'विभाव' पद का प्रविृत्तिनिमित्त है। 'काव्यप्रकाश' के टीकाकार गोकुलनाथ 'विभावन' का तात्पर्य 'साधारंणीकरण' मानकर साधारणीकरण-व्यापार-विषयत्व को और श्रीकृष्ण शर्मा विशेषण आस्वादपात्रीकरण मानकर तद्व्यापार को विभावपदप्रवृत्ति हेतु मानते हैं।

भट्टनायक ने सम्भवतः मीसांसा की भावना से प्रभावित होकर भावकत्व नामक एक व्यापार विशेष की उद्भावना की है और इससे रस का भावन माना है। मीमांसा की भावना के त्र्यंशी होने से उन्होंने इस व्यापार को भी त्र्यंशी माना है—

1. श्रव्य काव्य में दोषों का अभाव तथा गुणों एवं अलंकारों की योजना और दृश्य काव्य अर्थात नाट्य में चतुर्विधाभिनय कौशल।

2. विभावादि का साधारणीकरण, जो भावकत्व व्यापार की आत्मा है।
3. प्रमातृचेतना के निविड़ मोहावरण का निवारण, जो भावकत्व व्यापार का कार्य अथवा फल है।

अभिनवगुप्त ने 'ध्वन्यालोकलोचन' में भावकत्व व्यापार के ध्वनि अथवा व्यंजना में अंतर्भावहेतु अधोलिखित युक्तियाँ दी हैं—

1. काव्य का रसोचितगुणालंकारों से युक्त होना ध्वनिवादसम्मत है। भावकत्व व्यापार में अपूर्व बात क्या हुई?
2. 'काव्य रसों के प्रति भावक है'—इस उक्ति से भावन द्वारा उत्पत्तिपक्ष ही प्रत्युज्जीवित हुआ है।
3. भावकत्व शब्द तथा अर्थ दोनों ही का माना गया है। केवल शब्दों ही का भावकत्व भी असम्भव है, क्योंकि अर्थ के परिज्ञान के अभाव में वह सम्भव नहीं है; केवल अर्थों का भी नहीं, क्योंकि उसी अर्थ के भिन्न शब्दों से अर्पित अथवा कथित होने पर रसभावन नहीं होता। शब्दार्थोभय की व्यंजना तो ध्वनिवादी पूर्ववत एव मानते हैं—

यत्रार्थः शब्दो वा तमर्थमुपसर्जनीकृतस्वार्थौ।
व्यङ्क्त काव्यविशेषः स ध्वनिरिति सूरिभिः कथित॥

(ध्वन्यालोक 1/13)

तो फिर भावकत्व में अपूर्व बात क्या है?

4. भावना व्यापार का कारणांश अन्ततः व्यंजनाव्यापार ही है, अर्थात् व्यंजना व्यापार रूपीकरण अथवा साधन से गुणालंकारौचित्यादि रूपी इतिकर्त्तव्यता द्वारा काव्य (भावक) रस रूपी भाव्य अथवा साध्य का भावन करता है। भट्टनायक को साधारणीकरणादि रसभोग में करणत्वेन अभिमत है और वह साधारणीकरणादि ध्वनन अथवा व्यंजनाव्यापार ही से सम्भव है।

आचार्य अभिनवगुप्त तथा मम्मटरचित 'काव्यप्रकाश' के टीकाकार माणिक्यचंद्र, गोविन्द, भट्ट सोमेश्वर, नरसिंह सरस्वती और आचार्य विश्वनाथ आदि ने भावकत्व का तात्पर्य विभावादिकों का साधारणीकरण ही माना है, यद्यपि श्रीवत्सलांछन भट्टाचार्य इसका अर्थ 'मुहुर्मुहश्चिन्तन' तथा श्रीकृष्ण शर्मा 'सन्निधान' समझते हैं। पंडितराज जगन्नाथ ने 'विभावना' के स्थान पर 'भावना' शब्द का प्रयोग कर उसका तात्पर्य विभावादि का साधारणीकरण ही लिया है; यही अर्थ उनके टीकाकार नागेश को भी मान्य है।

उपरिगत पंक्तियों से भावन, भावना अथवा भावकत्व के प्रमुखतया दो ही अर्थ उभरते हैं—साधारणीकरण तथा आस्वादयोग्यीकरण। साधारणीकरण के आस्वादयोग्यीकरण के प्रति साधनभूत होने से भावन, भावना किंवा भावकत्व समग्रतया ग्राह्य अर्थ होगा—

(विभावादिसाधारण्यजनित) चर्वणात्मकास्वाद-रूपप्रत्ययगोचरतापादन अथवा आस्वादयोग्यीकरण। यही अर्थ 'विभावन' (अथवा 'विभावना') में विशेषेण ग्राह्य है। आचार्य भामह 'सैषा सर्वेव वक्रोक्तिरनयार्थो विभाव्यते'—इस कारिकांश के 'विभाव्यते' पद से यही 'आस्वादयोग्यीकरण' अर्थ संप्रेषित करते प्रतीत होते हैं।

संदर्भ

नाट्यशास्त्र।
अभिनवभारती।
काव्यप्रकाश।
काव्यालंकार।

विरेचन

अरस्तू ने प्लेटो के अनुकृति-सिद्धान्त का ही विरोध नहीं किया, बल्कि उसके इस कथन का, कि काव्य मनुष्य की वासना का पोषण करता है और उसे विकारग्रस्त बनाता है, गहरा प्रतिवाद किया। इसके फलस्वरूप विरेचन का सिद्धान्त सामने आया। उसके मतानुसार, काव्य के अनुशीलन और प्रेक्षण से अतिरिक्त मनोविकार विरेचित होकर शमित और परिष्कृत हो जाते हैं और इससे सहृदय को आनन्द की प्राप्ति होती है।

अरस्तू ने 'विरेचन' को परिभाषित तो नहीं किया है, किन्तु जिन दो संदर्भों में इसका उल्लेख किया उनसे इसका अर्थ निकाला जा सकता है और निकाला भी गया है। इसका सर्वप्रथम उल्लेख 'काव्यशास्त्र' में हुआ है और दूसरा उल्लेख 'राजनीतिशास्त्र' में।

'काव्यशास्त्र' में त्रासदी की परिभाषा देते हुए उसके अन्त में उसने कहा है—'त्रासदी में करुणा और त्रास के उद्रेक द्वारा इन मनोविकारों का उचित विरेचन किया जाता है।' इसके उल्लेख का दूसरा संदर्भ है उसका 'राजनीतिशास्त्र' ग्रन्थ। इसमें भी वह करुणा और त्रास से आविष्ट व्यक्तियों के अतिरिक्त मनोविकारों के विरेचन और शमन की चर्चा करता है। यहीं पर उससे प्राप्त आनन्द का भी उल्लेख है। इन्हीं कथनों को लेकर यह शब्द आलोचकों और सौन्दर्यशास्त्रियों की गहन विचारणा का विषय बन गया।

अरस्तू के व्याख्याकारों ने विरेचन के चार प्रकार के अर्थ दिए हैं– (1) चिकित्सापरक, (2) धर्मपरक, (3) कलापरक, और (4) नीतिपरक।

चिकित्सापरक अर्थ करने वालों में वर्जीज मुख्य है। वह इसे चिकित्सा-शास्त्रीय रूपक कहता है। जिस प्रकार रेचक द्वारा उदर की शुद्धि होती है उसी प्रकार त्रासदी का विरेचन मन को शुद्ध या विशदीभूत करता है। वह त्रास और करुणा को बहिर्गत करता हुआ दर्शक को विशेष प्रकार की शांति की अनुभूति कराता है। डेचेज भी इसे चिकित्साशास्त्रीय रूपक के अर्थ में ही ग्रहण करता है। अरस्तू चिकित्सक का पुत्र था। अतः इस शब्द को सहज में ही उसके लाक्षणिक अर्थ में ले लिया।

गिल्बर्ट मरे इसका धर्मपरक अर्थ करते हैं। मरे के मतानुसार, यूनानी नाटकों का प्रारम्भ डायोनीसियस देवता से सम्बद्ध उत्सवों से हुआ था। इस उत्सव में उन्मादकारी संगीत का विधान किया जाता था। उसे सुनकर सुप्त अवांछित मनोविकार उभर कर शमित हो जाया करते थे। अरस्तू को इस उत्सव की जानकारी थी। सम्भव है, उसे विरेचन सिद्धान्त की प्रेरणा वहीं से मिली हो।

प्रो. बूचर 'विरेचन' का कलापरक अर्थ करते हैं। त्रासदी से पहले मानसिक सन्तुलन स्थापित होता है और बाद में कलात्मक परिष्कार होता है। 'विरेचन' केवल मनोविज्ञान या चिकित्साशास्त्र से ही सम्बन्धित नहीं है, यह कला-सिद्धान्त का भी अभिव्यंजक है। त्रासदी का कर्त्तव्य केवल करुणा और त्रास का उद्रेक नहीं है, बल्कि एक सुनिश्चित कलात्मक परितोष प्रदान करना है।

कारनेई और रेसीन ने इसे नीतिपरक माना है। मानसिक स्वास्थ्य का साधन होने के कारण इसे नीतिपरक कहा गया है। बूचर ने इस मत का खंडन किया है। वह प्रकारान्तर से नैतिक प्रभाव स्वीकार करता है, पर उसका तात्कालिक प्रभाव कलात्मक परितोष को ही मानता है।

आधुनिक आलोचकों ने इसे संशय की दृष्टि से देखा है। इन लोगों ने इसे 'टीके का सिद्धान्त' (वैक्सिनेशन थ्योरी) कहा है। टीका लगवाना आनन्दप्रद नहीं होता। त्रासदी का आनन्द निश्चयात्मक और तात्कालिक होता है। डिक्शन के मतानुसार, विरेचन स्वस्थ और 'नार्मल' बनाने की दवा है, किन्तु त्रासदी हमें उदात्त बनाती है, रोगमुक्त नहीं करती।

विरेचन के प्रसंग में अरस्तू ने आनन्द का भी उल्लेख किया है। अतः यह भारतीय काव्यशास्त्र के रस-सिद्धान्त के समीप पहुँच जाता है। डॉ. नगेन्द्र ने विरेचन, अभिनव के 'सत्वोद्रेक', रिचर्ड्स के 'अंतर्वृत्तियों के सामंजस्य' और शुक्ल जी के 'हृदय की मुक्तावस्था' को लगभग अभिन्न माना है। 'विरेचन' में भी द्रष्टा वैयक्तिकता के क्षुद्र बन्धनों से मुक्त हो जाता है।

फिर भी त्रासदीजन्य विरेचन और करुणरस में एक भेद बना रहता है। विरेचन

में मनोविकारों का शमन होता है, किन्तु करुण रस में पाठक या प्रेक्षक अपनी अस्मिता का भोग करता है। अतः 'विरेचन' शब्द में रसानुभूति के आनन्द का गहरा अर्थ समाहित नहीं हो पाता। किन्तु पाश्चात्य सौन्दर्यशास्त्र में अब भी यह महत्त्वपूर्ण भूमिका अदा कर रहा है।

संदर्भ

नगेन्द्र (अनु.), अरस्तू का काव्यशास्त्र।

डेविड डेचेज, क्रिटिकल अप्रोचेज टु लिटरेचर।

बूचर, एरिस्टाटिल्स थ्योरी ऑफ पोइट्री एंड फाइन आर्ट्स।

रेनसम, द वर्ल्ड्स बॉडी।

विरोधाभास

नयी आलोचना में जिसे 'पैराडाक्स' कहते हैं और जिसका अनुवाद 'विसंगति' किया जाता है वह वास्तव में संस्कृत का विरोधाभास अलंकार ही है। 'अविरोधेऽपि विरुद्धत्वेन यद्वचः' (का. प्र.), जहाँ विरोध न होने पर भी विरोध की प्रतीति हो। घनआनंद की रचनाओं में विरोधाभास भरे पड़े हैं–'उजरनि बसी है हमारी अँखियानि देखौ'। असंगति और विरोध को भी इसी में अंतर्भुक्त किया जा सकता है। प्रसाद, निराला, महादेवी की रचनाओं में भी विरोध-वक्रता के अनेक उदाहरण मिल जाएँगे–'शीतल ज्वाला जलती है ईंधन होता है दृगजल का', 'विच्छुरित वह्नि राजीव नयन'।

नयी आलोचना में इसके अर्थ को विस्तार दे दिया गया है। अलंकार से बाहर निकलकर यह 'विचलन' के सम्पूर्ण क्षेत्र को अपने में समेट लेता है। दूसरे शब्दों में इसे वक्रोक्ति भी कहा जा सकता है। ब्रुक्स 'पैराडाक्स' का प्रयोग वक्रोक्ति के ही अर्थ में करता है।

संदर्भ

ब्रुक्स, वेलराट अर्न।

बच्चन सिंह, आलोचक और आलोचना।

नामवर सिंह, कविता के नये प्रतिमान।

एब्राम्स, ए ग्लासोरी ऑफ लिटरेरी टर्म्स।

शब्द-शक्ति

कविता में शब्दों का अत्यधिक महत्त्व है—सार्थक शब्दों का। अभीप्सित अर्थ के लिए कवि को उपयुक्त शब्दों की तलाश करनी पड़ती है। पंडितराज जगन्नाथ ने स्पष्ट कहा है—'रमणीयार्थ प्रतिपादकः शब्द काव्यम्'—रमणीय अर्थ का प्रतिपादन करने वाला शब्द ही काव्य है। व्याकरण, न्याय और मीमांसा शब्दार्थों पर अपने ढंग से विचार करते हैं। काव्यशास्त्र इनसे कुछ चीजों को ग्रहण कर लेता है। शब्दार्थों के संदर्भ में इसका विशेष सम्बन्ध व्याकरण से है। इसीलिए काव्यशास्त्र को व्याकरण की पूँछ कहा जाता है। व्याकरण शब्द की शुद्धता पर विचार करता है। काव्यशास्त्र निश्चित संदर्भ में प्रयोग करने योग्य शब्दों के औचित्य पर ध्यान देता है। उदाहरणार्थ रव, नाद, गर्जन आदि सामान्यतः एक ही अर्थ देते हैं। पर युद्ध में होने वाले कोलाहल को रण-रव नहीं कहा जाएगा, रण-नाद कहा जाएगा। मेघ के साथ नाद और गर्जन दोनों का प्रयोग हो सकता है। पर रव लगाने के लिए एक विशेषण जोड़ना होगा—मेघमन्द्ररव।

शब्द की तीन शक्तियों—अभिधा, लक्षणा और व्यंजना—में काव्यशास्त्र ने अभिधा के लिए व्याकरण-शास्त्र का सहारा लिया, लक्षणा के लिए मीमांसा का, व्यंजना के लिए उसने अपना अलग रास्ता बनाया।

अभिधा शब्द का पहला व्यापार है। शब्दोच्चार के साथ ही जिस अर्थ का बोध होता है। वह उस शब्द का मुख्य अथवा वाच्य अर्थ है। शब्द और उसके मुख्य अर्थ में जो सम्बन्ध होता है उसे वाचक-वाच्य सम्बन्ध कहते हैं—शब्द वाचक होता है और उसका मुख्यार्थ वाच्य। जिस वृत्ति के फलस्वरूप शब्दार्थों में वाचक-वाच्य सम्बन्ध होता है उसे अभिधावृत्ति की संज्ञा दी जाती है। एक शब्द लीजिए—मंदिर। इसके उच्चारण मात्र से एक विशेष प्रकार के शिल्प से युक्त घर (पदार्थ) का बोध होता है। इसमें शब्द 'मंदिर' वाचक है और विशिष्ट पदार्थ का अर्थ-बोध वाच्य है। शास्त्रीय ग्रन्थों में मुख्यतः अभिधावृत्ति से ही काम लेना चाहिए।

परन्तु दैनिक जीवन में केवल अभिधावृत्ति से काम नहीं चलता। ऐसा भी होता है कि मुख्य अर्थ से सम्बद्ध, फिर भी उससे अलग अर्थ से काम लेना पड़ता है। इसे लाक्षणिक अर्थ या लक्ष्यार्थ कहा जाता है। जिस शब्द द्वारा लक्ष्यार्थ ज्ञात होता है उसे लक्षक की संज्ञा दी जाती है। लक्ष्यार्थ तथा उसका बोध कराने वाले शब्द में लक्ष्य-लक्षक सम्बन्ध होता है। जिस वृत्ति के कारण यह सम्बन्ध होता है उसे लक्षणा कहते हैं। यदि कोई किसी पर व्यंग्य करता हुआ कहता है कि 'आप महापुरुष हैं!' तो इसका अर्थ होगा—आप कमीने हैं। यह विपरीत लक्षणा का उदाहरण हुआ। संस्कृत काव्यशास्त्र में इसके उदाहरणस्वरूप 'गंगायां घोषः' को प्रायः उद्धृत किया गया है।

यहाँ कठिनाई यह है कि गंगा के प्रवाह में घर नहीं हो सकता। अतः 'गंगायां' का अर्थ गंगातट लेना होगा। इस अर्थ का वाच्यार्थ से सम्बन्ध होते हुए भी उससे अलगाव भी है।

लक्षणा के तीन निमित्त हैं—(1) मुख्यार्थबाध, (2) मुख्यार्थयोग, और (3) रूढ़ि तथा प्रयोजन। मुख्यार्थबाध का अर्थ है जहाँ मुख्यार्थ बाधित हो जाता है, या अनुपपन्न होता है। मुख्यार्थ के बाधित होने पर हम भिन्न अर्थ लेते हैं। किन्तु यह अर्थ मुख्यार्थ से भिन्न होने पर भी उससे संबंधित होना चाहिए। इसी को मुख्यार्थ योग कहते हैं। मुख्यार्थ से पाँच प्रकार का सम्बन्ध होता है—सामीप्य, सादृश्य, वैपरीत्य, समवाय और क्रिया सम्बन्ध। लक्ष्यार्थ की प्राप्ति रूढ़ि (लोक-प्रसिद्धि) से प्राप्त होती है या प्रयोजन से। प्रयोजन का अभिप्राय है वाक्यों का प्रयोजन। 'पंजाब कर्मठ है' में रूढ़ि लक्षणा है। 'पंजाबी' का अर्थ पंजाब के निवासी के रूप में रूढ़ हो चुका है। 'गंगायां घोषः' प्रयोजनवती लक्षणा का उदाहरण है।

लक्षणा मुख्यार्थ का व्यापार है। शब्द और लक्षणा का सीधा सम्बन्ध नहीं है। इनके बीच वाच्यार्थ स्थित है। इसीलिए इसे 'सान्तरार्थनिष्ठ'—साक्षात् अर्थनिष्ठ और परम्परा से शब्दनिष्ठ कहा गया है। यह मुख्यार्थ की वृत्ति है, गौणात्व से शब्द की वृत्ति कही गयी है। अभिधा शब्द की साक्षात वृत्ति है, लक्षणा नहीं है। बिना प्रयोजन के इसका प्रयोग नहीं होता।

लक्षणा का मूल प्रयोजन व्यंग्य है। लक्षणा का प्रयोजन व्यंजना की समझदारी से ही आता है। यह व्यंग्य न गूढ़ होना चाहिए, न अगूढ़।

अभिधा, लक्षणा और तात्पर्य नामक वृत्तियाँ अर्थबोध कराके विरत हो जाती हैं, किन्तु इसके बाद भी जो अर्थबोध होता है उसे विश्वनाथ ने व्यंजना कहा है। व्यंजना वृत्ति शब्द में भी होती है और अर्थ में भी। अभिधा, लक्षणा और व्यंजना में अभिधा स्वतन्त्र और अपने-आप में पूर्ण है। वह किसी अन्य वृत्ति पर आश्रित नहीं है। शब्द को वाचक होने के लिए लक्षक या व्यंजक होने की जरूरत नहीं है। लक्षणा अभिधा पर आश्रित है। यदि मुख्यार्थबोध न हो तो लक्षणा हो ही नहीं सकती। जिस प्रकार वाचक शब्द हो सकता है उस प्रकार लक्षक नहीं हो सकता। लक्षक होने के लिए शब्द को वाचक होना ही चाहिए। इसीलिए लक्षणा को 'अभिधा पुच्छभूत' कहते हैं। व्यंजना अभिधा और लक्षणा दोनों पर आधारित है। जब तक अभिधा-लक्षणा अपना काम करके विरत नहीं हो जातीं, व्यंजना का काम आरम्भ ही नहीं होता है। जैसे शब्द का केवल लक्षक होना सम्भव नहीं है वैसे ही व्यंजक होना भी नहीं है। व्यंजक शब्द एक साथ वाचक और व्यंजक तथा लक्षक और व्यंजक होगा।

व्यंजना के मुख्य दो भेद हैं। शब्दनिष्ठा और अर्थनिष्ठा। शब्दनिष्ठा के भी दो भेद किए जाते हैं—लक्षणामूला और अभिधामूला। लक्षणा के प्रयोजन की प्रतीति लाक्षणिक शब्द से होती है। किन्तु लक्षणा से तो लक्ष्यार्थ की प्रतीति होती है। तब

प्रयोजन की प्रतीति किससे होती है। मम्मट के मतानुसार व्यंजना-व्यापार से होती है। 'गंगायां घोषः' का परिचित उदाहरण लीजिए। गंगा का मुख्यार्थ गंगा-प्रवाह है। प्रवाह में घोष हो नहीं सकता। उसमें बस्ती कैसे ठहरेगी? अतः सामीप्य सम्बन्ध से उसका अर्थ हुआ गंगातट। यह हुआ गंगा का लक्ष्यार्थ। पर ऐसा कहने का प्रयोजन क्या है? वक्ता अपने वक्तव्य द्वारा घोष की शीतलता और पवित्रता भी व्यक्त करना चाहता है। अन्यथा 'गंगायां घोष' कहने की कोई जरूरत नहीं थी। गंगा का गंगा-प्रवाह अर्थ अभिधा से, गंगा-तट अर्थ लक्षणा से, शीतल-पावनत्व अर्थ व्यंजना से निस्सृत हुआ।

अभिधामूला व्यंजना में दो अर्थ होते हैं—प्राकरणिक और अप्राकरणिक। अभिधा केवल प्राकरणिक अर्थ देती है। अप्राकरणिक अर्थ व्यंजना-व्यापार द्वारा प्राप्त किया जाता है। लक्षणामूला-व्यंजना और अभिधामूला-व्यंजना का अंतर स्पष्ट है। लक्षणा यदि प्रयोजनवती न हो तो व्यंजना की संभावना ही निःशेष हो जाती है। प्रयोजनवती लक्षणा और व्यंजना में अन्वय-व्यतिरेक सम्बन्ध है। जहाँ प्रयोजनवती लक्षणा होगी वहाँ व्यंजना का होना अनिवार्य है। अभिधा और व्यंजना में अन्वय-व्यतिरेक सम्बन्ध नहीं है जहाँ अभिधा है वहाँ व्यंजना नहीं भी हो सकती है। अभिधामूला व्यंजना के लिए सर्वप्रथम शब्द के दो अर्थ होने चाहिए। इसमें व्यंजना का होना जरूरी नहीं है। अनेकार्थ शब्द संयोग-सन्निधि आदि से एक अर्थ में सीमित हो जाता है। यदि उसी समय दूसरा अर्थ सूचित हुआ तो वहाँ अभिधामूला व्यंजना होगी। जहाँ दोनों अर्थ वाच्य होंगे वहाँ श्लेष होगा, अभिधामूला व्यंजना नहीं।

शाब्दी व्यंजना के अतिरिक्त आर्थी व्यंजना भी होती है। इसका एक प्रसिद्ध उदाहरण है—

'किमित कृशासि कृशोदरि,...'

'हे कृशोदरि, आप इतनी दुर्बल क्यों हैं? परकीय वृत्तान्त से तुम्हें क्या प्रयोजन? ऐसे ही पूछा, जानकर प्रसन्नता होगी। आप घर जाइये, आपकी पत्नी बतला देगी।' इसके वाच्यार्थ से अलग—पति के विरह में कृश होने का अर्थ व्यंजना से प्रकट होता है।

संदर्भ

गणेश त्र्यंबक देशपांडे, भारतीय साहित्यशास्त्र।

मम्मट, काव्यप्रकाश।

आनन्दवर्धन, ध्वन्यालोक।

विश्वनाथ, साहित्यदर्पण।

शैली

पाश्चात्य काव्यशास्त्र में 'शैली' शब्द का व्यवहार प्राचीन काल से ही होता आया है। पर आश्चर्य है कि भारतीय काव्यशास्त्र में इसका समानधर्मा शब्द नहीं है। शैली अंग्रेजी के 'स्टाइल' का अनुवाद है। एक स्थान पर इस शब्द का प्रचुर प्रयोग और दूसरे स्थान पर इसका अभाव दो गोलार्द्धों के सांस्कृतिक पार्थक्य को रेखांकित करता है। शैली का सम्बन्ध वैयक्तिकता से है। वैयक्तिकता का जितना गहरा सम्बन्ध पश्चिम से है, पूर्व से उसका उतना ही दुराव है। इसका मतलब यह नहीं है कि भारतीय साहित्य में शैली तत्त्व नहीं है। शैली केवल साहित्य में ही नहीं होती, अन्य कलाओं में भी होती है। यों यह भाषा का सामान्य गुण है। साहित्येतर ग्रंथों की भी शैलियाँ होती हैं, पर वे उतनी विशिष्ट, ऐकांतिक और अर्थवान नहीं होतीं।

शैली अभिव्यक्ति की विशिष्ट पद्धति होती है। इसके माध्यम से व्यक्ति अपने भावों और विचार की अपेक्षा अपने को अधिक अभिव्यक्त करता है। अभिव्यक्ति की प्रक्रिया में कवि का अपना उद्देश्य, स्वभाव दृष्टिकोण, जीवन-प्रणाली, आस्था-विश्वास, सन्देह आदि व्यक्त होते चलते हैं। यही उसकी अस्मिता होती है। इसमें केवल मानस की ही अभिव्यंजना नहीं होती, बल्कि सम्पूर्ण जीवन-प्रणाली की होती है।

कुंतक इसीलिए कविता पर विचार करते हुए कवि-स्वभाव पर विशेष बल देता है। जैसा कवि होगा उसी तरह की उसकी अभिव्यक्ति होगी। कवि के अपने स्वभाव के अनुसार प्रतीकों, बिम्बों, मेटाफ़र, मिथकों, वगैरह-वगैरह को बार-बार दुहराया जाएगा। किसी की भाषा में विशेषणों की भरमार होगी तो किसी में वे कम या बहुत कम होंगे। कोई ध्वनियों के प्रति आकृष्ट दिखाई देगा तो कोई कृत्रिम शिल्प के प्रति।

शैली में केवल लेखक का व्यक्तित्व ही नहीं उभरता, समसामयिक लेखक चिन्तन-प्रणाली भी उभरती है। लेखक के अपने व्यक्तित्व और समसामयिक लेखक-चिंतन-प्रणाली का संघर्ष भी उभरता है। यह संघर्ष जितना तीखा और सान्द्र होगा अभिव्यक्ति भी उतनी ही सशक्त और कालातीत होगी। समसामयिक लेखन-चिन्तन-प्रणाली के आधार पर उनका काल-निर्णय हो सकता है, होता है। साहित्य के अतिरिक्त उस काल की अन्य कलाओं का अध्ययन उसे और भी प्रामाणिक बना देता है। इसके आधार पर रीतिकाल और छायावाद की पद्धति को अलगाया जा सकता है। क्लासिकल और रोमैंटिक पद्धतियाँ अलग-अलग होती हैं। एक देश-काल की शैली उस देश-काल की संस्कृति के अनुरूप होती है। इसके द्वारा शैली 'कंडिशंड' भी हो जाती है। प्रतिभाशाली कवि इस सीमा को लाँघ कर नयी परिस्थितियों के अनुसार नयी शैली प्रादुर्भूत करता है।

समाजवादी आलोचक शैली को विशेष आर्थिक-सामाजिक काल-खंडों में रखकर देखते हैं। आर्थिक-सामाजिक, राजनीतिक बदलाव शैलीगत बदलाव भी ले आते हैं।

इसके साथ ही वे धार्मिक तथा महत्त्वपूर्ण विश्व-दृष्टियों को भी शामिल कर लेते हैं। एक व्यापक परिप्रेक्ष्य में रखकर देखने पर शैली की समझदारी बढ़ती है। लेकिन इसके साथ खतरा यह होता है कि शैली के स्थान पर शैली के बहाने समाजशास्त्र का अध्ययन होने लगता है।

समीक्षा में शैली का महत्त्व आवयविक अन्विति के रूप में ही है। शैली या विशिष्ट वचन भंगिमा का महत्त्व प्रत्येक अंग का अंगी की संपूर्णता में उसके अपने योगदान पर निर्भर करता है।

संदर्भ

कनिंघम, द प्राब्लम ऑफ स्टाइल।

शैलीविज्ञान

सामान्यतः शैलीविज्ञान भाषाविज्ञान की वह शाखा है जिसके माध्यम से साहित्य की रचनात्मक कृतियों का वस्तुनिष्ठ अध्ययन होता है। भाषाविज्ञान में मानक भाषा का जिसे सास्यूर 'लाँग' कहता है, और उच्चार जिसे ससूर 'पेरोल' कहता है, अध्ययन किया जाता है। व्याकरण का सम्बन्ध मुख्यतः मानक भाषा से होता है। साहित्य में व्याकरण की सुशब्दता तो होती है, लेकिन अर्थ की सुशब्दता वक्रोक्ति से आती है। इसलिए भाषा के व्याकरण से काव्य का व्याकरण भिन्न होता है। अलंकारशास्त्र (काव्यशास्त्र) ही काव्य का व्याकरण है। इसे 'व्याकरणस्य पुच्छम्' कहा जाता है, यानी व्याकरण का परिशिष्ट। पाश्चात्य काव्यशास्त्री के शब्दों में जहाँ व्याकरण समाप्त होता है वहाँ से काव्य-भाषा का प्रारम्भ होता है।

'शैली' का सामान्य अर्थ है साहित्यिक अभिव्यंजना की प्रविधि। शैलीविज्ञान अंग्रेजी के 'स्टाइलिस्टिक्स' का अनुवाद है। कुछ लोग इसे 'रीतिविज्ञान' की भी संज्ञा देते हैं। किन्तु संस्कृत का 'रीति' शब्द एक विशिष्ट काव्यशास्त्रीय अर्थ में प्रयुक्त होता है। 'शैली' शब्द की व्यापकता उसमें नहीं है। व्यवहार में भी शैलीविज्ञान शब्द प्रचलित हो गया है। अतः यह शब्द आलोचना का एक शब्द बन गया है।

भारतीय काव्यशास्त्र तो मुख्यतः भाषा और सौन्दर्यात्मकता या विच्छिति का ही प्राकलन करता है। भामह, दंडी, वामन, आनन्दवर्धन, कुंतक, क्षेमेन्द्र आदि की काव्य-परिभाषाएँ शब्दार्थों के वैशिष्ट्य से ही सम्बद्ध हैं। शैलीविज्ञान की अधिकांश प्रविधियों का समावेश भारतीय काव्यशास्त्र में दिखायी पड़ता है। इसी प्रकार पाश्चात्य

काव्यशास्त्र में इसके सूत्र खोजे जा सकते हैं। इलियट, रिचार्ड्स, पाउंड, रैन्सम, ब्रुक्स आदि की आलोचनात्मक शब्दावली में भी बहुत कुछ ऐसा है जो शैलीविज्ञान में अन्तर्भुक्त हो जाता है। पर अपनी भाषा वैज्ञानिकता के कारण शैलीविज्ञान एक वैज्ञानिक प्रणाली के रूप में प्रतिष्ठित हो गया है। इसमें स्वर-विज्ञान, मर्ष-विज्ञान, वाक्य-विज्ञान, शब्द-कोश आदि की सहायता ली जाती है।

पर अपनी सीमित प्रविधियों, कमजोर औजारों के कारण इसमें कई त्रुटियाँ दिखाई पड़ती हैं—यह अपने मूलरूप में बीचगणितीय है; साहित्य का सौन्दर्यशास्त्रीय पक्ष इससे अस्पृश्य है, मूल्यांकन से इसका कोई सम्बन्ध नहीं है, कथा-साहित्य के लिए इसके सिद्धान्त छोटे पड़ जाते हैं। लारकिन की एक अंग्रेजी कविता है 'फर्स्ट साइट'। सिन्क्लेयर ने इसकी लम्बी जटिल शैलीवैज्ञानिक परीक्षा की है। शैलीविज्ञान के शब्द-जाल का इससे बेहतर नमूना मिलना दुर्लभ है। श्रीमती वेंडसर की दृष्टि में यह विवेचन अपठनीय और वाहियात किस्म के वाक्छल से भरा पड़ा है। हिन्दी की शैलीवैज्ञानिक विवेचनाएँ उतनी जटिल तो नहीं हैं, किन्तु चमत्कार और तिलिस्म से भरी हुई हैं।

व्याकरणिक भूमिका पर खड़ा शैलीविज्ञान काव्य के रूप और सौन्दर्य-पक्ष को अछूत मानता है। उसकी अपनी ही तकनीक इतनी पेचीदा है कि उसके माध्यम से सौन्दर्यशास्त्रीय आयाम खोज निकालना आकाश-गंगा को बलपूर्वक धरती पर उतारना है। इसके चक्रव्यूह में फँसे सौन्दर्य की कोई निष्कृति नहीं बन पाती।

मूल्यांकन आलोचना का अनिवार्य अंग है। लेकिन इस विज्ञान में उसके लिए कोई स्थान नहीं है। सिन्क्लेयर का कहना है कि मूल्य से पृथक रखकर भी उसकी अर्थवत्ता का अन्वेषण हो सकता है। पर स्वयं उसके विवेचन के वे ही अंश महत्त्वपूर्ण हैं जो अनजाने ही मूल्य-संपृक्त हो गये हैं। अर्थविज्ञान के दोनों प्रकारों—माइक्रो-सेमैंटिक और मैक्रो-सेमैंटिक की सहायता लेकर भी वह मूल्यवत्ता तक नहीं पहुँचता।

कथालोचन के लिए यह सर्वाधिक अनुपयुक्त है। कथा-वस्तु, चरित्र, मोतिफ़ आदि की विवेचना के लिए इसके पास कोई औजार नहीं है। रचनागत अन्तर्दृष्टि से भी इसे कुछ लेना-देना नहीं है।

संदर्भ

सुरेश कुमार, शैलीविज्ञान।

रवीन्द्रनाथ श्रीवास्तव, संरचनात्मक शैलीविज्ञान।

विद्यानिवास मिश्र, रीतिविज्ञान।

नगेन्द्र, शैलीविज्ञान।

टर्नर, स्टाइलिस्टिक्स।

आलोचना (नवांक 30)।

संकेत-विज्ञान (सेमिओलाजी)

'संकेत-विज्ञान' अंग्रेजी के 'सेमिओलाजी' या 'सेमिओटिक्स' का अनुवाद है। संकेत विज्ञान को हिन्दी में 'प्रतीक-विज्ञान' भी कहा जाता है। चिह्नों (साइंस) को संकेत भी कहा जा सकता है और प्रतीक भी। चूँकि प्रतीक एक रूढ़ अर्थ में सीमित हो चुका है, इसलिए इसे संकेत-विज्ञान कहना अधिक संगत और औचित्यपूर्ण है।

संकेत-विज्ञान के अध्ययन के दायरे में सभी संकेत—भाषिक और भाषिकेतर—समाविष्ट हैं जो विचारों या भावों को दूसरे के पास सम्प्रेषित करते हैं। भाषिकेतर संकेतों में वेष-भूषा, सुगंधित लेप, मुद्राएँ, आँखों या भौंहों में हँसना, नाक मोड़ना आदि शामिल हैं। इस संदर्भ में रीति-रिवाजों, संस्कारों, देह-भाषा का स्वतन्त्र अध्ययन अपेक्षित है। रीतिकालीन कवियों में बिहारी ने देह-भाषा का अत्यधिक प्रयोग किया है।

20वीं शताब्दी के मध्य में कुछ विद्वानों का ध्यान इधर गया—नृतत्त्ववादियों का भी और आलोचकों का भी। संरचनावाद को संकेत-विज्ञान का ही विकसित रूप कहा जाता है। सन् 1961 में अपने एक भाषण में लेवी स्त्रौस ने नृतत्त्वविज्ञान को संकेत-विज्ञान की एक शाखा घोषित किया। यूरोपीय संकेत-विज्ञान का जनक सास्यूर है तो अमरीकी संकेत-विज्ञान का पीयर्स।

भाषिकेतर संकेत को सिर्फ़ संकेत कहा जाता और जहाँ भाषा का प्रयोग होता है वहाँ उसे भाषिक संकेत की संज्ञा दी जाती है। संकेत के दो पक्ष होते हैं—संकेतक (सिग्निफ़ायर) और संकेतित (सिग्नीफ़ाइड)। भाषिक संकेत में संकेतक ध्वनि-बिम्ब होता है। यह संकेतक ध्वनि-बिम्ब संकेतित से संरचनात्मक सम्बन्धों में जुड़कर अर्थ का एक नया स्तर देता है। संकेतक अपने संकेत्य से हटकर एक परिपाटी या परम्परा के तहत वक्ता के अभिप्रेत के अनुरूप जो अर्थ ग्रहण करता है वह संकेत में नहीं होता है।

भवानी प्रसाद मिश्र की एक कविता है—'फूल लाया हूँ कमल के...।' इसमें कोई अपनी प्रेयसी को कमल का फूल भेंट करना चाहता है। कमल का फूल संकेतक है, और भेंटकर्त्ता का प्रेम-भाव संकेतित है। इन दोनों का संरचनात्मक साहचर्य एक तीसरे पारिभाषिक शब्द—'कमल का फूल' को उत्पन्न करता है। यहाँ 'कमल का फूल' एक भाषिक संकेत या प्रतीक है। वनस्पतिशास्त्र के 'कमल' में वह अर्थ नहीं है जो संकेतक शब्द में संकेतित के साहचर्य से भर गया है।

बार्थस मिथ की चर्चा करते हुए संकेतक, संकेतित और संकेत से अभिव्यंजित अर्थ के एक दूसरे स्तर का उल्लेख करता है। साहित्य के संदर्भ में वह अभिधा (डिनोटेशन) और लक्षणा-व्यंजना (कनोटेशन) का सवाल उठाता है। संकेत विज्ञान में एक नवता है, पर संस्कृत काव्यशास्त्र के शब्दशक्ति-विवेचन की वैज्ञानिकता नहीं।

संदर्भ

टेरेन्स हाक्स, स्ट्रक्चरलिज़्म ऐंड सेमिओटिक्स, (1977)।

रोनाल्ड बार्थस, माइथोलाजीज़ (1957)।

मारिस, राइटिंग्स ऑन द जेनरल थ्योरी ऑफ़ साइन्स (1971)।

रवीन्द्रनाथ श्रीवास्तव, संरचनात्मक शैलीविज्ञान (1979)।

संत्रास

यह अस्तित्ववादी दर्शन का शब्द है जिसका प्रयोग अंग्रेजी के 'एंग्ज़ाइटी' या जर्मन के 'आंग्स्ट' के हिन्दी-अनुवाद के रूप में किया जाता है। हिन्दी में इस शब्द का इस्तेमाल सन् 60 के बाद होने लगा था। 19 जनवरी सन् 64 के 'धर्मयुग' के एक लेख 'नयी कहानी...' में निर्मल वर्मा ने 'सम्पूर्ण संत्रास' शब्द का प्रयोग किया है। बाद में संत्रास के परिप्रेक्ष्य में अनेक लेख लिखे गये। पर सही अस्तित्ववादी अर्थ में बहुत कम लोगों ने इसे ग्रहण किया है।

इस शब्द पर मुख्यतः तीन अस्तित्ववादियों ने विचार किया है—सोरेन किर्केगार्द, हेडेग्गर और सार्त्र। ये तीनों विचारक इस तथ्य से सहमत हैं कि संत्रास मानवीय स्थितियों को विशिष्ट तरीक़े से उद्घाटित करता है। किर्केगार्द की पुस्तक में, जिसका अंग्रेजी अनुवाद 'द कांसेप्ट ऑफ़ ड्रेड' नाम से प्रकाशित हुआ है, इस सम्बन्ध में विस्तार से विचार किया गया है। किन्तु उसमें साफ़गोई नहीं है। उसने इसे अस्थिरता, स्वतन्त्रता और तनाव से संबद्ध किया है। संत्रास को सहकर मनुष्य यथार्थ का साक्षात्कार करता है। संत्रास स्वतन्त्रता की सम्भावना है।

हेडेग्गर ने इसे अधिक सफ़ाई के साथ पेश किया है। संत्रास एक प्रकार का भय है। भय में भयभीत करने वाली वस्तुओं का ज्ञान रहता है जैसे, प्लेग, युद्ध, हिंस्रपशु आदि। किन्तु संत्रास में संत्रस्त करने वाली वस्तुओं के नाम-रूप का परिचय नहीं मिलता, वह अनिश्चित रहता है। जीवन में शून्यता भर जाती है। हम अपने को 'नास्ति' के सम्मुख खड़ा पाते हैं। पर संत्रास से व्यक्ति में सचेतता आती है, वह मनुष्य को स्वतंत्र और प्रामाणिक बनाता है। हम स्वतंत्र रूप से वरण करते हैं और होने की सार्थकता सिद्ध करते हैं। हम झूठी सुरक्षा और भ्रमों से मुक्त होकर प्रामाणिकता की ओर उन्मुख होते हैं।

सार्त्र के मतानुसार, किर्केगार्द संत्रास को स्वतन्त्रता से सम्बद्ध करता है तो हेडेग्गर एक प्रकार की शून्यता (नथिंगनेस) से । वह इन दोनों को एक-दूसरे का

पूरक कहता है। दोनों में एक प्रकार का द्वन्द्वात्मक रिश्ता है। शून्यता की अनुभूति हमें स्वतन्त्रता की ओर ले जाती है। दूसरे शब्दों में, यह शून्यता से आबद्ध है। स्वतन्त्र होने की स्पृहा हमें संत्रास की दिशा में ले जाती है। रूढ़िबद्ध क्रियाकलापों में पनाह लेकर हम संत्रास से बच सकते हैं, किन्तु यह आत्मछल (बैड फ़ेथ) है। अतः संत्रास से पलायन अपने से पलायन है। उसे भोगकर ही हम प्रामाणिक ज़िंदगी जी सकते हैं।

ऊब (बोरडम) भी संत्रास से ही सम्बद्ध है। इसमें या तो हम किसी वस्तु या व्यक्ति से ऊबते हैं या खुद अपने से। ऊब का यह दूसरा रूप ही रचनात्मक होता है। ऊब से मुक्त होने का मतलब है स्वतंत्र होना, स्वतंत्र होने का अर्थ है रूढ़ियों से हटकर वरण करना और इस प्रकार का वरण ही हमें प्रामाणिकता प्रदान करता है। सार्त्र के उपन्यास 'नासिया' में इसे बहुत अच्छी तरह उपस्थित किया गया है।

इस संदर्भ में किर्केगार्द ने चिन्ता को बहुत महत्त्व दिया है। यह मनुष्य के भाग्य की अनिवार्य स्थिति है। इसे भी वह स्वतन्त्रता से बद्ध कर देता है। इसके कारण मनुष्य को किसी धारा में प्रवाहित होना नहीं है। ठीक इसके विपरीत उसे अबाध रूप से स्वतंत्र होकर अपने को विकसित करना है।

संदर्भ

जान मक्वैरे, एक्ज़िस्टेंशियलिज़्म (1978)।

गार्डन चार्ल्स रोडरमल, हिंदी कहानी : अलगाव का दर्शन (1982)।

योगेन्द्र साही, अस्तित्ववाद : किर्केगार्द से कामू तक (1978)।

संदर्भ

किसी कथन का सही ज्ञान उन संदर्भों द्वारा जाना जाता है जिनमें उनका प्रयोग होता है। संदर्भ एक प्रकार की स्थिति या परिपार्श्व है। इसमें रखे जाने पर कथनार्थ नियंत्रित हो जाता है। यह संदर्भ दो प्रकार का होता है—आन्तरिक यानी भाषिक और बाह्य यानी मनोवैज्ञानिक, सामाजिक और ऐतिहासिक। आन्तरिक संदर्भ में शब्दों, मुहावरों आदि को चुनकर उन्हें विशिष्ट क्रम में रखने की आवश्यकता होती है, ताकि उससे इष्टार्थ प्राप्त हो सके। कोई रचना बाह्य संदर्भ के पूर्त्यर्थ की जाती है। समीक्षक को इन दोनों संदर्भों का तालमेल बैठाने की ही जरूरत नहीं होती, बल्कि उनके पारस्परिक

संघर्षों को भी देखने की आवश्यकता होती है। यों उसके लिए बाह्य संदर्भ उतने प्रामाणिक नहीं हैं, जितने आन्तरिक। प्रामाणिकता का दारोमदार मुख्यतः भाषिक संरचना पर ही होता है। पर सामाजिक साक्ष्य के आधार पर वह प्रामाणिकता और भी प्रमाणित हो जाती है।

शब्दों की जगह बदल दीजिए अर्थ बदल जाएगा, टोन परिवर्तित कर दीजिए अर्थ में परिवर्तन हो जाएगा। शब्द का पर्याय रख दीजिए अभीष्ट अर्थ नष्ट हो जाएगा। कवियों को इन वस्तुओं का विशेष ध्यान रखना पड़ता है। कवि सही अर्थ की तलाश करता है, अपने कवि से शब्द माँगता है। मेलार्मे शब्दों पर ज़ोर देता है, पण्डितराज जगन्नाथ, 'रमणीयार्थ प्रतिपादकः शब्द काव्यम्' कहकर शब्दों की सही पहचान और उनके संदर्भों की ओर ध्यान आकृष्ट करते हैं।

कवि अधिक गहरी जटिल संवेदनाओं की अभिव्यक्ति करता है, इसलिए उसकी भाषा भी उसी अनुपात में जटिल तथा वक्रोक्तिपूर्ण हो उठती है। अपनी भंगिमा में वह गद्य की भाषा से अलग पहचान बना लेती है। निराला की छोटी-सी पंक्ति है–'आज मन पावन हुआ है, जेठ में सावन हुआ है।' इसमें जेठ में सावन का होना अर्थावरोध करता है। इस अवरोध की समस्या तब तक हल नहीं होगी जब तक पूरे पाठ और संदर्भ की छानबीन न कर ली जाएगी। जेठ में सावन की शीतलता, हरीतिमा, रिमझिम की सुषमा एक प्रसन्न माहौल पैदा करती है। किन्तु इसकी सही अर्थवत्ता मन की पवित्रता के साथ जुड़ने पर ही होगी।

कहानियों, उपन्यासों में भी संदर्भों को देखना ज़रूरी है। वक्ता, श्रोता और उनकी स्थितियों के अनुसार भाषा का तेवर बदल जाता है। वह कभी गम्भीर, कभी व्यंग्यात्मक, कभी जोकुलर हो जाती है। प्रतीक, बिम्ब, मेटाफ़र, मिथ, फ़ैंटेसी, अनेकार्थता आदि को विशिष्ट संदर्भों में ही अर्थापित किया जाता है।

संप्रेषण

यों तो संप्रेषण की समस्या से प्रत्येक काल का कलाकार जूझता रहा है। संस्कृत से हटकर भाषा में लिखने वाले कवियों के सामने यह समस्या कितनी कठिन रही होगी, यह अनुमान का विषय है। किन्तु तुलसी के शब्दों में 'कीरति बिमल' के कारण वे अपनी समस्या सुलझा लेते थे। व्यक्ति और समाज के बीच खाई नहीं थी। लोग सामूहिक विश्वासों और विचारधारा से बँधे हुए थे। ऐसी स्थिति में कवि जो कुछ कहता था वह जनमानस को संप्रेषित हो जाता था। छायावादी कवियों को अपनी

भावनाएँ संप्रेषित करने के लिए काफ़ी हद तक भाषा से जूझना पड़ा था। किन्तु सिद्धान्त के स्तर पर यह प्रश्न प्रयोगवाद-काल में उठा।

अज्ञेय ने 'तारसप्तक' (1943) के अपने वक्तव्य में इस समस्या की ओर हमारा ध्यान आकृष्ट करते हुए लिखा है कि आज की मौलिक समस्या है साधारणीकरण और कम्यूनिकेशन (संप्रेषण) की समस्या। व्यक्ति-सत्य और व्यापक सत्य के बीच एक चौड़ी खाई खुद चुकी थी। कवि 'व्यक्ति-सत्य के व्यापक सत्य बनाने का सनातन उत्तरदायित्व अब भी निभाना चाहता है पर देखना है कि साधारणीकरण की पुरानी प्रणालियाँ, जीवन के ज्वालामुखी से बहकर आते हुए लावा से ही भरकर और जमकर रुद्ध हो गयी हैं, प्राणसंचार का मार्ग उनमें नहीं है।' इसी वक्तव्य को उन्होंने 'आत्मनेपद' (1960) में पुनः प्रस्तुत कर दिया है।

पूँजीवादी व्यवस्था, मासमीडिया—रेडियो, टेलीविज़न, समाचार-पत्र, सिनेमा आदि—ने भाषा में एक प्रकार की यंत्रगतिकता ला दी है और उनसे लोगों की दिमाग़ी बनावट में विचित्र सपाटता आ गयी है। लेखक इनसे हटकर जब अपने अनुभव को सटीक ढंग से व्यक्त करना चाहता है तो घिसी हुई भाषा ना-काफ़ी और पिटे हुए शब्द अपर्याप्त मालूम पड़ते हैं। यहीं पर उसे नयी भाषा तलाशनी पड़ती है, क्योंकि अनुभव की अद्वितीयता मासमीडिया की क्षयग्रस्त भाषा में अभिव्यक्त नहीं की जा सकती। तथाकथित क्रांतिकारी लेखक की भाषा को कम भ्रष्ट नहीं करते। अवधारणाओं के कुछ नारों और शब्दों को उछालकर जिस छद्म साहित्य की सृष्टि होती है उससे लोकप्रियता तो मिलती है, लेकिन गहन संवेदना को ग्रहण करने की शक्ति नष्ट हो जाती है।

लेकिन संप्रेषण के इस संकट के बहाने अपने को पाठकों से काट लेना एक दूसरे छद्म को जन्म देता है। पत्रकारिता, राजनीति और मासमीडिया में ही साहित्यकार को जीना है और इसके लिए हम अभिशप्त हैं। इनसे भी बहुत कुछ सीखा जा सकता है। सामान्य जन की भाषा में आज भी एक ताज़गी है। सामान्य जन यानी गाँव के किसान, शहर के मज़दूर हमें ऐसी भाषा दे सकते हैं जो साहित्यकार को संप्रेषण के संकट से उबार सकती है।

संदर्भ

येब्जेनी बेसिन, सेमेंटिक फ़िलासफ़ी आफ़ आर्ट्स (1979)।

जार्ज स्टीनर, लैंग्वेज, ऐंड साइलेंस (1969)।

अज्ञेय, तारसप्तक (1943)।

निर्मल वर्मा, शब्द और स्मृति (1979)।

संरचना

आज की समीक्षा में संरचना का प्रयोग धड़ल्ले से हो रहा है। साहित्य के संदर्भ में संरचना भाषिक होगी, चित्र के संदर्भ में रंग-रेखा। नयी समीक्षा इसे अपने अर्थ में प्रयुक्त करती है, शैलीविज्ञान, नृत्तत्त्वशास्त्र अपने अर्थों में। शैली-विज्ञान और नृत्तत्त्वशास्त्र में संरचना का 'माडेल' भाषिकी होती है (दे. 'संरचनावाद')। नयी समीक्षा में संरचना अंगांगि की औचित्यपूर्ण संगति का नाम है। किन्ही अर्थों में 'रूपवाद' से भी इसका तालमेल बैठ जाता है (दे. 'रूपवाद')।

साहित्य-संरचना के विभिन्न घटक होते हैं—संज्ञा, सर्वनाम, विशेषण अलंकार, बिम्ब, प्रतीक आदि। इन घटकों की आन्तरिक संगति ही संरचना होती है। नयी समीक्षा का एक प्रमुख समीक्षक काव्य-रचना में टेक्श्चर और स्ट्रक्चर को विशेष महत्त्व देता है। भारतीय काव्यशास्त्र का औचित्य सिद्धान्त मुख्यतः संरचना का ही सिद्धान्त है। राघवन् औचित्य को अंगांगि की संगति ही मानते हैं। कुंतक पूरे प्रबन्ध-विधान को महाकाव्य कहकर अंगांगि की औचित्यपूर्ण संगति का ही निर्देश करते हैं।

संरचना पर ऐकांतिक बल देने के कारण काव्यार्थ छूट जाता है या गौण हो जाता है। यद्यपि ब्रुक्स का कहना है कि संरचना का मतलब अर्थ, मूल्यांकन और अर्थापन की संरचना है पर उसका भी अपना जोर संरचना के विभिन्न घटकों की पारस्परिक अन्विति पर ही है। घटकों की संगति-प्रक्रिया जटिल होती है इसमें परस्पर विरोधी और विसंगत्यात्मक घटक भी सामंजस्यपूर्ण हो जाते हैं।

संदर्भ

रेने वेलेक, आस्टिन वारेन, साहित्यसिद्धान्त।
बच्चन सिंह, आलोचक और आलोचना।
दिनेश चंद्र, न्यू क्रिटिसिज़्म।
फ्रैंक ब्रैडी, पालमर ऐंड मार्टिन प्राइस, लिटरेरी थ्योरी ऐंड स्ट्रक्चर।

संरचनावाद

यह आज की एक अत्यन्त महत्त्वपूर्ण और व्यापक बौद्धिक व्यवस्था, पद्धति या प्रणाली है जिसकी व्याप्ति में जीवविज्ञान, अर्थशास्त्र, नृत्तत्त्वशास्त्र, साहित्य आदि को समेटा जा सकता है। हर वस्तु का एक अवयव होता है, उसके अपने घटक होते हैं, उन

घटकों के पारस्परिक सम्बन्ध होते हैं। प्रत्येक घटक एक ओर दूसरे घटक से सम्बद्ध होता है तो दूसरी ओर पूरे अवयवी के साथ। इसके विवेचन की एक पद्धति होती है जिसे 'संरचनावाद' का नाम दिया गया है।

संरचना के बीज तत्त्व रूसी रूपवाद में दिखाई पड़ते हैं। उसमें सारा ज़ोर भाषा पर है, भाषा-बाह्य कुछ भी उसे ग्राह्य नहीं है। यों इसकी मूल प्रेरणा विको की पुस्तक 'नया विज्ञान' (1725) है। ज्याँ पेजे ने इसके तीन घटकों का उल्लेख किया है—साकल्य, रूपान्तरण और आत्मानुशासन।

संरचना पूर्ण होती है, चाहे वह साहित्य की संरचना हो या मिथक की। किसी साहित्यिक कृति के घटकों का योग संरचना नहीं है। प्रत्येक घटक पूर्ण के अंग रूप में, एक आन्तरिक नियम से परिचालित होकर संरचना का संश्लिष्ट अंश बनता है। घटक अंग है तो संरचना अंगी। दोनों में अंगांगि का सम्बन्ध है। संरचना अपने-आप में पूर्ण भी है और एक प्रक्रिया भी है। रचने के क्रम में कृति का रूपान्तरण भी होता चलता है। यह अपने नियमों द्वारा अनुशासित है, उसे बाह्य यथार्थ की अपेक्षा नहीं है।

संरचनावाद का मूलाधार सास्यूर का भाषा सम्बन्धी अध्ययन है। वह भाषा के दो तत्त्वों का उल्लेख करता है—भाषा (लाँग) और परोल (वाक् या उच्चार)। भाषा के अपने अमूर्त नियम होते हैं जिनसे वाक् नियंत्रित होता रहता है। लेकिन भाषा वाक् में ही खंडशः मूर्त होती है। प्रसिद्ध नृतत्त्ववेत्ता लेवी स्त्रौस अपनी संरचना के लिए सास्यूर से प्रेरणा ग्रहण करता है। आदिम मनुष्यों, क़बीलों और मिथकों की संरचना की तलाश वह रूपवादी याकोब्सन के माडेल पर करता है। तमाम दुनिया के मिथकों का अध्ययन करते हुए वह उनके सर्वमान्य नियमों को स्पष्ट कर लेता है। एक ही मिथक के भिन्न-भिन्न रूप वाक् हैं तो मूल मिथक भाषा है। वाक् के आधार पर भाषा के अपने नियमों को खोजना ही संरचना है।

साहित्यिक संरचना के क्षेत्र में सर्वाधिक प्रसिद्ध नाम रोलाँ बार्थ का है। साहित्य की संरचना के विश्लेषण के लिए वह भाषिकी का माडेल ग्रहण करता है। साहित्य इस माडेल को अतिक्रमित भी करता है, लेकिन प्रस्थान-बिन्दु के रूप में भाषिकी का माडेल ज़रूरी है। बार्थ इस माडेल को साहित्य के सभी रूपों पर लागू करना चाहता है।

इसका सीधा सम्बन्ध पाठ की समीपी छानबीन से है—उसके विभिन्न घटकों के पारस्परिक सम्बन्धों तथा अंगी के साथ प्रत्येक घटक के सम्बन्धों के विश्लेषण से है। यह साहित्य के पाठ की ऐसी व्याख्या है जो उसके रूपात्मक संघटना पर ज़ोर देती है। ऐतिहासिकता, सचेतता, वैयक्तिकता, अर्थवत्ता आदि से इसे कुछ लेना-देना नहीं है। इसे 'कोड', व्यवस्था, पद्धति, संरचना आदि शब्दों से जाना जाता है। कथा साहित्य की संरचना के सम्बन्ध में बार्थ का कहना है कि यह एक लम्बा

वाक्य (महावाक्य) होता है। इसकी चर्चा कुंतक ने भी की है। यह कथन भी पाठ की एकतानता की ओर संकेत करता है। पाठ को ही ऐकान्तिक रूप से सब-कुछ मान लेना औचित्यपूर्ण नहीं कहा जा सकता। कृति का पाठ भी एक समय, स्थान और समाज की देन है। वह समाज के मूल्यों को ग्रहण करता है, बदलता है। किन्तु संरचनावाद इसे महत्त्व नहीं देता।

संदर्भ

टेरेन्स हाक्स, स्ट्रक्चरलिज़्म, ऐंड सेमिओटिक्स।

सुरेश कुमार, शैलीविज्ञान।

रवीन्द्रनाथ श्रीवास्तव, संरचनात्मक शैलीविज्ञान।

राबर्ट शोल्स, स्ट्रक्चरलिज़्म इन लिटरेचर।

संस्कृति

सभ्यता की तरह 'संस्कृति' शब्द को भी सुनिश्चित अर्थ नहीं मिल पाया है। कभी-कभी दोनों शब्द पर्याय के रूप में प्रयुक्त होते रहे हैं। पर इधर दोनों शब्दों के क्षेत्र और अर्थ की सीमाएँ निर्धारित कर दी गयी हैं। सभ्यता का सम्बन्ध मनुष्य के बाह्याचार से है यानी समाज में उसके उठने-बैठने, खाने-पीने, बात-व्यवहार से है तो संस्कृति का सम्बन्ध मानसिकता से है—उसके सर्जनात्मक क्रिया-कलापों तथा तज्जन्य सौन्दर्यबोधात्मक अभिरुचियों से।

सभ्यता भौतिक प्रगति की उपयोगितावादी प्रक्रिया है जिसके अनुसार आदमी का बाह्याचार बदलता रहता है। किन्तु सभ्यता के भौतिक विकास के साथ आदमी अधिकाधिक सभ्य होता जाता है, ऐसा नहीं कहा जा सकता। जिस बर्बरता के विरुद्ध सभ्यता शब्द का सामान्यतः प्रयोग किया जाता है आज के सभ्य संसार में उसकी कमी नहीं है।

लेकिन सभ्य होना एक बात है और संस्कृत होना दूसरी बात। अपने आचार-व्यवहार में विनम्र और मृदुभाषी व्यक्ति सभ्य हो जाता है, लेकिन यदि उसमें सर्जनात्मक क्षमता का अभाव है या सौन्दर्यबोधात्मक अभिरुचियों की कमी है तो वह संस्कृत नहीं है। ललित-कलाएँ—साहित्य, संगीत, चित्र, मूर्ति, वास्तु कलाएँ—संस्कृति को सम्मूर्तित करती हैं। इनमें सर्वग्राह्य मानवीय आन्तरिकता की काल्पनिक अभिव्यक्ति होती है जो आदमी के सौन्दर्यबोध को जागरूक और संवेदनाओं को परिष्कृत करती रहती

है। पर यह जरूरी नहीं है कि सभ्यता के विकास के समानान्तर संस्कृति का भी विकास होता चले। प्रायः देखा गया है कि सभ्यता की अविकसित मंज़िल पर श्रेष्ठ संस्कृति का सृजन हुआ है।

संदर्भ

रेमंड विलियम्स, की वर्ड्स और कल्चर ऐंड सोसायटी।

देवराज, संस्कृति का दार्शनिक विवेचन।

फ़ाउलर, माडर्न क्रिटिकल टर्म्स।

डी. पी. चट्टोपाध्याय, सोसायटी ऐंड कल्चर्स।

समाजवादी यथार्थवाद

रूस की 1917 की अक्तूबर क्रांति ने जो समाजवादी व्यवस्था क़ायम की, उसके लिए नयी कला की ज़रूरत पड़ी। यह आलोचनात्मक यथार्थवाद के आगे की मंज़िल है। आलोचनात्मक यथार्थवाद पूँजीवादी विकृतियों को उद्घाटित तो करता था, किन्तु उसमें स्पष्ट रूप से भविष्य की रचनात्मक सम्भावनाओं को रेखांकित करने की शक्ति नहीं थी। समाजवादी यथार्थवाद ने इन सम्भावनाओं को देखा और समाज के अन्तर्विरोधों को विवेचित करते हुए उसकी प्रगतिशील तथा क्रान्तिकारी धारा को पहचाना। आलोचनात्मक यथार्थवाद के विरोध में 1934 में गोर्की ने 'समाजवादी यथार्थवाद' शब्द की कल्पना की और इसे अवधारणा का धरातल भी दिया।

'समाजवादी यथार्थवाद' समाजवादी व्यवस्था का समर्थक है। इसके तहत काम करने वाले लेखकों के लिए आवश्यक है कि वे मार्क्स-लेनिन के वैज्ञानिक समाजवाद और द्वन्द्वात्मक भौतिकवाद को पूर्णतः आयत्त करते हुए वर्ग-संघर्ष का विशद चित्रण करें और सर्वहारा को विजय के प्रति आशान्वित बनावें। सर्वहारा के प्रति प्रतिबद्ध होना इसकी अनिवार्य शर्त है। यह जरूरी नहीं है कि रचना में सर्वहारा घोषित रूप से विजयी बने ही, किन्तु इस हार में भी संघर्ष तथा परिवर्तन के प्रति उसके मनोबल में कमी नहीं आनी चाहिए।

समाजवादी यथार्थवाद के नायक को अविकल्पक और दृढ़ निश्चयी होना चाहिए। वह ऐसे जन समुदाय का प्रतिनिधि होता है जो समाजवादी व्यवस्था के प्रति समर्पित है। ऐसे नायक का चुनाव समाज के समस्त अन्तर्विरोधों और ऐतिहासिक संदर्भों के बीच से करना होगा। वह टाइप भी होगा और व्यक्ति भी। किन्तु ऐसे

नायक की सृष्टि यदि फ़ार्मूलों के आधार पर की जाएगी तो वह रक्त-मांसहीन गुड्डा बनकर रह जाएगा। ऐसी स्थिति में समाजवादी यथार्थवादियों ने इसकी सर्जना के लिए लेखकों को सतर्क तथा दृष्टिसम्पन्न होने की आवश्यकता पर काफ़ी बल दिया है।

किन्तु समाजवादी यथार्थवाद की अपनी सीमाएँ हैं और इन सीमाओं का निर्देश स्वयं मार्क्सवादियों ने किया है। मार्क्सवादी सौन्दर्यशास्त्र को लेकर जो बहसें हुई हैं और जो मतवैभिन्न्य प्रकट हुआ है उससे सौन्दर्यशास्त्र संवृद्ध हुआ है। काफ़ी वर्षों तक सरकारी अनुशासन के चक्कर में फँसा रहा लूकाच 'मीनिंग ऑफ़ कान्टेंपोरेरी रियलिज़्म' में पुनः लेखकीय स्वतन्त्रता की बात करता है और 'समाजवादी यथार्थवाद' को व्यापक बनाने की चेष्टा करता है। उसके मतानुसार, 'समाजवादी यथार्थवाद' के आत्मपरीक्षण के लिए आलोचनात्मक समाजवाद की ज़रूरत को अस्वीकार नहीं किया जा सकता।

हिन्दी समीक्षा में यह शब्द सामान्यतः कट्टर मार्क्सवादी अर्थ में या रूढ़ अर्थ में ही ग्रहण किया जा रहा है, जबकि फ़िशर, ब्रेख्त, फ्रैंकफ़र्ट स्कूल के एडोर्नो आदि ने इसे नया अर्थ दिया है। अर्न्स्ट फ़िशर इस शब्द के दुरुपयोग पर चिंता व्यक्त करता है। क्योंकि यह प्रचार के साथ बुरी तरह जुड़ गया है। स्टालिन के ज़माने के प्रशासकीय हस्तक्षेप के कारण यह शब्द और भी विकृत हो गया। वह कहता है कि मार्क्सवादी सिद्धान्तों के भीतर अनेक प्रकार के कला-विषयक सिद्धान्तों की टकराहट हो रही है और मार्क्सवादी सिद्धान्तों के प्रति अन्ध-आस्था अनिवार्य नहीं रह गयी है।

'समाजवादी यथार्थवाद' के स्थान पर वह एक नया नाम प्रस्तावित करता है—'समाजवादी कला'। 'समाजवादी यथार्थवाद' दृष्टिकोण भी है और शैली भी। वह पूछता है, कौन-सी शैली—गोर्की की, ब्रेख्त की, शोलोकोव की या ओ' कैसी की? लूकाच तो केवल 19वीं शती की शैली का ही समर्थक है। 'समाजवादी कला' कहने से एक दृष्टिकोण का बोध होता है। शैली के विषय में वह पूरी छूट देता है। ब्रेख्त और एडोर्नो काव्य के अपेक्षित रूप पर काफ़ी बल देते हैं। उनके मतानुसार शैली-शिल्प के अन्वेषण के बिना साहित्य क्या होगा?

इधर 'समाजवादी यथार्थवाद' को और अधिक व्यापक बना दिया गया है। यथार्थ को उसके विविध रूपों और अन्तर्विरोधों में चित्रित करने के लिए छूट है, पर शर्त है कि कलाकार के पास वैज्ञानिक समाजवादी दृष्टि हो। इसके अभाव में उसमें आधुनिकतावादी जुगुप्सा आ जाएगी।

संदर्भ

एस्थेटिक्स ऐंड पालिटिक्स।

अर्न्स्ट फ़िशर, नेसेसिटी ऑफ़ आर्ट्स।
ऐंड्रयू अरातो ऐंड इके गेयार्ट, द इस्सेंशियल फ्रैंकफ़र्ट स्कूल।
ए. ओवचरेको, सोशियलिस्ट रियलिज़्म ऐंड द माडर्न लिटरेरी प्रोसेस।
एडोल्फ़ो एस. बाजक्वेज, आर्ट ऐंड सोसायटी।
शिवकुमार मिश्र, यथार्थवाद।

समाजशास्त्रीय आलोचना

समाजशास्त्रीय आलोचना पुरानी नहीं है। हिन्दी में, यदि मार्क्सवादी समाजशास्त्रीय आलोचना को छोड़ दिया जाए तो, अभी शुरू भी नहीं हो पाई है। किन्तु इधर लोगों का ध्यान तेज़ी से आकृष्ट हुआ है।

जिस तरह समाजशास्त्र में सामाजिक संस्थाओं और मनुष्यों की अंतःक्रियाओं का अध्ययन किया जाता है उसी तरह साहित्य को एक सामाजिक संस्था के रूप में अध्ययन का विषय बनाया जाता है। साहित्यगत संरचनाओं तथा सामाजिक संरचनाओं में समानान्तरता ढूँढ़ना इसका मुख्य प्रतिपाद्य है। प्रश्न उठाया गया है कि क्या साहित्य को परिवार, धर्म, विवाह आदि की तरह सामाजिक संस्था माना जा सकता है? क्या इसे सामाजिक-सांस्कृतिक संस्था नहीं कहा जा सकता? या केवल सांस्कृतिक-संस्था के नाम से अभिहित नहीं किया जा सकता?

इस संदर्भ में पहला उल्लेखनीय प्रयास मदाम द स्टॉल का है। उन्होंने अपने ग्रन्थ 'साहित्य के विषय में' (1800 ई.) में लिखा है कि मेरा प्रयास धर्म, रीति-रिवाज और क़ानून का साहित्य पर तथा साहित्य का धर्म, नीति, रीति-रिवाज़ और क़ानून पर पड़े प्रभावों का आकलन करना रहा है। उनके विचार से साहित्य में सामाजिक परिवर्तनों और विशेष रूप से स्वतन्त्रता तथा न्याय का चित्रण करना चाहिए।

कार्ल मार्क्स ने अपनी रचनाओं (1845) में कला और साहित्य के सम्बन्धों को लेकर स्फुट विचार व्यक्त किए हैं। उसके मतानुसार एक समय का उत्पादन कला के वस्तु-रूप के निर्माण में महत्त्वपूर्ण भूमिका अदा करता है। मार्क्सवादी समाजशास्त्रियों ने उस विचारधारा को और भी विकसित किया। विश्व के साहित्यिक सिद्धान्तों और कलापरक नज़रिए को इससे एक प्रभावी और सही दिशा मिली है।

1893 में प्रकाशित अपनी पुस्तक 'कला की शुरुआत' में अर्न्स्ट ग्रास ने सिद्ध करने की कोशिश की है कि कला आर्थिक विकास या परिवर्तन की विभिन्न मंजिलों को प्रतिबिम्बित करती है। वह यह भी कहता है कि कला के उद्देश्य भी समय के

साथ बदलते रहे हैं। आज कला का उद्देश्य वही नहीं है जो आदिम काल में था।

समाजशास्त्रीय आलोचना के संदर्भ में तेन की पुस्तक 'अंग्रेजी साहित्य का इतिहास' (1871) उल्लेख्य है। समीक्षा के लिए उसने सिद्धान्तों का एक त्रिक् उपस्थापित किया है—प्रजाति, क्षण और परिदृश्य। ये तीनों एक-दूसरे से संबद्ध हैं। प्रजाति से उसका अभिप्राय है आनुवंशिकता, देश और जलवायु; परिदृश्य में आर्थिक-सांस्कृतिक तत्त्व समाहित हैं; जबकि क्षण से सभ्यता की स्थिरता और परिवर्तन का बोध होता है। उसके सिद्धान्त समाज और साहित्य के सम्बन्धों के अनेक पक्षों का उद्घाटन करते हैं।

एक दूसरे फ्रांसीसी विद्वान ज्याँ मारे गुया का कहना है ('समाजशास्त्रीय दृष्टि में कला', 1887) कि कलाकार के बिम्ब, अनुभूति, चेतना, आदि सामूहिक जीवन के सम्प्रेषण और प्रतीक हैं। जो लेखक अपनी निजी अनुभूतियों को व्यक्त करता है वह ह्रासोन्मुखी है।

आधुनिक अमरीकी और यूरोपीय समाजशास्त्रियों में मैक्स वेबर और चार्ल्स लैलो के नाम विशेष रूप से उल्लेखनीय हैं। किन्तु इन लोगों ने पद्धति-निर्माण का कार्य नहीं किया है। डंकन ने आलोचक, लेखक और पाठक की अंतःक्रियाओं को लेकर एक माडेल तैयार किया है जो यादृच्छिक और अवैज्ञानिक है। सोरोकिन का कार्य 'कल्चरल डाइनेमिक्स' का परिप्रेक्ष्य काफ़ी व्यापक है।

मार्क्सवादी समाजशात्रियों में लूकाच, लूसिएँ गोल्डमन, रेमंड विलियम्स, एडोर्नो के कार्यों को सर्वाधिक महत्त्वपूर्ण माना जाना चाहिए। गोल्डमन ने पद्धति निर्माण पर विचार करने के साथ-साथ फ्रांसीसी उपन्यासकार मालरो के उपन्यासों पर समाजशास्त्रीय ढंग से विचार किया है। उसकी अपनी त्रुटियों के बावजूद उसे एक माडेल माना जा सकता है।

गोल्डमन ने अपने सिद्धान्त या पद्धति को 'उत्पत्तिमूलक संरचनावाद' कहा है। वह कृति की उत्पत्ति के कारणों की खोज करता हुआ विषय-विषयी और व्यक्ति-समूह के द्वन्द्वात्मक सम्बन्धों पर भी विचार करता है, वर्ग-चरित्र से आगे बढ़कर अनेक वर्गों के आन्तर सम्बन्धों को उद्घाटित करता है। कृति की साहित्यिकता भी दृष्टि से ओझल नहीं होती। गोल्डमन की पद्धति के विकास की अशेष सम्भावनाएँ हैं।

संदर्भ

मिल्टन सी एलब्रेख्त, जेम्स बारनेट ऐंड मैनसन ग्रिफ़, द सोशियोलाजी ऑफ़ आर्ट ऐंड लिटरेचर (1970)।

एलिज़ाबेथ ऐंड टाम बर्नस, सोशियोलजी ऑफ़ लिटरेचर ऐंड ड्रामा (1973)।

लूसिएँ गोल्डमन, टूअर्ड्स ए सोशियोलाजी ऑफ़ नावेल (1977)।

श्रीराम महरोत्रा, साहित्य का समाजशास्त्र : मान्यता और स्थापना (1970)।
नगेन्द्र, साहित्य का समाजशास्त्र (1982)।
बी. डी. गुप्ता, साहित्य का समाजशास्त्र, अवधारणा, सिद्धान्त एवं पद्धति (1982)।
आलोचना (नवांक 25)।

समानानुभूति (थ्योरी ऑफ़ इंपैथी)

यह जर्मन सौन्दर्यशास्त्रियों का प्रिय सिद्धान्त है। यह हमारे प्रत्यक्षीकरण के गत्यात्मक आनुकूल्य (मोटर रिस्पान्सेज़) पर आधृत है। किसी कलाकृति को देखकर उसमें निबद्ध वस्तु से मन-प्राणों में जो गति उठती है वह 'समानानुभूति' है–कलाकृति में बद्ध अनुभूति के समान अनुभूति। कुछ लोगों के विचार से इसका सम्बन्ध आकृतिमूलक कलाओं से ज़्यादा दृश्य तथा श्रव्य तथा अमूर्त कलाओं से कम है। किन्तु यह एक भ्रामक धारणा है।

समानानुभूति के सदंर्भ में प्रश्न उठता है कि यह संस्कृत के आचार्यों के तादात्म्य सिद्धान्त से भिन्न है या नामभेद के साथ मूलतः वही है? सच पूछा जाए तो यह तादात्म्य या जिसे शुक्ल जी तदाकार परिणति कहते हैं उससे मूलतः अलग नहीं है। दोनों से ही आनन्दानुभूति प्राप्त होती है।

समालोचना

साहित्यिक सिद्धान्तों और कृतियों के सम्यक् बौद्धिक परीक्षण को 'समालोचना' कहते हैं। इस तरह आलोचना के दो विभाग हो जाते हैं।–सैद्धान्तिक और व्यावहारिक। संस्कृत साहित्य में साहित्य सम्बन्धी सिद्धान्तों की गूढ़ और लम्बी व्याख्याएँ हुई हैं। उन्हें शास्त्र, अलंकार, मीमांसा, प्रकाश, दर्पण, आभरण आदि कहा जाता था, समालोचना नहीं। हिन्दी में 'समालोचना' शब्द का प्रयोग भारतेन्दु काल में हुआ। 'हरिश्चन्द्र चन्द्रिका' (1873) के मुखपृष्ठे पर अंकित है–'...और समालोचना संभूषिता।' 'समालोचना' शब्द का यह पहला प्रयोग है। भारतेन्दु के 'नाटक' निबन्ध (1883) में भी यह प्रयुक्त हुआ है '...इन दोनों विषयों की समीचीन आलोचना करके नाटकादि दृश्यकाव्य प्रणयन

करना योग्य है।' इस शब्द के दूसरे प्रयोक्ता बालकृष्ण भट्ट हैं। इन्होंने समालोचना के समानार्थी 'आलोचना' शब्द का भी प्रयोग किया है। सही मायने में व्यावहारिक समालोचना की शुरुआत भट्ट जी से ही होती है। 'हिन्दी प्रदीप' का प्रकाशन 1877 में प्रारम्भ हुआ। 1878 के अक्तूबर अंक में 'चन्द्रहास तथा सबके गुरु गोबर्द्धनदास के अभिनय की आलोचना' लेख छपा। 'हिन्दी प्रदीप' (अप्रैल, 1886) में 'सच्ची समालोचना संयोगिता स्वयंवर की' और 1900 में 'हिन्दी कालिदास की आलोचना' छपीं। 'प्रेमघन' की संयोगिता-स्वयंवर की आलोचना भट्ट जी की आलोचना के बाद उसी वर्ष प्रकाशित हुई। भट्ट जी ने 'हिन्दी प्रदीप' में 'पुस्तक समीक्षा' का स्तम्भ भी खोल रखा था। 'हरिश्चन्द्र मैगज़ीन' (1873) के मुखपृष्ठ पर पत्रिका के विवेच्य का उल्लेख अंग्रेज़ी में है जिसमें 'रिव्यू' भी सम्मिलित है।

पाश्चात्य आलोचना के मुख्यतः दो भेद किए गये हैं—आभ्यान्तरिक (इन्ट्रेंज़िक) और बाह्य (एक्सट्रेंज़िक)। संस्कृत काव्यशास्त्रियों में भी दो कोटियाँ निर्धारित की गयी हैं—आत्मवादी और देहवादी। इन दोनों का समावेश आभ्यान्तरिक आलोचना में ही हो जाता है। रस-सम्प्रदाय आत्मवादी है तो अलंकार, वक्रोक्ति आदि देहवादी। बाह्य आलोचना का सम्बन्ध कृति के कथ्य-विवेचन से है। संस्कृत समालोचना में कथ्य पर ध्यान नहीं दिया गया। देहवादी काव्य सिद्धान्तों का तालमेल पश्चिम के रूपवादी, नयी समीक्षा और संरचनावादी आलोचना से बैठाया जा सकता है।

आभ्यान्तरिक या देहवादी आलोचकों ने काव्य के आन्तरिक नियमों पर विशेष ज़ोर दिया है। वे काव्य-भाषा की बारीकियों का इस तरह उद्घाटन करते हैं कि काव्य-सौन्दर्य को पूरे तौर पर उजागर कर सकें। कोई भी ज़िम्मेदार कवि प्रथमतः अपने 'ऐस्थेटिक्स' की तलाश करता है, यानी महत्त्वपूर्ण रूप की। इसलिए आलोचक को काव्य की भाषिक संरचना का विवेचन अनिवार्यतः अपेक्षित है।

भाषा या रूपवाद पर ऐकांतिक बल कला को पूर्णतः स्वायत्त और कला के लिए कला सिद्धान्त का पोषक बना देता है। केवल कलागत वैशिष्ट्य की छानबीन कला को ऐतिहासिक परिप्रेक्ष्य से काटकर मूल्यांकन से विरहित कर देती है।

यह सही है कि कविता शब्दों से निर्मित होती है। लेकिन शब्दों का अर्थ होता है। पंडितराज जगन्नाथ ने कहा है—'रमणीयार्थ प्रतिपादकः शब्द काव्यम्'—रमणीय अर्थ का प्रतिपादन करने वाला शब्द काव्य होता है। संस्कृत काव्यशास्त्र में बार-बार प्रकारान्तर से एक ही बात कही गयी है—'शब्दार्थौ सहितौ काव्यम्'—शब्द और अर्थ सहभाव से उपस्थित होकर ही काव्य का सृजन करते हैं।

काव्य-भाषा शास्त्र की सामान्य कथन की भाषा से अलग होती है। संस्कृत काव्यशास्त्रियों ने शास्त्र-भाषा के लिए अभिधा को ही श्रेयस्कर माना है। पर काव्य का असली रूप तो व्यंजना पर ही आधारित होता है। भामह और कुंतक ने काव्य-भाषा को वक्रोक्तिपूर्ण बतलाया है। वक्रोक्ति के माध्यम से कवि अपने अभीष्ट की

अभिव्यक्ति विशिष्ट ढंग से करता है। काव्य से चाहे मनोवैज्ञानिक अर्थ निकाला जाए या समाजशास्त्रीय, इससे कोई फ़र्क नहीं पड़ता है; ध्यान रखना होगा कि अर्थों और मूल्यों का नियमन भाषा करती है। अतः वह अपने-आप में संपूर्ण है।

शब्द की वक्रता ही अर्थ की वक्रता होती है। शब्द का भावकत्व व्यापार अर्थ का विभावन या साधारणीकरण करता है। यही काव्यार्थ होता है। वक्रोक्ति के माध्यम से काव्य में अर्थ अभिनीत होता है—नाट्यमान होता है। नाटक में सौन्दर्य वेष-भूषा, दृश्य, संगीत आदि के कारण उत्पन्न होता है। काव्य में यह कार्य वक्रोक्ति करती है। वह बिम्बों का सृजन करती है। हर काव्य-भाषा की अपनी विशेषता होती है। इसलिए कविता का अनुवाद नहीं हो सकता। अनूदित होकर कविता का सौन्दर्य क्षरित हो जाता है। इसलिए काव्य-सौन्दर्य का ग्रहण भाषिक सौन्दर्य का ग्रहण है। और यह आन्तरिक आलोचना है। नयी समीक्षा के विसंगति, विडंबना, तनाव आदि शब्दों का सम्बन्ध भाषा से ही है।

बाह्य (एक्सट्रेंज़िक) आलोचना काव्येतर उपकरणों और ज्ञान पर आधारित होती है और ठीक इससे विरुद्ध आन्तरिक आलोचना काव्य के आन्तरिक-भाषाई उपकरणों पर निर्भर करती है। बाह्य आलोचना काव्यगत वस्तु यानी दृष्टि, विचार, विषय आदि को लेकर होती है। इसे अंग्रेज़ी में 'कांटेन्ट'-गत आलोचना कहते हैं। सामाजिक, मार्क्सवादी या मनोविश्लेषणात्मक आलोचनाएँ बाह्य आलोचनाएँ हैं।

इन दोनों प्रकार की आलोचनाओं को अलग-अलग कठघरे में बन्द नहीं किया जा सकता। वस्तुतः वे एक-दूसरे की पूरक हैं। आलोचना में वस्तुनिष्ठता ले आने के लिए ज़रूरी है कि दोनों के अन्तरावलम्बन को ध्यान में रखा जाए।

मात्र आन्तरिक आलोचना गणितीय फ़ार्मूला बनकर रह जाएगी और मात्र बाह्य आलोचना कुत्सित समाजशास्त्र। दोनों प्रकार की आलोचनाएँ एक-दूसरे को नियंत्रित करती चलती हैं। भाषा—काव्य-भाषा—एक विचित्र संसार की सृष्टि करती है। इस संसार के चारुत्व और वैचित्र्य को भाषा के माध्यम से ही पकड़ा जा सकता है। इसके आधार पर ही काव्यगत वस्तु का विश्लेषण अधिक संगत हो सकता है।

आलोचना न विज्ञान हो सकती है और न रचना। इसलिए आलोचना न तो वैज्ञानिक हो सकती है और न रचनात्मक। वह दोनों के बीच की वस्तु है। आलोचना को फ़ैशनपरस्त लोग रचनात्मक कहने लगे हैं। कविता-कहानी की तरह वह रचनात्मक हो ही नहीं सकती। यों आलोचक के लिए कोई फ़ार्मूला एक सीमा के आगे व्यर्थ हो जाता है।

संदर्भ

रामचन्द्र शुक्ल, हिन्दी साहित्य का इतिहास।

रेने वेलेक, आस्टिन वारेन, साहित्यसिद्धान्त।

बालकृष्ण भट्ट (सं.), हिन्दी प्रदीप।

फ्रैंक ब्रैडी, पालमर ऐंड मार्टिन प्राइस, लिटरेरी थ्योरी ऐंड स्ट्रक्चर।

सहृदय

आजकल आलोचना के क्षेत्र में पाठकीय प्रक्रिया पर विशेष जोर दिया जाने लगा है। किसी कृति के साहित्यिक मूल्यांकन के लिए पाठ और प्रबुद्ध पाठकी की साझेदारी का बराबर का महत्त्व है। साहित्य के दो छोर हैं--कलात्मक और रसात्मक या सौन्दर्यात्मक। कलात्मक का संबंध कृति, या रचना के पाठ से है जो कवि द्वारा सर्जित होती है, सौन्दर्य या रसानुभुति का सम्बन्ध पाठक से है जो उसे आस्वादित करता है। संस्कृत साहित्य में रस या सौन्दर्यास्वाद की स्थिति पाठक (सहृदय) में मानी गयी है।

सहृदय शब्द का पहला प्रयोक्ता सम्भवतः आनन्दवर्धन हैं और पहला व्याख्याकार अभिनवगुप्त हैं। भरत के नाट्यशास्त्र के प्रेक्षक और सामाजिक का यह नव रूपान्तरण है। काव्यशास्त्र के निर्माण के पूर्व विदग्ध-गोष्ठियों में सहृदय की टीका टिप्पणियों से काव्यालोचन के सिद्धान्त भी प्रस्फुटित हुए होंगे। सहृदय का समानार्थी एक शब्द है रसिक। पर रसिक और सहृदय में किंचित अर्थ-भेद भी है। रसिक काव्य-प्रेमी हुआ करता था और सहृदय काव्य-विवेचक। इन विदग्ध गोष्ठियों के सदस्य या सभ्य नागरक हुआ करते थे। नागरक सुरुचि और श्री-सम्पन्न व्यक्तियों का वर्ग था। ये गोष्ठियाँ सामन्ती परिवेश की देन हैं। नागरक ही रसिक था जिसकी काव्य-रस में अभिरुचि होती थी। कहना न होगा कि सुरुचि-संस्कार देने में इस वर्ग का विशेष योग था। गोष्ठियाँ कई प्रकार की होती थीं—घटा-निबंधन, गोष्ठी-समवाय, ब्रह्म सभा आदि। इन्हें समाज भी कहा जाता था। इन गोष्ठियों के माध्यम से कवियों को राज्याश्रय प्राप्त करने में सुविधा होती थी।

कवि कविता करता था, किन्तु प्रचारित और विवेचित करने का कार्य सहृदय द्वारा सम्पन्न होता था। वही काव्य का आस्वादक भी था। अभिनवगुप्त के शब्दों में—'अधिकारी चात्र विमलप्रतिभानशाली सहृदयः'। सहृदय विमल प्रतिभा का व्यक्ति होता था। लोचन में ही इसे और स्पष्ट करते हुए उसने लिखा है—'येषां काव्यानुशीलनाभ्यास विशदीभूते मनोमुकरे वर्णनीय तन्मयीभवनयोग्यता ते स्वहृदयसंवाद भाजः सहृदयाः।' निरन्तर काव्याभ्यास के कारण उसका मन दर्पण की तरह निर्मल हो जाता है और वर्ण्य के प्रति उसमें तन्मयीभूत होने की योग्यता प्राप्त हो जाती है। अतः उसके साथ उसका हृदय-संवाद होता है। ऐसा है यह सहृदय। अनेक विघ्नों के कारण हृदय-संवाद सम्भव

नहीं हो पाता, सहृदय अदृश्य हो जाता है। अहृदय को सहृदय बनाने के लिए नाट्य में 'आतोद्यगान विचित्र मंडप विदग्ध गणिका आदि' का विधान किया जाता है। इस विधान द्वारा सहृदय के 'निज सुखादि विवशीभूतभाव' का निरसन हो जाता है।

सहृदय का हृदय-संवाद किसके साथ होता है? अभिनवगुप्त ने स्पष्ट कहा है कि हृदय-संवाद वर्णनीय के साथ होता है। कवि के साथ हो भी नहीं सकता। हिन्दी में कुछ लोगों ने कवि के साथ सहृदय के तादात्म्य की बात उठाई है। यह व्यक्ति केंद्रित रूमानी दृष्टिकोण है। संवाद वर्णनीय के साथ ही हो सकता है। अभिप्राय यह है कि सहृदय की केन्द्रवर्ती वस्तु काव्य या कृति है। पश्चिम में पाठ के साथ पाठक के सम्बन्धों को विस्तार से उकेरा गया है। अपने यहाँ सहृदय और काव्य के सम्बन्धों को अपने ढंग से विकसित करने का पर्याप्त अवकाश है। सहृदय और व्यंजना के सहारे इसे विकसित किया जा सकता है।

सहृदय का सम्बन्ध सामान्य अर्थ से नहीं है, विशिष्ट अर्थ से है। ध्वन्यालोक के प्रथम उद्योत की बारहवीं कारिका में आनंदवर्धन ने लिखा है—'तद्वत्सचेतसां सोऽर्थो वाच्यार्थविमुखात्मनाम।' इसमें सहृदय को वाच्यार्थ विमुख आत्मावाला और तत्वार्थदर्शिनी बुद्धिवाला कहा गया है। वह सचेतस है। उसकी आत्मा सतह के अर्थ से सन्तुष्ट नहीं होती। इसलिए वह व्यंजक अर्थ की खोज करता है। व्यंजना अभिधा से दुगुना दूर है। पश्चिम में, दरिदा के प्रभाव से, कहा जाने लगा है कि लेखन में जो कुछ कहा गया है, उससे अनकहा अधिक महत्त्वपूर्ण है। अतः आलोचक का काम अनुपस्थिति की तलाश है। शब्द में कुछ व्यक्त होता है, कुछ अव्यक्त। किन्तु शब्द में ही 'अव्यक्त' का चिह्न मौजूद रहता है। व्यंग्यार्थ भी तो अव्यक्त को खोजना ही है। शब्द में या वाक्य में अभिधा से लगा हुआ होकर भी एक भिन्न अर्थ की व्यंजना होती है। लेकिन वह वाच्य वाचक में छिपा रहता है। यह छिपा हुआ अर्थ चाहे शब्दों के अन्तरालों, इरादों या मौन में हो प्रकरण, प्रयोजन आदि के माध्यम से खोज लिया जाता है। इसी में सहृदय की कल्पना परिस्फुटित होती है और रचना के आधार पर वह पुनः रचना करता है।

संदर्भ

बच्चन सिंह, भारतीय एवं पाश्चात्य काव्यशास्त्र का तुलनात्मक अध्ययन (1987)।

जगन्नाथ पाठक, ध्वन्यालोक (1987)।

राघवन्, भोजास शृंगार प्रकाश (1963)।

विद्यानिवास मिश्र, सहृदय (1994)।

सांस्कृतिक उद्योग

सबसे पहले इस शब्द को फ्रैंकफर्ट स्कूल के दो विद्वानों—होर्खमेर और एडोर्नो—ने मास संस्कृति के उत्पादन के संदर्भ में गढ़ा और द्वन्द्वात्मक ज्ञानोदय (डायलेक्टिस ऑफ इनलाइटेनमेंट, 1972) लिखते समय इसका प्रयोग किया। लगता है कि जो जन समूह कला से विलग (एलिनियेट) हो गया था उसे कला के निकट लाने की दृष्टि से इसका मास-उत्पादन शुरू हुआ होगा। संस्कृति और उद्योग में गहरा विरोध है। कहाँ संस्कृति और कहाँ उद्योग! लेकिन उद्योग के युग में कला में कुछ बदलाव आया है या नहीं इसे देखना जरूरी है। मास-उत्पादन का सम्बन्ध मुनाफाखोरी से है, पैसे है। पूँजीवादी समाज में जो उपभोक्ता वर्ग पैदा हुआ है वह कला को मास (कमोडिटी) के रूप देखता है और अपना प्रयोजन सिद्ध करता है। प्रयोजन एक मूल्य हो गया है। कला को आचार्य हजारी प्रसाद द्विवेदी प्रयोजनातीत प्रयोजन कहते हैं। लेकिन पूँजीवाद ने उसे मात्र प्रयोजन के रूप में बदल दिया है। मीडिया विशिष्ट वस्तु का उत्पादन न करके पूँजीवादी जीवन-शैली के अनुकूल उत्पादन करता है।

बेन्यामिन कला के मास-उत्पादन के पक्षधर हैं। 1936 में उसने एक लेख लिखा—'यांत्रिक पुनरुत्पादन के युग में कला' (दी जर्क ऑफ आर्ट इन दी एज ऑफ मैकेनिकल री-प्रोडक्शन)। एडोर्नो-होर्खमेर का निबंध 'सांस्कृतिक उद्योग' उसी के उत्तर में लिखा गया। रेडियो, सिनेमा जिन्हें बेन्यामिन ने जन समूह से जोड़ा है वे भी पूरी तरह सार्वजनीन नहीं हैं उनमें भी थोड़ा व्यक्ति तत्त्व जुड़ा हुआ है। कला कभी भी सांस्कृतिक उद्योग में अन्तर्भुक्त नहीं हो सकती है। वह समाज से लेती है लेकिन महत्त्वपूर्ण तब होती है जब समाज के विरुद्ध खड़ी होती है। आज का श्रेष्ठ साहित्य भी स्वायत्त है। वह बाजारवाद का विरोधी है, मूल्यहीनता का विरोधी है। किन्तु पूँजीवादी व्यवस्था में वह असहाय दिखता है। फिर भी अपने ढंग से उदासी में भी सत्ता, पूँजीवाद, शोषण से लड़ता रहेगा।

संदर्भ

एडोर्नो, थियोडोर, एस्थेटिक थ्योरी (1984)।

एडगर एंड सेजविक, की कांसेप्ट्स इन कल्चरल थ्योरी, इंडियन रीप्रिंट (2004)।

साधारणीकरण

'साधारणीकरण' का अर्थ है असाधारण का साधारण या विशेष का निर्विशेष हो जाना।

काव्य-पाठ द्वारा उपलब्ध रसानुभूति या सौन्दर्यानुभूति से इसका गहरा सम्बन्ध है। काव्य में असाधारण या विशेष का ही चित्रण होता है। उनकी सुख-दुखात्मक संवेदनाएँ पाठक को क्यों और किस प्रकार रसानुभव कराती हैं? इसके उत्तर में कहा जा सकता है कि साधारणीकृत होकर? काव्य में वर्णित राम-सीतादि व्यक्ति-बन्धनों से मुक्त होकर सामान्य प्रेमी-प्रेमिका के गुण-धर्मों से युक्त होकर सामान्यीकृत हो जाते हैं। अपने इस सामान्यीकरण के कारण ही वे पाठक या श्रोता को रसोद्रिक्त कर पाते हैं। संस्कृत के आचार्यों ने स्थायी भाव, विभाव, अनुभाव और संचारी सभी का साधारणीकरण माना है। कवि की अपनी रचना-प्रक्रिया में ही वे साधारणीकृत हो जाते हैं। पाठक अपने आदिम संस्कारों के कारण काव्यजन्य आनन्द का अनुभव करता है।

साधारणीकरण की समस्या को सबसे पहले भट्टनायक ने उठाया था। लगता है, भट्टनायक इसे रचना-प्रक्रिया और पाठक की भावयित्री प्रक्रिया—दोनों संदर्भों में उठाता है पर परवर्ती आचार्यों ने इसे पाठक के संदर्भ में ही सोचा-समझा और परखा। वह शब्द की तीन शक्तियाँ मानता है—अभिधा, भावकत्व और भोजकत्व। अभिधा के दायरे में विभावादि असाधारण होते हैं यानी मुख्य रूप से वे असाधारण होते ही हैं। पर भाषा के कलात्मक प्रयोग से वे साधारणीकृत हो जाते हैं। यही भावकत्व व्यापार है। यह वह शक्ति है जिसमें विभावादि व्यक्ति-संसर्गों से मुक्त होकर उसी रूप में सहृदयों द्वारा गृहीत होते हैं। भोगीकरण व्यापार द्वारा सहृदय रस की चर्वणा करता है। भोगीकरण व्यापार जितना सहृदय का है उतना ही कवि का भी।

भट्टनायक और अभिनवगुप्त के बाद आचार्य शुक्ल ने इस पर विस्तार से विचार किया—पुरानी काव्य-परिपाटी से हटकर। वे आलम्बन-धर्म का साधारणीकरण मानते है। 'जब तक किसी भाव का कोई विषय इस रूप में नहीं लाया जाता कि वह सामान्यतः सबके उसी भाव का आलम्बन हो सके, तब तक उसमें रसोद्बोधन की पूरी शक्ति नहीं आती। इसी रूपी में लाया जाना हमारे यहाँ साधारणीकरण कहलाता है।' वे आगे कहते हैं—'व्यक्ति तो विशेष ही रहता है, पर उसमें प्रतिष्ठा ऐसे सामान्य धर्म की रहती है जिसके साक्षात्कार से सब श्रोताओं-पाठकों के मन में एक ही भाव का उदय थोड़ा या बहुत होता है।' अब आलम्बनत्व धर्म में दो बातें स्पष्ट रूप से दृष्टिगोचर हुईं—(1) व्यक्ति का विशेषत्व बना रहता है, (2) किन्तु उसमें सामान्य धर्म की प्रतिष्ठा कर दी जाती है। प्रश्न होता है कि विशेषत्व के परिहार के बिना रसानुभूति कैसे होगी? उनका कहना है कि पाठक रसानुभूति का अनुभव तब करता है जब वह आश्रय के साथ तादात्म्य कर लेता है। यह रस की ऊँची दशा है।

किन्तु वे रस की एक नीची दशा भी मानते हैं। यह वहाँ होती है जहाँ पाठक शील द्रष्टा के रूप में होता है। यह तब घटित होता है जब किसी भाव की व्यंजना करने वाला पात्र पाठक के अन्य भाव का आलम्बन हो जाता है। जैसे, राम-लक्ष्मण पर क्रोध करने वाले परशुराम के प्रति पाठक में रोष-भाव उत्पन्न होता है। उस पात्र

के प्रति कवि का भाव भी वैसा ही रहता है। ऐसे स्थानों पर श्रोता या पाठक कवि के साथ तादात्म्य करता है। यदि शुक्ल जी कवि के साथ तादात्म्य की बात करते जैसा नगेन्द्र जी ने किया है तो रस की ऊँची-नीची अवस्थाओं का विभाजन नहीं करना पड़ता। प्रश्न होता है कि क्या आश्रय के साथ तादात्म्य कवि के साथ तादात्म्य से भिन्न है? वास्तव में आश्रय के साथ तादात्म्य की बात विश्वनाथ ने उठाई है और कवि के साथ तादात्म्य की बात अभिनवगुप्त ने। शुक्ल जी ने इन दोनों को एकत्र कर दिया है। इस तरह उनमें स्पष्टतः अन्तर्विरोध दिखाई पड़ने लगता है।

सम्भवतः अपनी लोक-संग्रह दृष्टि के कारण शुक्ल जी ने आश्रय के साथ तादात्म्य की बात उठाई। छायावादी काव्य में कवि-व्यक्तित्व की प्रधानता देखते हुए कवि के साथ भी श्रोता या पाठक के तादात्म्य को स्वीकार किया गया। नगेन्द्र जी स्पष्टतः छायावादी काव्यचेतना से प्रभावित हैं, इसलिए उन्होंने कवि के साथ तादात्म्य की बात उठाकर नवीन काव्योन्मेष का साथ दिया। नन्ददुलारे वाजपेयी समस्त काव्य-व्यापार का साधारणीकरण मानते हैं। इसके अंतर्गत काव्य-संरचना का पूरा समावेश हो जाता है।

अज्ञेय ने साधारणीकरण की समस्या को प्रेषणीयता की समस्या कहा है। पहले-पहल यह समस्या छायावादी कवियों की कविताओं में दिखाई पड़ी। पर शब्दों पर ऐकांतिक बल प्रयोगवादी या नयी कविता में दिखाई पड़ता है। विज्ञान और तकनीक के ज़माने में हमारी संवेदना भी उलझनपूर्ण हो गयी। शब्दों में एक प्रकार की अजनबियत दिखाई पड़ने लगी। कविता की संरचना में ब्रेख्त के शब्दों में 'एलिनियेटेड इफ़ेक्ट' क्रियाशील हो उठा। अज्ञेय का कहना है कि कवि अनुभव करता है कि भाषा का पुराना व्यापकत्व उसमें नहीं है—शब्दों के साधारण अर्थ से बड़ा अर्थ हम उसमें भरना चाहते हैं, पर उस बड़े अर्थ को पाठक के मन में उतार देने के साधन अपर्याप्त हैं। वह या तो अर्थ कम पाता है या भिन्न पाता है। 'कवि आज भी 'व्यक्ति-सत्य' को 'व्यापक सत्य' बनाना चाहता है। क्योंकि यह उसका उत्तरदायित्व है। साधारणीकरण की पुरानी प्रणालियाँ बदल गयी हैं।' लेकिन अज्ञेय ने साधारणीकरण की नयी प्रणाली पर प्रकाश नहीं डाला है।

संदर्भ

रामचन्द्र शुक्ल, रस-मीमांसा।
नगेन्द्र, रस-सिद्धान्त।
रामलखन शुक्ल, साधारणीकरण।
अज्ञेय, आत्मनेपद।

साभिप्राय हेत्वाभास (इंटैंशनल फैलेसी)

आज की आलोचना में आलोचक प्रायः कवि या लेखक के उद्देश्य, अभिप्राय, प्रयोजन का उल्लेख करते हुए रचनागत वैशिष्ट्य और त्रुटियों का विवेचन करते हैं। 'हेमलेट' की आलोचना करते हुए टी. एस. इलियट भी इस हेत्वाभास का शिकार हो गया है। यह सही है कि रचना करने के पूर्व रचयिता के मन में कोई संवेदना होती है, कोई उद्देश्य होता है। पर संवेदना और उद्देश्य दोनों अस्पष्ट और धुँधले होते हैं। वे रचनाबद्ध होकर ही रूपाकार पाते हैं। आलोचक के सम्मुख केवल रचना होती है, लेखक का उद्देश्य या प्रयोजन नहीं। लेखक के उद्देश्य या प्रयोजन की चर्चा मनोविज्ञान का विषय हो सकता है, न कि आलोचना का। आलोचक कवि के जिस उद्देश्य या प्रयोजन की चर्चा करता है वह उसे रचना में ही मिलता है। लेखक का उद्देश्य उसकी रचना में निहित है, उससे अलग वह कुछ नहीं है।

कुछ विद्वानों का कहना है कि आलोचक का काम अपनी चेतना का अन्वेषण करना नहीं है, बल्कि कवि की अर्थवत्ता की तलाश है। रचना का अपना स्वतन्त्र अस्तित्व होता है। वह रच जाने के बाद स्रष्टा से अलग हो जाती है। आलोचक से अलग तो है ही। इस तरह वह जनता की सम्पत्ति हो जाती है। इसलिए आलोचक का उपजीव्य रचना होती है, न कि कविगत अनुमानित उद्देश्य।

हिन्दी की नयी आलोचना में ईमानदारी, प्रामाणिक अनुभूति, अनुभूति की प्रामाणिकता, आत्मान्वेषण, रचनात्मक आकांक्षा, जेनुइननेस, मौलिकता आदि शब्दों का समावेश हुआ है। ये सभी शब्द साभिप्राय हेत्वाभास से सम्बद्ध है। कहना न होगा कि एक ओर रोमैंटिकता का विरोध करना और दूसरी ओर उसी क्षेत्र की शब्दावली प्रयुक्त करना अन्तर्विरोध का सूचक है। इनके स्थानों पर अखंडता (इंटेग्रिटी), प्रासंगिकता, अन्विति, सामंजस्य, जटिलता आदि का प्रयोग होना चाहिए। ये शब्द स्वयं रचनागत विशेषताओं का अन्वेषण करते हैं। अतः रचना की समझदारी के लिए अधिक प्रामाणिक हैं।

टी.एस. इलियट के प्रसंग-गर्भित संकेतों (एल्यूज़न) को लेकर कुछ लोग साभिप्राय हेत्वाभास का समर्थन करते हैं। उनका कहना है कि इलियट ने अपने प्रसंग-गर्भित संकेतों पर जो टिप्पणियाँ की हैं उनसे उसका प्रयोजन स्पष्ट हो जाता है। पर वे टिप्पणियाँ अपने-आप में महत्त्वपूर्ण नहीं हैं। वे संकेत रचना की अखंडता (इंटेग्रिटी) का अंग बनकर ही महत्त्वपूर्ण बनते हैं।

संदर्भ

विम्साट, द वरबल आइकन।

साहित्य

आजकल 'साहित्य' अत्यन्त व्यापक अर्थ में प्रयुक्त होने लगा है। कविता, कहानी, उपन्यास, नाटक आदि को तो साहित्य कहा ही जाता है, किसी वस्तु के सम्बन्ध में लिखित सूचना को भी साहित्य कहने लगे हैं। दर्शन, गणित, विज्ञान की पुस्तकों को भी व्यापक अर्थ में साहित्य की संज्ञा दी जाती है। लोक में प्रचलित गीत और कथा को लोक-साहिय के नाम से अभिहित किया जाता है। पर इस व्यापक अर्थ के अतिरिक्त 'साहित्य' रचनात्मक (कल्पनात्मक) तथा आलोचनात्मक रचनाओं के लिए रूढ़ हो गया है।

भारतीय साहित्य में इस शब्द का प्रयोग एक हजार वर्ष पहले से ही होता आया है। सातवीं शताब्दी में भर्तृहरि ने 'साहित्य, संगीत, कला' का उल्लेख करते हुए साहित्य का प्रयोग काव्य के व्यापक अर्थ में किया है। राजशेखर (900 ई. के लगभग) की 'काव्य मीमांसा' में साहित्य और साहित्य-विद्या क्रमशः काव्य और काव्यशास्त्र के अर्थ में प्रयुक्त हुए हैं। राजशेखर के समसामयिक मङ्ख कवि, मुकुलभट्ट, क्षेमेन्द्र आदि ने 'साहित्य' का प्रयोग 'काव्यशास्त्र' के अर्थ में किया है।

कुंतक (925-1025) और भोज (1015-1055) ने तो 'साहित्य क्या है' की समस्या ही पर विचार किया है। कुंतक साहित्य को परिभाषित करते हुए कहता है कि मार्गानुरूप (रीति के अनुरूप) माधुर्य आदि गुण, वक्ता की अतिशयता को द्योतित करने वाला अलंकार-विन्यास और रसपरिपोषक वृत्तियाँ एक-दूसरे से स्पर्धा करते हुए सहृदयों के हृदय में आह्लाद उत्पन्न करने में समर्थ शब्दार्थ ही साहित्य है। भोज कहते हैं—'किं साहित्यम्? यः शब्दार्थयोः सम्बन्धः।' इसके अनन्तर रुय्यक ने 'साहित्य मीमांसा' नाम से स्वतन्त्र ग्रन्थ ही लिख डाला। 'व्यक्ति-विवेक' पर लिखी अपनी टीका में भी वह साहित्य शब्द का प्रयोग रूढ़ अर्थ में करता है। चौदहवीं शताब्दी में विश्वनाथ ने अपने काव्यशास्त्र का नाम ही 'साहित्यदर्पण' रखा।

हिन्दी साहित्य के मध्यकाल में अधिकतर काव्यशास्त्रीय ग्रन्थ रस से सम्बद्ध हैं। जिनमें काव्य के व्यापक अंगों को लिया गया है उनके नाम 'काव्य' लिए हुए हैं। 'साहित्यलहरी' (सूरदास), 'साहित्यसार' (मतिराम) आदि कुछ ग्रन्थ ऐसे ज़रूर हैं जिनके नाम से साहित्य जुड़ा हुआ है। आधुनिक काल में बालकृष्ण भट्ट ने 'साहित्य जनसमूह के हृदय का विकास है' निबन्ध में साहित्य की मोटी परिभाषा दी है।

आधुनिक काल में आचार्य शुक्ल पहले व्यक्ति हैं जिन्होंने 'साहित्य' को व्यापक परिप्रेक्ष्य में देखा है। उनके मतानुसार, 'साहित्य के अन्तर्गत वह सारा वाङ्मय लिया जा सकता है जिसमें अर्थबोध के अतिरिक्त भावोन्मेष अथवा चमत्कारपूर्ण अनुरंजन हो, तथा जिसमें ऐसे वाङ्मय की विचारात्मक समीक्षा या व्याख्या हो।' (चिन्तामणि,

भाग 2, पृ.144)। इस तरह साहित्य के अन्तर्गत कल्पनात्मक तथा आलोचनात्मक दोनों प्रकार की रचनाओं का समावेश हो जाता है।

ऐसा प्रतीत होता है कि जब काव्य में भाषिक संरचना पर ज़्यादा ज़ोर दिया जाने लगा तब काव्यालंकार शब्द के स्थान पर साहित्य-मीमांसा, साहित्य-विद्या, साहित्य-दर्पण आदि शब्दों को प्रयुक्त किया जाने लगा। व्युत्पत्ति की दृष्टि से 'काव्य' की अपेक्षा 'साहित्य' अधिक औचित्यपूर्ण है। साहित्य शब्द की व्युत्पत्ति 'सहित' से हुई है। सहित का अभिप्राय है सहभाव–शब्द और अर्थ का सहभाव। भामह ने स्पष्ट कहा है–'शब्दार्थौ सहितौ काव्यम्।' इसे काव्य की आदिम परिभाषा कह सकते हैं। पर शब्द और अर्थ का सहभाव तो साहित्येतर ग्रन्थों में भी होता है। ऐसी स्थिति में साहित्य और साहित्येतर ग्रन्थों को इस परिभाषा के आधार पर कैसे अलगाया जा सकता है? समुद्रबंध ने भामह की परिभाषा में थोड़ा संशोधन कर दिया–'विशिष्टौ शब्दार्थौ काव्यम्।' वस्तुतः काव्यशास्त्र इसी विशिष्ट को समझने-समझाने का प्रपंच है।

साहित्य की अपनी विशिष्टता क्या है जो उसे शास्त्र, विज्ञान, आदि से पृथक करके सापेक्षिक स्वायत्तता देती है? यह विशिष्टता उसके रमणीय अर्थ के प्रतिपादन करने में है–'रमणीयार्थ प्रतिपादकः शब्दः काव्यम्।' साहित्य होने के लिए शब्द और अर्थ का सहभाव होना ही पर्याप्त नहीं है, वह सहभाव कुछ इस प्रकार का होना चाहिए जिससे रमणीय अर्थ निष्पन्न हो। रमणीय अर्थ क्या होता है? वह अर्थ जो मर्मस्पर्शी हो। स्पर्श संप्रेषण का ज़बरदस्त माध्यम है। जब तक साहित्य मर्म को नहीं छूता तब तक वह पूर्णतः संप्रेषणीय नहीं होगा। मर्म-स्पर्श व्यापार भावुकतापरक भी हो सकता है और मुक्तिबोध के शब्दों में संवेदनात्मक ज्ञानपरक भी।

शब्दार्थौ का काव्य में दुहरा सम्बन्ध होता है व्याकरणिक और काव्यात्मक। व्याकरणिक सम्बन्ध को काव्यात्मक बनाने के लिए कवि को यथोचित शब्दों का चुनाव करना पड़ता है। जैसे, 'पश्यति स्त्री' और 'विलोकयति कान्ता' दोनों व्याकरण की दृष्टि से समान हैं, काव्य की दृष्टि से नहीं। 'भूख से रिरियाती हुई फैली हथेली का नाम 'गया' है और भूख में तनी हुई मुट्ठी का नाम 'नक्सलबाड़ी' है।' यहाँ 'गया' और 'नक्सलबाड़ी' प्रयोग में काव्य का व्याकरण प्रमुख है। कवि अपने काव्य का व्याकरण स्वयं निर्मित करता है। दूसरों का अनुकरण करने वाले लोग 'अन्य सारस्वत' होते हैं।

कुंतक ने काव्य या साहित्य को शास्त्र से अलगाने के लिए बताया है कि काव्य का न्याय (लाजिक) शास्त्र के न्याय (लाजिक) से भिन्न होता है। जैसे, 'मेरे सामने एक टाल है। टाल से ज़्यादा एक कोई दिशा। जो कहीं इशारा नहीं करती। सिर्फ टँगी रहती है वायुमंडल के स्तम्भों पर। एक फटे इश्तहार की तरह।' वायुमंडल का कोई स्तम्भ नहीं होता और न दिशा इश्तहार की तरह टँगी रहती है। यह शास्त्र के न्याय से पृथक अपना न्याय बनाती है। इसी कारण कहा जाता है कि कविता का अनुवाद नहीं हो सकता।

काव्य-न्याय के कारण काव्य-रूप और वस्तु में वैलक्षण्य आ जाता है। वस्तुरूप को नया संस्कार देने के लिए वक्रोक्ति की ज़रूरत पड़ती है। वक्रोक्ति के अभाव में काव्य में अपेक्षित सौन्दर्य नहीं आ सकता। वक्रोक्ति की भाषा लोक व्यवहार में प्रचलित भाषा से कहीं अधिक चमत्कारपूर्ण होती है। स्मरण रखना चाहिए कि वक्रोक्ति का अभिप्राय भाषा की उछल-कूद या मदारी का खिलवाड़ नहीं है। उसे भाव-संवलित और सहृदयजन-आह्लादक होना चाहिए। वक्रोक्ति को बंध में व्यवस्थित होना चाहिए—ऐसे बंध में जो सौन्दर्यमूलक (अलंकरण सहित) होते हुए अपनी समग्रता में एकतान (अवयवरहित) हो।

प्रश्न होता है कि क्या वक्रोक्ति को इतना विस्तार दिया जा सकता है कि वह उपन्यास, कहानी और नाटक को भी अपने में समेट ले? इनके कथावस्तु का जो टेढ़ा-मेढ़ा विन्यास होता है उसकी वक्रता को उसमें समाहित किया जा सकता है। कहानी-उपन्यास-नाटक की भाषा बोलचाल की भाषा नहीं होती, वह भी 'लोकातिक्रांत' होती है। सारी रचनाओं के मूल में रचयिता का व्यापार होता है, जिसे कुंतक कवि-व्यापार कहता है। यह व्यापार भावानुकूल वक्रोक्ति का विन्यास नहीं तो और क्या है? स्मरण रखना चाहिए कि यह सारा विन्यास लोकानुभव पर आधारित होना चाहिए, अन्यथा भाषा के सरकसी हो जाने का अंदेशा है।

अंग्रेजी शब्द 'लिटरेचर' की तुलना में साहित्य शब्द अधिक औचित्यपूर्ण और अर्थगर्भित है। संस्कृत आचार्यों के समान 'लिटरेचर' को न तो व्याख्यायित किया जा सकता है और न उसका सिद्धान्त ही सुनिर्मित है।

संदर्भ

गणेश त्र्यंबक देशपांडे, भारतीय साहित्यशास्त्र।

कालेलकर, नगेन्द्र (सं.) भारतीय काव्य सिद्धान्त में राघवन का लेख 'साहित्य'।

सौन्दर्य-शास्त्र

'सौन्दर्य-शास्त्र' अंग्रेज़ी के 'एस्थेटिक्स' का अनुवाद है। कुछ लोग इसे लालित्य-शास्त्र कहते हैं। हजारी प्रसाद द्विवेदी ने कालिदास के सौन्दर्य की विवेचना करने वाले ग्रंथ का नाम 'कालिदास की लालित्य-योजना' रखा है। कुछ दूसरे विद्वान इसे 'नंदन-शास्त्र' कहने का प्रस्ताव रखते हैं। सबसे पहले इस शब्द का प्रयोग इतालवी भाषा में बाउम गार्तेन ने किया। दो खंडों में प्रकाशित ग्रन्थों को उसने 'एस्थेटिका' शीर्षक दिया।

मूलतः यह ग्रीक शब्द है। बाउम गार्तेन ने इसे संवेदनशील ऐंद्रियबोध के अर्थ में प्रयुक्त किया है। हीगेल इसे ललित कलाओं का दर्शन कहता है। सामान्यतः प्रकृति के सौन्दर्य को इसमें समाहित नहीं किया जाता।

पश्चिम में सौन्दर्यशास्त्र पर बहुत काफ़ी लिखा गया है और लिखा जा रहा है। पश्चिम की देखादेखी हिन्दी, बंगला और मराठी में भी सौन्दर्यशास्त्र सम्बन्धी पुस्तकें लिखी गयी हैं। पर यह विषय स्वयं में इतना उलझा हुआ है कि सुलझाने के प्रयास में निरन्तर उलझाता गया है। स्परशाट सौन्दर्यशास्त्र के अधिकारी विद्वान हैं। किन्तु उनका कहना है कि—'इस विषय पर इतना अधिक लिखा गया है पर उसमें बहुत कम पढ़ने लायक़ है और यह जानना कठिन हो जाता है कि दरअसल हो क्या रहा है?' हिन्दी, बंगला और मराठी के विद्वानों ने अपने ग्रन्थों में मूलतः यह सिद्ध करने का प्रयास किया है कि इस देश में भी यह विधा रही है। यही नहीं, साहित्य के मूल्यांकन के लिए इसे उपयोगी भी बताया है।

वस्तुतः सौन्दर्यशास्त्र की चर्चा करते समय दो वस्तुओं को केंद्रीय मुद्दे के रूप में लिया गया है— सौन्दर्य-विधान और सौन्दर्यानुभूति। सुसन लैंगर इसी को अभिव्यक्ति और प्रभाव कहती है। यों मुख्य चर्चा कला के आस्वाद या सौन्दर्यानुभूति की ही होती रही है। इसलिए पश्चिम के सौन्दर्यशास्त्री सौन्दर्यजन्य आस्वाद की दार्शनिक समस्याओं से ही उलझते रहे हैं। भारतीय काव्यशास्त्र का रस-विषयक विवेचन सौन्दर्यानुभूति से ही सम्बद्ध है।

फ्राई ने कला के रूप-विन्यास को विशिष्ट कहा है। वह विशिष्ट होकर ही सुन्दर होती है। विशिष्ट की व्याख्या ही कला-रूप की व्याख्या है। कला-रूप की अनेक विशेषताओं की चर्चा करते हुए उसमें व्यवस्था, वैविध्य, एकरूपता, संगति, सरलता, मसृणता, कोमलता आदि का उल्लेख किया गया है। पर ये विशेषताएँ तो कला से इतर वस्तुओं में भी पाई जा सकती हैं। तब कला-रूप क्या है?

यहीं पर निरे तकनीकी कौशल से उत्पादित वस्तुओं और कला-कौशल से उत्पादित वस्तुओं में अन्तर करना जरूरी है। तकनीकी कौशल एक यांत्रिक प्रक्रिया है जबकि कला-कौशल में कलाकार की मानसिकता, आन्तरिकता, कल्पनात्मक सक्रियता, सौन्दर्यात्मक अनुभव और रचनात्मकता का प्रमुख योग होता है।

कलाकार अपनी आन्तरिकता का मूर्तीकरण करता है। यह मूर्तीकरण उतना ही महत्त्वपूर्ण है जितनी स्वयं आन्तरिकता। इसे यों भी कहा जा सकता है कि मूर्तीकरण ही आन्तरिकता है। कलाकार के सामने एक समस्या और रहती है जो कारीगर के सामने नहीं होती। कलाकार को मूर्तीकरण में संप्रेषण से भी जूझना पड़ता है। कलाकार की संवेदना चाहे जितनी उदात्त हो जब तक वह उपयुक्त रूपान्वेषण नही कर लेती तब तक उसमें पूर्णता नहीं आ सकती। ऐसा होने पर ही उसे, 'जीवन्त और गत्यात्मक' माना जा सकता है।

कला एक ठोस मूर्तवस्तु है जिसके साथ सहृदय इंद्रिय सन्निकर्ष के माध्यम

से एक ऐसे आनन्द का अनुभव करता है जो अन्य वस्तुओं से प्राप्त आनन्द से विलक्षण है। इस आनन्द को भारतीय काव्यशास्त्र में रसानुभूति और पाश्चात्य सौन्दर्यशास्त्र में सौन्दर्यानुभूति कहा गया है। रस वस्तुनिष्ठ है या आत्मन्ष्ठि, इस सम्बन्ध में आचार्यों में मतभेद रहा है। भरत इसको वस्तुनिष्ठ कहते हैं। रंगमंच पर प्रस्तुत किया जाने वाला समस्त नाट्य-व्यापार रस है। उससे हर्षादि की प्राप्ति होती है। बाद के आचार्यों, मुख्यतः अभिनवगुप्त ने इसे व्यक्तिनिष्ठ माना। रसानुभूति में सहृदय अपनी ही अस्मिता का भोग करता है। कला का कार्य सामाजिक में रस को उद्दृक्त करना है। सामाजिक अपनी भावयित्री प्रतिभा से कला को अपने ढंग से स्वयात्त करता है। यह कहना कि सहृदय कलाकार से तादात्म्य करता है, झूठा है। कलाकार अपनी भावनाओं से—सृजन क्षण की भावनाओं से—कला में कहीं अधिक अभिव्यक्त हो उठता है। इसका पता स्वयं कलाकार को नहीं होता। इसलिए उसके साथ तादात्म्य का प्रश्न ही असंगत है। स्वयं कलाकृति के इतने अधिक आयाम और पर्तें होती हैं कि उसके साथ तादात्म्य स्थापित करना अर्थहीन प्रतीत होता है। समानानुभूति का सिद्धान्त भी इसी आधार पर खंडित हो जाता है। सामाजिक कला का स्वायत्तीकरण करता है। इस प्रक्रिया में ही उसका अंतःकरण विगलित होकर 'वेद्यांतरस्पर्शशून्य' हो उठता है। दूसरे शब्दों में, कलेतर संवेदनाओं से मुक्त होकर वह कलागत आनन्द का अनुभव करता है। यह आनन्द आलौकिक होता है, यानी लोकगत आनन्द से पृथक होता है। इसे ध्यानयोग कह लीजिए, अनिर्वचनीय कह लीजिए, अविचारित रमणीय कह लीजिए।

कलागत आनन्दवाद की निस्संगता और निरपेक्षता के कारण कला को स्वायत्त, जीव-जगत-निरपेक्ष, नैतिकता-अनैतिकता से परे बताया जाने लगा। कला का उद्देश्य स्वयं कला मान ली गयी। पश्चिम का 'कला के लिए कला' आन्दोलन इस विचारधारा का चरमोत्कर्ष है। यों निस्संगता, स्वार्थपरता से मुक्ति, निर्वैयक्तिकता आदि अपने-आप में स्वयं नैतिक हैं। कला मानवीय सर्जना है। इसलिए उसका मूल्य मानव मूल्य है। कलाकार अपने निजी मूल्यों को व्यापक मानवीय मूल्यों से संपृक्त कर उनकी पुनर्व्याख्या और रचनात्मक आलोचना भी करता है। वह कला की नैतिकता है। यों कला नैतिकता नहीं है और न नैतिकता ही कला है।

संदर्भ

दासगुप्ता, सौन्दर्यतत्त्व।

कुमार विमल, सौन्दर्यशास्त्र के तत्त्व।

नगेन्द्र, भारतीय सौन्दर्यशास्त्र की भूमिका।

कुंतल मेघ, अथातो सौन्दर्य जिज्ञासा।

ओसबर्न, एस्थेटिक्स।

स्त्रीवादी समीक्षा

स्त्रीवाद अंग्रेजी के 'फेमिनिज्म' का हिन्दी अनुवाद है। 'फेमिनिस्ट' शब्द की व्युत्पत्ति लैटिन शब्द 'फेमिना' से मानी जाती है फेमिना का अर्थ स्त्री है। स्त्रीवाद का तात्पर्य है जिसमें स्त्री के गुण विद्यमान हों। इसका प्रयोग 1890 के आसपास लैंगिक समता और स्त्रियों के अधिकार के अर्थ में किया गया। एलिस रासी के मतानुसार इसका सर्वप्रथम प्रयोग एक पुस्तक की आलोचना के संदर्भ में 1895 में हुआ था। सामान्यतः यह स्त्री मुक्ति-आंदोलन से जुड़ा हुआ है। बीसवीं शताब्दी के सातवें दशक में यह विचारधारा उभरकर आई।

यों स्त्री समर्थक विचारधारा प्राचीनकाल से ही चली आ रही है। इसे पूर्व और पश्चिम दोनों गोलार्द्धों में देखा जा सकता है। लेकिन एक विशेष दृष्टिकोण के रूप में इसका प्रचार-प्रसार बीसवीं शती के उत्तरार्द्ध में ही होता है। यों इस विचारधारा को बढ़ाने में इस शताब्दी के पूर्वार्द्ध में जान स्टुवर्ट मिल, वजीर्निया उल्फ, सीमोन द बुआ आदि का महत्त्वपूर्ण योगदान है।

पुरुष-प्रधान समाज में स्त्रियाँ सर्वदा से उपेक्षित होती रही हैं। स्वतन्त्रता के अभाव में उनका व्यक्तित्व विकृत होता गया। स्त्रीवाद स्त्रियों के दमन के विविध रूपों का अध्ययन करता है और दमन से उन्हें मुक्त कराने की दिशा में पहल करता है। यह स्त्री की वैयक्तिक, राजनीतिक एवं दार्शनिक समस्याओं से जुड़ा हुआ है।

जिस प्रकार समाज में स्त्री की उपेक्षा की गयी उसी प्रकार उनके साहित्य को भी पुरुष के दृष्टिकोण से देखा गया। स्त्री की शारीरिक मानसिक बनावट पुरुष से भिन्न है। अतः उसके द्वारा सर्जित साहित्य को स्त्री के विशिष्ट दृष्टिकोण से पढ़ना चाहिए। स्त्रीवादी समीक्षक साहित्य के स्वीकृत प्रतिमानों को स्वीकार नहीं करते।

प्रश्न है कि औरतपन 'फैमिनिन' क्या है? औरत के लेखन में स्त्रीत्व का गुण रहेगा ही। स्त्री की सर्वोत्तम रचना स्त्री के सर्वोत्तम गुणों से सम्पन्न रहेगी। लेकिन औरतपन क्या है? इसे बहुत दूर तक परिभाषित नहीं किया जा सकता। इसे स्त्री की रचनागत भाषा, वाक्य-विन्यास, शैली, प्रतीक बिम्ब आदि से पहचाना जा सकता है जो पुरुषों द्वारा प्रयुक्त प्रतीकादि से भिन्न होंगे। प्रतीक, बिम्ब आदि स्त्री-पुरुष की रचनाओं में एक ही हो सकते हैं पर उनकी अर्थवत्ताएँ भिन्न होंगी। अतः स्त्रियों द्वारा रचित कृतियों की पठन-प्रणाली कुछ अलग होगी।

शोवाल्टर स्त्रियों की रचनाओं में चार प्रकार का वैशिष्ट्य देखती है—प्राणिशास्त्रीय, भाषिक, मनोविश्लेषणात्मक और सांस्कृतिक। प्राणिशास्त्रीय परिप्रेक्ष्य में लिखी गयी स्त्रीवादी आलोचना शरीर को बिम्बावलियों का स्रोत मानती है। एलिसिया आस्ट्रकर का तर्क है कि समसामयिक स्त्री कवयित्रियाँ पुरुष कवियों की अपेक्षा अपनी कविताओं

में अधिक स्पष्ट और व्यापक रूप से देह-बिंबों का प्रयोग करती हैं। वे शरीर से वियुक्त अप्रामाणिक लोकातीत अनुभव को स्वीकार नहीं करतीं। हिन्दी की कुछ स्त्री कथाकारों ने देहभाषा का खुला प्रयोग किया है। लेकिन यह रचना की उत्कृष्टता का तो प्रमाण नहीं है। सिनेमा में कलाच्युत नायिकाएँ देहभाषा में अपनी कलाहीनता को छिपा लेती हैं। वाल्टहिटमन की कविताओं में देहभाषा का प्रचुर प्रयोग उसकी शक्ति माना जाता है। किन्तु डिकिन्सस उसे औरतों के शोषण से जोड़ देती है। हर स्त्री की कृति में देहभाषा को खोजना आवश्यक नहीं है। देहभाषा का प्रयोग न इष्ट है न अनिष्ट है। देखना यह होगा कि वह किन अन्य तत्त्वों से नियंत्रित है। मृदुला गर्ग के उपन्यासों की देहभाषा अनियंत्रित होकर महज सनसनी उत्पन्न करती है। इसके विपरीत कृष्णा सोबती की देहभाषा अपने चुलबुलेपन के बावजूद अन्य तत्त्वों से नियंत्रित होकर गम्भीरता का एहसास कराती है। किसी ने कहा है कि 'गाइनोक्रिटिक' को लेखिका की देह पर ध्यान न देकर पाठ की देह पर ध्यान देना चाहिए।

औरतों के बारे में फ्रायड की मान्यता भी स्त्रीवादी समीक्षकों को स्वीकार्य नहीं है। फ्रायड के मतानुसार स्त्रियों की रचनाओं में केवल दमित काम भावना की अभिव्यक्ति होती है जबकि पुरुषों में अहं, महत्त्वाकांक्षा आदि की भी अभिव्यक्ति होती है। किन्तु स्त्रियों की रचनाएँ स्वयं फ्रायड की मान्यताओं को असिद्ध कर देती हैं। हाल में स्त्रीवादी आलोचकों ने स्त्रियों के सम्बन्ध में नये मनोविश्लेषणशास्त्र के निर्माण की बात उठाई है। जहाँ तक संस्कृति का प्रश्न है स्त्री संस्कृति का कुछ भाग पुरुष-प्रधान संस्कृति से भिन्न होता है जिसमें पुरुष का प्रवेश नहीं हो सकता। स्त्री-लेखन में स्त्रीवादी आलोचक इस संस्कृति की खोज पर अधिक ध्यान देते हैं। अपने देश में अर्द्धनारीश्वर की कल्पना भारतीय स्त्रीवादी आलोचना को नया और देशी आयाम दे सकती है।

संदर्भ

डेविडलाज, माडर्न क्रिटिसिज़्म एंड थ्योरी (1988)।

नीना, आयरबाख, फेमिनिस्ट क्रिटिसिज़्म रिव्यूड (1980)।

साइमन दी बुआ, दी सेकंड सेक्स (1933)।

□□□

शब्द-संकेत

अग्रगामिता/पेशबंदी (फ़ोरग्राउंडिंग), अजनबियत, अतियथार्थवाद, अनुभाव, अनुभूति अनेकार्थता/अस्पष्टता (ऐम्बिग्युइटि), अभिव्यंजना, अस्तित्ववाद, आधार और अधिरचना, आधुनिकतावाद, आलोचनात्मक यथार्थवाद

ईमानदारी (सिन्सेरिटि)

उत्तर-आधुनिकतावाद, उत्तर-औद्योगिकी, उत्तर-संरचनावाद, उक्ति, उपन्यास।

कथानक, कला, कल्पना, काव्यन्याय, काव्य-शब्द-साधुत्व (ग्रामर ऑफ़ पोएट्री)

चमत्कार, चरित्र, चेतनाप्रवाह

छायावाद

टेक्श्चर

तकनीक, तनाव, तुलनात्मक साहित्य

थीम (प्रकरण)

दादा, दृष्टिकोण (पाइंट ऑफ़ व्यू)

नयी समीक्षा/आलोचना, नयी कविता, नयी कहानी, नवजागरण, नाटक, नाट्य, निजंधरी कथा (लीजेंड्स)

परम्परा, प्रकृतिवाद, प्रगतिवाद, प्रतिबद्धता, प्रतिभा, प्रतीक, प्रभाववाद, प्रयोगवाद, प्रामाणिकता, प्रासंगिकता

फ़ैंटेसी

बिम्ब

भाव

मार्क्सवादी समीक्षा, मानववाद, मिथक, मूल्यांकन

यथार्थवाद

रंगमंच, रागात्मक हेत्वाभास, रूप, रूपक (मेटाफ़र), रूपवाद

लय, लोकधर्म

विचारप्रणाली (आइडियोलॉजी), विडम्बना, विनिर्मितिवाद (डी-कांस्ट्रक्शन), विपथन (डेविएशन), विभाव, विभावन, विरेचन, विरोधाभास

शब्द-शक्ति, शैली, शैलीविज्ञान

संकेत-विज्ञान (सेमिओलाजी), संत्रास, संदर्भ, संप्रेषण, संरचना, संरचनावाद, संस्कृति, समाजवादी, यथार्थवाद, समाजशास्त्रीय आलोचना, समानुभूति (थ्योरी ऑफ़ इपैथी), समालोचना, सहृदय साधारणीकरण, साभिप्राय हेत्वाभास (इटैंशनल फ़ैलेसी), साहित्य-सौन्दर्य-शास्त्र, स्त्रीवादी समीक्षा।